Por Amor a Dios

Un Tapiz de história y Herencia en Los Altos de Jalisco, México

Por

Liborio Gutiérrez Martín del Campo
Y
José Gutiérrez González

© 2024 por Liborio Gutiérrez Martín del Campo y José Gutiérrez González
Todos los derechos reservados. Ninguna parte de esta publicación puede ser reproducida, distribuida o transmitida en ninguna forma o por ningún medio, incluyendo fotocopias, grabaciones, u otros métodos electrónicos o mecánicos, sin el permiso previo por escrito del editor, excepto en el caso de citas breves incorporadas en reseñas críticas y ciertos otros usos no comerciales permitidos por la ley de derechos de autor.

Hardback
ISBN# 978-1-963925-01-2

Paperback
ISBN# 978-0-9884025-5-3

E-Book
ISBN# 978-1-963925-09-8

Publicado por New Trends Press,
P.O. Box 3001, Beaumont, Ca 92223
www.NewTrendsPress.Com

Datos de Catalogación-en-Publicación de la Biblioteca del Congreso
Nombres: Gutiérrez Martín del Campo, Liborio, autor. | Gutiérrez González, José, autor.
Título: Por Amor a Dios: Un Tapiz de história y Herencia en Los Altos de Jalisco, México
por Liborio Gutiérrez Martín del Campo y José Gutiérrez González.
Descripción: Primera Edición. | Beaumont: New Trends Press, 2024.

Temas: LCSH: Los Altos de Jalisco, México – Historia. | Los Altos de Jalisco, México – Biografía. | BISAC: HISTORIA / América Latina / México. | BIOGRAFÍA y AUTOBIOGRAFÍA / Memorias Personales.

Diseño de portada por José Gutiérrez González
Diseño del interior por José Gutiérrez González
Impreso en EE.UU.

Contenido

Prólogo 2
Capítulo 1 5
Capítulo 2 21
Capítulo 3 37
Capítulo 4 42
Capítulo 5 59
Capítulo 6 72
Capítulo 7 84
Capítulo 8 90
Capítulo 9 104
Capítulo 10 117
Capítulo 11 156
Capítulo 12 166
Capítulo 13 191
Capítulo 14 210
Capítulo 15 232
Capítulo 16 239
Capítulo 17 241
Capítulo 18 254
Capítulo 19 268
Capítulo 20 287
Capítulo 21 297
Capítulo 22 307

"¡Ay, Jalisco no te rajes!"

Por

Jorge Negrete

¡ADVERTENCIA!

No todo lo escrito aquí es cien por ciento verificado, pero es una recolección de memorias de individuos, libros leídos y otras formas de información colectada entre la vida de

Liborio Gutiérrez Martín Del Campo

PRÓLOGO

En la vida nos encontramos con desafíos que, en cierto modo, pasan a ser parte de nuestra misión. Esto precisamente me ha sucedido con mi padre y su deseo de plasmar por escrito sus memorias, vivencias y conocimiento, y que de este modo pasen a la posteridad incluso cuando él ya no se encontrase entre nosotros.

Y es este precisamente el contexto que a mí como su hijo me tiene aquí con la responsabilidad y privilegio de darle continuidad a su sueño.

Mi padre, Liborio Gutiérrez, escribió una crónica que hace un detallado recorrido por la historia de México desde la colonización hasta mediados del siglo pasado, con foco principalmente en Los Altos de Jalisco y una bonita exposición de los ranchos de las familias, los linajes, costumbres y tradiciones de las personas que ocupaban estos lugares.

Adicional a esta obra también escribió una con anécdotas más personales que podríamos considerar como una autobiografía, que pronto terminaré de editar. Esta que estás leyendo hoy habla más de nuestros ancestros que de nosotros mismos.

Hay dos puntos que quiero resaltar de la composición y estructura de esta obra.

Primero, mi padre no alcanzó a publicarla y terminarla en vida, tenía el trabajo muy adelantado y me queda claro que ya estaba en una fase de recopilar sus apuntes, pulirlos y darle estructura al libro.

Segundo, al momento de ocuparme de estas tareas me encontré con mucha información fascinante y me ha resultado muy complicado hacer síntesis o eliminar algunos apuntes como seguro lo habría hecho mi padre.

Es por esto que me importa que se comprenda que si hay unos párrafos similares es porque los he transcrito incluso de manuscritos en sus agendas y he querido hacerlo respetando su voz y si en un apunte había un matiz o punto de vista lo conservé para que en verdad sea él con sus vivencias y memorias quien nos hablase a través de este libro.

Dejo a continuación una introducción escrita por mi padre que he decidido añadirla a este prólogo.

José Gutiérrez

Palabras de mi padre, Liborio Gutiérrez

Este libro despliega una historia contada en tres segmentos cruciales. Es una historia que he cuidadosamente construido utilizando la indagación y la razón para descubrir verdades que alguna vez estuvieron ocultas y desconocidas. El más destacado de estos tres segmentos es el tercero, una representación de mi vida personal que comienza desde la inocencia de mis primeros años y culmina en el umbral de mi decimosexto año. Dentro de estas páginas yacen muchas revelaciones que ofrecen profundos conocimientos sobre mi viaje en la vida. Estas palabras escritas ahora inmortalizan esos momentos queridos, porque a medida que el tiempo inexorablemente avanza y mi salud declina, ya no podré expresarlos yo mismo.

Mi dedicatoria sincera

En la escritura de la historia de mi vida, junto con la colonización histórica de mis antepasados en y alrededor de la zona montañosa de Los Altos de Jalisco, México, estoy profundamente agradecido a mi hijo, José, la luz guía en este viaje. Su aliento y creencia en el valor de mis experiencias han sido fundamentales para dar vida a estas páginas.

José, más que un hijo, has sido mi ancla e inspiración. Tu apoyo e intuición han transformado el desafío de escribir esta autobiografía en un camino de autodescubrimiento y compartir. Este libro es un legado que juntos hemos creado, un reflejo de nuestro viaje compartido y el perdurable vínculo.

A José le debo la realización de un sueño largamente acariciado de inmortalizar mis historias. José, tu paciencia y comprensión inquebrantables, incluso en mis momentos imperfectos, significan mucho para mí. Mi esperanza es que este libro nos acerque a todos a la comprensión y la paz.

Por encima de todo, extiendo mi más profundo agradecimiento a todos mis hijos. En momentos en los que he titubeado, mostrando menos calidez y amabilidad de la que merecían, su paciencia y comprensión han permanecido inquebrantables. Las profundidades de mi amor por todos ustedes sólo son conocidas por lo divino. A medida que reflexiono sobre el mosaico de mi vida, coloreado por triunfos y errores, mi corazón anhela vuestro perdón. Mi ferviente esperanza es que esta comprensión allane mi camino hacia la paz eterna con Dios.

Con todo mi amor y profundo agradecimiento,

Liborio Gutiérrez

CAPÍTULO 1

Los Altos de Jalisco y su descendencia castellana

En el corazón de México se encuentra Jalisco, un estado cuya capital, Guadalajara, es el preludio a una región elevada conocida como Los Altos de Jalisco. Esta zona, que se extiende a unos 60 kilómetros al este de la capital, se caracteriza por su altitud que supera los 2300 metros sobre el nivel del mar, rodeada de numerosas localidades y municipios ricos en historia y belleza natural, tales como Tepatitlán de Morelos, Arandas, San Ignacio

Cerro Gordo, Santa Marta, San Miguel el Alto, Jalostotitlán, San Juan de los Lagos, y otros.

Estos lugares, antes cacicazgos que florecieron con la llegada de conquistadores y colonos, se transformaron en pintorescos pueblos, cada uno con su encanto particular, como Atotonilco, reconocido por sus aguas termales y su abundancia de árboles frutales.

Dentro de este marco histórico y geográfico, celebro los magníficos Altos de Jalisco, mi tierra natal, la cual fue inmortalizada en la canción emblemática, "¡Ay, Jalisco no te rajes!", que alcanzó fama en la década de 1940. Jorge Negrete, un actor y cantante de gran renombre, y aunque originario de Guanajuato, se convirtió en un ícono asociado con Los Altos de Jalisco, llevando esta melodía a lo más alto de su popularidad a través de sus aclamadas películas. Su arte reflejó la cercanía cultural y ancestral de esta región con sus vecinos.

Con especial afecto, dedico este libro al compositor de ese grandioso himno a Los Altos, encarnando el sueño de un hijo genuino de esta tierra. Anhelo que el compositor tenga la oportunidad de leer estas palabras, escritas desde un corazón profundamente enraizado en la cuna alteña.

La herencia de los alteños

Después de tres siglos, mi querido pueblo, Capilla de Guadalupe, se fundó en el año de 1823 en una región que ahora detallo. Esta tierra, rica en valles y cerros, se erige orgullosa alrededor del principal y majestuoso Cerro Gordo, que se alza 648 metros sobre su base y 2668 metros sobre el nivel del mar.

En el siglo XVI, con el amanecer de la colonización, los primeros conquistadores arribaron a Tepatitlán en 1531. Comandados por Pedro Almíndez Chirinos y Cristóbal de Oñate, bajo la bandera de Nuño Beltrán de Guzmán, llegaron con la misión encomendada en

México de conquistar una región que se rumoraba poderosa y rica: el gran cacicazgo de Tonayán, habitado por los indígenas tonayanecas, que hoy día se conoce como un suburbio de Guadalajara.

Nuño Beltrán de Guzmán, al llegar a Tonayán, encontró una sociedad liderada por una reina viuda, Cihualpilli. Inicialmente, se estableció una convivencia armoniosa con los tonayanecas, pero esta paz fue efímera. Beltrán de Guzmán, seducido por los rumores de un cerro repleto de plata en la región norte de Zacatecas, envió a Cristóbal de Oñate y Pedro Almíndez Chirinos en la misma época (1531) para verificar tal riqueza, marcando así el inicio de una era que cambiaría el destino de nuestra región para siempre.

Refinamiento del prefacio

En una empresa de alcance histórico, la expedición partió con destino al cerro de Zacatecas, atraída por los rumores de sus riquezas minerales. La verdad desentrañada fue que, en lugar de plata, el cerro era rico en hierro. No obstante, el viaje desveló más que minerales; a lo largo de su camino se toparon con diversos cacicazgos. El primero fue Tateposco, seguido por Zapotlanejo, tierra de los Tecuexes, una tribu con ese mismo nombre, y después Acatic, otro lugar de los Tecuexes.

Al avanzar cerca de 80 kilómetros de Guadalajara, se encontraron con un cacicazgo aún más grande: Tepatitlán, gobernado por el gran cacique Mapelo. La región estaba habitada por los cazcanes y los guamares de Zacatecas, siendo este último grupo el más prominente cerca de Cerro Gordo.

Con el tiempo, los españoles se asentaron en la zona, estableciendo capitanías y misiones de frailes que gradualmente fueron colonizando y desplazando a los indígenas de sus tierras ancestrales en los alrededores de Tepatitlán. Antes de estos sucesos, Nuño Beltrán de Guzmán ya se había asentado en el Valle de Atemajac, fundando posteriormente la ciudad de Guadalajara en 1542 tras numerosos enfrentamientos y una ardua lucha por consolidar su presencia en la región.

Este relato sirve como un preámbulo a la vida y tiempos de mi padre, una historia que emerge de las profundidades del pasado para narrar la valentía, las vicisitudes y la indomable esperanza de quienes formaron nuestra herencia.

Establecimiento y conquista en Los Altos de Jalisco

El proceso de colonización fue turbulento y lleno de desafíos. Nuño Beltrán de Guzmán encontró resistencia en Tonalá y, tras enfrentarse a la férrea oposición de los Caxcanes y constantes ataques, se vio obligado a reubicarse varias veces. Fue sólo después de una serie de intentos fallidos que encontró un asentamiento más pacífico en el Valle de Atemajac, donde pudo establecer una plaza, hoy conocida como el Teatro Degollado, en el año de 1542.

Retomando el relato de mi región de interés, como mencionaba, la conquista y colonización de Los Altos de Jalisco fue un proceso gradual. A lo largo de los años, se fueron estableciendo "capitanías", estancias y guarniciones de soldados pertenecientes al Virreinato en puntos clave como Tepatitlán, Arandas, San Miguel el Alto, Jalostotitlán y San Juan de los Lagos, así como en Yahualica. Estos bastiones permitieron el control de la región, transformando cacicazgos en pueblos con el desplazamiento voluntario de las poblaciones indígenas hacia lugares como Nochistlán, tierra de los valientes Caxcanes.

La migración se caracterizó por ser principalmente de españoles, ya que, desde la conquista de la región de Los Altos, aquellos que se asentaron trajeron a sus familias, creando una comunidad con raíces en el centro y norte de España. Esto delineó una herencia cultural y demográfica que afirmaba casi exclusivamente una ascendencia castellana.

Esta es la antesala de la vida de mi padre, cuya historia personal se enlaza con el tejido más amplio de nuestra historia regional, revelando las capas de nuestra identidad colectiva forjada en el crisol de encuentros y desencuentros culturales.

Herencia y resistencia en Los Altos de Jalisco

El perfil demográfico de la región durante la colonización estaba dominado por la presencia de españoles, muchos de los cuales eran altos y rubios, rasgos típicos de los castellanos. En medio de la transformación cultural y geográfica, la resistencia de los indígenas continuó, particularmente en el famoso Cerro Gordo, el cacicazgo más grande de la región, que se mantuvo como un bastión de la resistencia aborigen. Los colonos inicialmente optaron por ignorar esta área por dos razones: la primera, su aislamiento geográfico; y la segunda, la dificultad de penetrar en el terreno escarpado, defendido tenazmente por los astutos guamares Zacatecas.

El Cerro Gordo se convirtió en un refugio para aquellos que no se desplazaron hacia Nochistlán con los Caxcanes, creciendo en población a medida que algunos indígenas optaban por buscar refugio en su difícil terreno en lugar de enfrentarse al desplazamiento. Desde la llegada de los conquistadores en 1531, este enclave indígena perduró, resistiendo casi dos siglos, hasta alrededor de 1703. Ninguna estrategia colonial previa había logrado desplazar a estos habitantes, hasta que se requirió la intervención de "colonos especiales" de Castilla, conocidos por manejar casos especialmente desafiantes, en respuesta a las directrices del monarca español.

En el siglo XVII, Guadalajara ya se había consolidado como una ciudad importante, y a lo largo de los años, se construyó el Camino Real que conectaba Guadalajara con la Ciudad de México. Esta vía era vital, ya que se convirtió en una arteria comercial principal, siendo una de las cuatro rutas comerciales más importantes de la época, incluyendo el camino que conectaba Veracruz con la capital.

Rutas de Plata y vidas entrelazadas

El entramado de caminos que conectaban la Nueva España con la metrópoli era un sistema vital para el imperio. Entre estos, el Camino Real que unía la Ciudad de México con la capital virreinal destacaba por su importancia estratégica. No sólo era el punto de arribo y partida de comerciantes y colonos provenientes de Europa, sino también el conducto principal para las exportaciones que cruzaban el océano hacia el Viejo Mundo.

La relevancia de este camino era tal, que atraía la admiración de la Corona española, en particular del rey Carlos V y su sucesor Felipe II, debido a las ricas minas de plata de Guanajuato. Estas minas eran la fuente inagotable que alimentaba el flujo constante de riquezas que llenaban las arcas de España. Asimismo, el Camino Real que se extendía desde Durango, Zacatecas y Aguascalientes hasta la capital era otro eje comercial de gran significado, uniendo distintos puntos de la geografía virreinal y culminando en la falda del Cerro Gordo, cerca de lo que hoy es el Rancho Los Sauces, tras pasar por la hacienda de Mirandilla. Una bifurcación de esta ruta llevaba a quienes deseaban viajar hacia Guadalajara a través de Tepatitlán.

Mi región alteña y mi pueblo

Yo, Liborio Gutiérrez Martín Del Campo, nací en un humilde pero significativo pueblito, situado en el corazón de Los Altos de Jalisco, una región de tierras elevadas y de profundo arraigo cultural. Este rincón del mundo, cuna de tradiciones y forjador de destinos, fue el escenario que presenció los primeros capítulos de mi vida, una existencia tejida entre la historia de un país y la simplicidad de la vida rural. En este contexto, mi historia personal se enmarca dentro de la gran narrativa de un México colonial que lentamente iba dando paso a una nueva era en 1823, mi querido pueblito,

Capilla de Guadalupe, que forma parte del municipio de Tepatitlán, se erige al este, a unos 20 kilómetros de "Tepa", como cariñosamente le llaman los lugareños a Tepatitlán.

Es aquí, en este enclave lleno de devoción y tradiciones, donde nuestra Morenita Guadalupana manifestó su voluntad a través de un milagro. El fundador, un criollo castellano de noble corazón llamado don Antonio de Aceves, recibió la bendición de la Virgen al permitirle erigir una capilla en su honor, reflejo del inmenso amor que le profesaba.

Con el pasar del tiempo, mi tatarabuelo don Felipe Navarro y Aceves, nieto de don Antonio, emprendió la labor de transformar la modesta capillita en lo que hoy se alza como una majestuosa parroquia. Este proyecto, que fue posible gracias a la colaboración de parientes y vecinos de la época, hoy atesora entre sus muros un testimonio de la fe de nuestro pueblo.

Al atravesar su principal acceso, se pueden admirar cuatro imponentes y bellos murales que datan de la década de 1940, los cuales narran las apariciones de la Virgen de Guadalupe a Juan Diego, y la proclaman como Reina de las Américas. Estas piezas, verdaderas joyas artísticas, fueron una iniciativa del Sr. Cura Morales, quien en aquella época compartió con nosotros no sólo su visión espiritual, sino también su ímpetu creativo. Todos los que convivimos con él le recordamos como un benefactor generoso, cuyo legado trasciende en el tiempo. No sólo enriqueció nuestra parroquia con los murales, sino que también dotó a nuestro altar de una nueva belleza, realizándose con una decoración exquisita y poniendo especial cuidado en cada detalle, logrando así un espacio sagrado que invita a la reflexión y al recogimiento.

La parroquia

Internamente, la parroquia fue revestida con un estilo nuevo y magnífico, cuyos acabados incluyen incrustaciones de oro, engalanando así su esplendor. Se levantó una cúpula única en el estado, una joya arquitectónica que coronó la construcción, y se edificó una segunda torre, ya que durante años sólo hubo una. La visión original era erigir torres de tres pisos. La torre que él construyó tenía tres niveles, pero, desafortunadamente, el padre falleció antes de poder completar el remate para el pararrayos.

Tiempo después, otro sacerdote tomó la obra en sus manos, pero en lugar de continuar con el proyecto y añadir un piso adicional a la torre existente, optó por reducir la altura, eliminando el tercer piso. A pesar de este cambio, las torres con dos pisos no desmerecen la estructura; sin embargo, la concepción original del Sr. Cura Morales, oriundo de Arandas, quedó sin realizarse. Expresamos nuestra gratitud a Arandas por haber brindado un benefactor tan notable a la Capilla de Guadalupe.

En cuanto a la geología de mi región, permítanme explicarles las características que definen el entorno de mi pueblo en Los Altos de Jalisco desde la llegada de los primeros españoles hasta nuestros días.

Describiré lo que es mi región desde una perspectiva geológica: su paisaje está compuesto por hermosas y extensas planicies, caracterizadas por gruesas capas de tierra roja. Debajo, yace una vasta estratificación de roca sólida que, en algunas zonas, puede superar los cien metros de espesor. Esta estructura subterránea es particularmente propicia para disipar las energías de los temblores, lo que afortunadamente nos ha mantenido a salvo de los efectos adversos de los sismos.

Temblores

A pesar de haber residido aquí durante mucho tiempo, no he percibido ningún temblor de tierra, ni tengo conocimiento de que se haya sentido alguno anteriormente en la región. No obstante, esta característica geológica tiene su desventaja: para acceder al agua subterránea es necesario perforar la enorme capa de roca sólida.

Mi pequeño pueblo, Capilla de Guadalupe, se erige a 2020 metros sobre el nivel del mar, y en ciertas áreas de mi región, como mencioné anteriormente, la altitud alcanza incluso más de 2300 metros. De ahí se deriva el nombre apropiado de "Los Altos de Jalisco".

Los grandes valles, sus cerros y sus misterios

En mi pueblo, Capilla de Guadalupe, estamos rodeados de vastos y hermosos valles adornados por varios cerros prominentes. El más significativo es el que se ubica al sur de la Capilla, el afamado y lleno de historia Cerro Gordo, que fue un volcán activo hace incontables millones de años, tal como lo indica su enorme cráter, visible únicamente desde su cima.

Aquellos de nosotros que vivimos en sus proximidades no éramos conscientes de su origen volcánico hasta que comencé a observar varias evidencias en el Cerro Gordo y en los cerros circundantes. La primera vez que tomé conciencia de estas pruebas tenía unos 10 años de edad.

Los fundadores de la Capilla de Guadalupe

Los fundadores de la Capilla de Guadalupe en 1823 optaron por asentarse en una localidad carente de ríos debido a una promesa y devoción a la Virgen de Guadalupe. Ante la necesidad de conservar agua para los períodos de sequía que se extienden de seis a siete meses al año, desde octubre y a veces hasta mayo, su ingenio los llevó a crear varios estanques o depósitos para almacenar el vital líquido.

Particularmente, en 1823 construyeron uno de gran magnitud, bautizado como "El Tajo", ubicado al sur de la Capilla. Además, ampliaron una laguna existente que, en temporadas de lluvia, se tornaba aún más vasta y bellamente adornada de lirios, unos blancos y otros rosados, cuyas floraciones eran el deleite visual y olfativo de la región. El ambiente se llenaba con el bullicio de patos, gallaretas, tilos, garzas y el coro nocturno de ranas y grillos.

Profundizando en "El Tajo" y los indicios volcánicos del Cerro Gordo, alrededor del estanque y de toda la laguna se extiende una capa de tierra negra de aproximadamente metro y medio a dos metros de profundidad, de una negrura que no he visto igual en otros lugares. Dicha tierra fue descubierta durante la excavación del estanque, una tierra fértil que quizás encierra secretos de un pasado volcánico largo tiempo dormido.

Durante la construcción del Tajo, se encontró una capa de tepetate amarillo semiduro, una clara evidencia de la lava proveniente del volcán Cerro Gordo, que se eleva majestuosamente a unos 7 kilómetros de distancia. Este tajo, durante más de un siglo, fue pilar en el suministro de agua para las necesidades diarias de mi comunidad. Sus aguas no sólo saciaban la sed del ganado mediante tagetes, sino que también sustentaban diversos lavaderos públicos, donde en mi niñez observaba a varias mujeres laborando con la ropa.

No obstante, en los años de 1944 y 1945, con el inicio de la construcción de la carretera federal hacia la Ciudad de México, se descubrió un nuevo uso para el tepetate: serviría como base para la carretera, reemplazando la tradicional piedra molida. Esta práctica demostró ser eficiente, y, por ende, se extrajo una cantidad significativa de tepetate, que extendía la extracción del Tajo a más de 15 o 20 metros de profundidad. Crecí fascinado, observando la constante actividad de los camiones que ascendían y descendían cargados de este material.

La cantera resultante del tepetate medía aproximadamente 75x75 metros, y en su seno, las barrenaciones revelaban incontables piedras volcánicas medianas, testimonio del flujo de lava que llegó hasta aquel punto. El responsable de la excavación nos mostró cómo entre el tepetate emergen estas reliquias de una actividad volcánica que parecía haber quedado en el olvido.

Don Juan Casillas y su contribución

El texto relata la generosa contribución de don Juan Casillas, oriundo del Rancho El Terrero, quien decidió establecerse en La Capilla, trayendo consigo no sólo prosperidad económica, sino también un compromiso profundo con el bienestar de nuestra comunidad. Don Juan es recordado afectuosamente como uno de los grandes benefactores, un amigo y pariente, aunque lejano, cuya memoria perdura en el corazón de los habitantes.

En el ímpetu de su curiosidad y servicio, don Juan Casillas inició una empresa monumental: la excavación de un pozo que se adentraba en la tenaz capa de tepetate, una tarea que requirió el desplazamiento de miles de toneladas de este material. Con una visión de futuro y dedicación, puso a un equipo a trabajar con el fin de alcanzar el final de esta etapa. A pesar de que el pozo alcanzó unos impresionantes 15 metros de profundidad, el fin del tepetate no se divisaba, y el misterio de su profundidad seguía intacto.

Tras cesar la necesidad de más tepetate para la construcción de carreteras, surgió la idea de transformar este espacio en un depósito de agua que beneficiaría a todo el pueblo. Se construyó un canal desde la laguna hasta el Tajo, y cuando este estuvo lleno, el pueblo entero celebró; ahora se contaba con un reservorio vital que aseguraba el suministro de agua para satisfacer las necesidades de la comunidad. La decisión de convertir el Tajo en un embalse fue unánimemente aplaudida y aprobada, una muestra más de la solidaridad y resiliencia de nuestra gente.

El día que llenamos el Tajo está grabado en mi memoria con una nitidez extraordinaria; aún recuerdo la emoción que embargaba mi ser, la tentación de zambullirme en sus aguas claras y refrescantes. El Tajo se mostraba imponente, lleno de vida, como un espejo azul que reflejaba la promesa de días mejores para todos nosotros. Al caer la tarde, retornamos a nuestras moradas, el corazón henchido de esperanza y los ojos cansados de la felicidad compartida.

Al alba del día siguiente, con el entusiasmo aún desbordante, corrí hacia el Tajo, deseoso de contemplar aquel triunfo comunal. Sin embargo, al aproximarme, una multitud ya se había congregado en el lugar. La confusión me invadió al percibir sus rostros, un mosaico de asombro y desconcierto. Y allí, ante mis ojos, la realidad se impuso con la fuerza de un golpe: el Tajo se encontraba vacío, despojado de toda el agua durante el velo de la noche, como si un sumidero gigante hubiera engullido cada gota.

¿A dónde había ido a parar el agua? Esa era la pregunta que flotaba en el aire, entre murmullos y conjeturas. Algunos especularon sobre ríos subterráneos, otros sobre cavernas ocultas en las profundidades de la tierra. La incógnita se mantenía, escurridiza, desafiante.

Movidos por una curiosidad insaciable, decidimos intentarlo una vez más, abriendo el canal que comunicaba con la laguna para dar paso al vital líquido. Con renovados ánimos, el Tajo fue llenado nuevamente, y esta vez, resueltos a descifrar el misterio, muchos nos quedamos a observar, custodiando el agua. La noticia de que el Tajo se vaciaba de nuevo corrió como reguero de pólvora, y casi todo el pueblo se congregó, llevados por la intriga y el asombro, para ser testigos de este fenómeno que escapaba a nuestra comprensión.

El ocaso se acercaba y, con él, la revelación de que nuestro gran estanque se había reducido a un cuarto de su capacidad original. Los pocos litros que resistían comenzaron a girar vertiginosamente, formando un remolino que parecía engullir lo poco que quedaba. Entre los espectadores, se destacaban figuras como don Juan Casillas y el Sr. Cura Morales. No puedo olvidar a Santos, el campanero, cuya presencia despertaba una reverencia tal, que en su momento les contaré la razón de por qué le considero el más grande en su oficio a nivel mundial.

Finalmente, se optó por abandonar el Tajo a su suerte, y hoy en día, ese mismo lugar alberga construcciones residenciales en lugar de las aguas misteriosas que una vez nos congregaron alrededor de su enigma. El Tajo y su agua desaparecida se convirtieron en leyenda, en susurros del pasado que aún resuenan en la memoria colectiva.

En cuanto al Cerro Gordo, en una de mis expediciones al pico, armado con un poco más de conocimiento y experiencia, pude discernir claramente los vestigios de lo que una vez fue un cráter majestuoso. En la cumbre, un bosque denso se despliega ante la vista, poblado por encinos, palo blanco, palo colorado, robles y una diversidad de arbustos; un manto verde que adorna la geografía.

Desde la altitud de 2668 metros sobre el nivel del mar, la panorámica es impresionante. A la distancia, se pueden apreciar varios puntos de referencia, una vista que corta el aliento y expande el alma, ofreciendo un testimonio mudo pero elocuente de millones de años de historia natural.

Rodeado por la tranquila majestuosidad de los pueblos aledaños y la vibrante vida de las ciudades como Tepatitlán y Arandas, que desde mi atalaya natural se divisaban con sorprendente claridad, me encontré con un hallazgo inesperado. Un insecto, de cuya presencia jamás había sido testigo, se cruzó en mi camino aquel día. Era un ser pequeño, de apenas dos centímetros, ovalado y oscuro como una pequeña concha marina, pero de un negro tan intenso que absorbía la luz a su alrededor.

Al inquietarse, este diminuto ser despedía un líquido de tonalidad verde que emanaba un aroma intenso y peculiar. Mis conocidos lo llamaban "miones", quizás haciendo eco del líquido que liberaban al sentirse amenazados. Lo más asombroso era que su presencia no era escasa; al contrario, eran legiones, millones de ellos que, al volar en enjambres, crean nubes que oscurecían el cielo y generaban un zumbido que resonaba en la inmensidad del espacio.

No obstante, lo que capturó mi curiosidad y atención fue el espectáculo natural que acontece al atardecer. Un enjambre de golondrinas descendía en un ballet aéreo, atraídas por los innumerables "miones" que habitaban en los árboles circundantes al cráter. Las aves se congregaron en este sitio preciso, un festín en el aire, un ciclo de vida que se revelaba ante mis ojos. Y así, al caer la tarde, las golondrinas se abalanzaban sobre su presa con una precisión y elegancia que transformaba el cielo en un lienzo dinámico de movimientos naturales.

El evento duraba hasta que las últimas luces del día se desvanecían y los insectos eran casi exterminados, un recordatorio de la implacable pero hermosa eficiencia de la naturaleza. Nosotros, los espectadores, encontrábamos un entretenimiento puro en el ir y venir de estas aves, en su lucha por la supervivencia, en su danza aérea al ritmo de la vida silvestre del Cerro Gordo.

Dentro del vasto tapiz natural que pintaba el paisaje en torno al Cerro Gordo, un detalle particular capturaba la esencia del ecosistema: el alimento que la Providencia parecía haber dispuesto para las golondrinas. Los "miones", ese insecto singular y oscuro que antes describía, se convertían en sustento esencial durante su migración desde el Sur y en la nutrición de sus crías. Como si de un milagro se tratara, al llegar, las aves encontraban en las paredes de nuestras casas y en la naturaleza los espacios ideales para anidar y perpetuar su especie.

Al remontarme en los recuerdos y las historias que envuelven el Cerro Gordo, me detengo en una leyenda casi olvidada: la de la víbora de color verde, conocida como Flechilla. Dicen que cuando los castellanos se aventuraron en la conquista de estos parajes, se encontraron con esta serpiente tan venenosa, que habitaba en las alturas de los árboles. Su nombre provenía de la forma en que atacaba, descolgándose velozmente sobre su presa, cual flecha certera lanzada desde el firmamento. Aunque hoy en día no se oyen relatos de encuentros con la Flechilla, sí se advierten historias sobre la víbora de cascabel, que, si bien se mantiene en las zonas más bajas, sigue siendo un testimonio viviente de la salvaje biodiversidad que rodea el Cerro.

No obstante, otro animal que una vez marcó la historia natural del lugar fueron los lobos, que, según las narraciones, han sido exterminados y ya no se avistan en la actualidad.

Pero el Cerro Gordo, con todos sus misterios y leyendas, sigue reservándonos sorpresas. Una de ellas es un fenómeno que algunos dicen es prueba de su origen volcánico: un ronquido sordo y profundo que emana de sus entrañas de vez en cuando. Estos sonidos, breves pero poderosos, resuenan como el eco de una era geológica pasada, y aunque sólo duran unos segundos, son suficientes para recordarnos la majestuosa e impredecible fuerza de la naturaleza. Las historias pasadas de generación en generación por mis parientes, los Francos, son testimonio de la rica herencia cultural y natural que se entreteje en el tapiz de nuestra tierra.

CAPÍTULO 2

Los misterios que envuelven el Cerro Gordo

Los misterios que envuelven el Cerro Gordo y sus contornos son tan numerosos como las historias contadas por aquellos que habitan sus laderas. En la intimidad de las capillas y los ranchos, como el afamado San Antonio, los ancianos narran con ojos brillantes que han escuchado, en la quietud de la noche, los ronquidos profundos que emergen de las entrañas de la tierra. A pesar del estruendo, no hay movimiento en el suelo, quizás amortiguado por las extensas capas de piedra que dominan la región.

El Cerro Gordo no guarda sus secretos solo. En su compañía, yerguen otros montes como el Cerro Carnicero, situado al norte a unos cinco kilómetros. Allí también se hallan vestigios de lo que parece ser un cráter antiguo, hermanado con el del Cerro Gordo por lo que parece ser un pasado volcánico compartido. Al sur, otro cerro se alza con evidencias similares, lo que me lleva a conjeturar que quizá, en tiempos remotos, estuvieron unidos en actividad volcánica coordinada, comunicándose a través de túneles subterráneos.

Es plausible imaginar que hoy día existen vastas cavernas, producto de aquellas erupciones que resonaron a través de los cerros en comunicación con el Cerro Gordo hace cientos de millones de años. La lógica sugiere que esas cavidades subterráneas son testimonio de una historia geológica dinámica y explosiva.

Queda la esperanza de que, en algún momento, exploradores o curiosos descubran la entrada a estas grandes cavernas, desvelando así los secretos largamente guardados. Así, se entreteje la historia de los grandes valles, los cerros y los misterios que definen la geografía y el espíritu de Los Altos de Jalisco, un relato que se transmite de generación en generación, enriqueciendo el patrimonio cultural de mi región.

La aparición del hombre en Los Altos

En las brumas del tiempo, cuando los albores del primer milenio se desplegaban sobre nuestra era, tribus nahuas, llamadas "Aborígenes" por algunos, hicieron su aparición en la región que hoy conocemos como Los Altos de Jalisco. Estas gentes, pertenecientes a clanes unidos por la sangre y el idioma, transitaban en su largo peregrinar hacia el sur, con el Valle de México como destino final, dejando tras de sí el misterio de su procedencia norteña.

Las crónicas de estas migraciones son variadas y ricas en leyendas, destacándose entre ellas la de las míticas ciudades de Cíbola y Quivira, cuya existencia nunca han sido comprobadas. Narraciones como las de Álvaro Núñez Cabeza de Vaca y el esclavo Estebanico, quienes sobrevivieron al naufragio en la desembocadura del río Mississippi, tejen un tapiz de aventura y misterio. Ellos eran parte de una expedición liderada por Pánfilo de Narváez, adelantado de La Florida, cuya misión fracasó cuando su embarcación se perdió y sólo unos pocos escaparon de la fatalidad del mar.

Cabeza de Vaca y Estebanico, junto a otros compañeros de infortunio, emprendieron una odisea por tierras desconocidas, avanzando hacia el oeste, atravesando lo que hoy conocemos como Nuevo México y Arizona. Se cuenta que, en su andar, alrededor de 1529 y tras varios años de penurias, se toparon con una urbe que superaba en magnificencia a la propia Ciudad de México, a la que llamaron Cíbola. Una ciudad que, como una visión, se desvaneció en el tiempo, dejando su rastro sólo en las páginas de la historia y en las leyendas de aquellos primeros hombres de Los Altos de Jalisco.

Los relatos de Álvar Núñez Cabeza de Vaca y Estebanico, los intrépidos exploradores, describen con fascinación una ciudad que, en riqueza y esplendor, podría rivalizar o incluso superar a la Tenochtitlán de sus días. Hablan de un recibimiento lleno de hospitalidad, con gentes que los acogieron con brazos abiertos y los guiaron en su peregrinación hacia el oeste, hacia otra metrópoli de igual magnitud situada en lo que hoy es el estado de Arizona.

Esta ciudad, cercana a la confluencia de los ríos Gila y Colorado, fue denominada Quivira. Las narraciones de Cabeza de Vaca y Estebanico están llenas de admiración por la riqueza cultural y material de sus habitantes, pintando un cuadro de civilizaciones avanzadas y hospitalarias en medio de la vastedad desconocida.

Emprendiendo el camino hacia el sur, los dos hombres siguieron las rutas ancestrales utilizadas por los aborígenes, adentrándose más en el continente. Dejaron atrás Quivira, guiados por nativos a través de los desiertos de Sonora, donde encontraron a las tribus Yaquis y Mayos, quienes les brindaron una acogida excepcional, maravillados ante la presencia de un hombre blanco y otro negro entre ellos.

Continuando su travesía hacia el sur, alcanzaron las tierras de lo que ahora conocemos como Durango y Zacatecas. Allí ya existían tribus nahuas con comunidades y cacicazgos establecidos, cuya organización social y política impresionaron a los viajeros. Estas tierras, ricas en cultura y tradiciones, eran un testimonio de la diversidad y complejidad de las sociedades prehispánicas que habían tejido la rica historia del México antiguo.

La aventura de estos hombres no sólo es un relato de supervivencia y descubrimiento, sino también un legado que nos recuerda la grandeza de las civilizaciones que florecieron en nuestra tierra mucho antes de que los europeos pusieran pie en ella. Estas crónicas se convierten en un valioso eslabón que conecta el pasado con el presente, enriqueciendo así la historia de Los Altos de Jalisco y su gente.

Las vicisitudes de Álvar Núñez Cabeza de Vaca y el esclavo Estebanico, tras su larga odisea desde la cuenca del río Mississippi, culminaron al llegar a Guadalajara. Allí se encontraron con el comandante y jefe, Nuño de Guzmán, a quien relataron su asombrosa aventura, describiendo con gran detalle las ciudades que hallaron, sus inmensas riquezas y la calidez con que fueron recibidos por sus habitantes.

Sin embargo, la naturaleza de Guzmán, de índole retorcida y despiadada, se reveló cuando, sin dilación, aprisionó a Estebanico, alegando su condición de esclavo, y lo envió escoltado a la Ciudad de México. Junto a él, envió el relato de las opulentas ciudades y su magnificencia, palabras que inflamaron la codicia y la imaginación de aquellos que las escucharon.

El fervor por estas tierras llenas de promesas se propagó rápidamente, y un fraile, impulsado por un ansia de aventura y seducido por la visión del oro, organizó un contingente. Este ejército, compuesto por voluntarios atraídos por la promesa de riquezas, se preparó para partir tanto por tierra como por mar.

En el océano Pacífico, Pedro de Alvarado, el insigne capitán de Hernán Cortés, se hizo a la mar con un grupo notable de seguidores. En su travesía, llegó primero a lo que hoy conocemos como Puerto Vallarta, iniciando así otro capítulo en la interminable búsqueda de fortunas y gloria, un eco de la ambición humana que aún resuena en las crónicas de aquellos tiempos.

Estas narraciones, que entrelazan la brutalidad y la esperanza, no sólo forjan la historia de los hombres en Los Altos de Jalisco, sino que también tejen el rico tapiz de nuestra identidad regional, donde el valor y la supervivencia se funden con los sueños y los desvaríos de aquellos que buscaban su destino en la vastedad del Nuevo Mundo.

La trama de la historia se intensifica al recibir Pedro de Alvarado la noticia urgente: Nuño Beltrán de Guzmán estaba sitiado en Guadalajara, enfrentando la férrea resistencia de las tribus Caxcanes y Tonaltecas. Sin vacilar, Alvarado emprendió el camino hacia la ciudad en auxilio de Guzmán, y gracias a su ingenio y astucia, levantó el asedio que llevaba varios días, haciendo huir a los Caxcanes. No obstante, su grave error fue la soberbia de perseguirlos hasta su bastión cerca de Nochistlán, entre Jalisco y Zacatecas, y el Cañón de Juchipila, donde Guzmán había intentado fundar Guadalajara por segunda vez.

El destino, sin embargo, estaba en contra de Alvarado, pues la valentía de los Caxcanes y la complejidad del terreno los hicieron invencibles en su propia tierra. Y así, en el torbellino de la huida y bajo el manto de lluvias torrenciales, en un intento desesperado por evadir a sus perseguidores a través del enigma de barrancas y laberintos naturales, Pedro de Alvarado enfrentó su infortunio. En una de estas barrancas, en un acto de frenética estampida, su caballo perdió el equilibrio y ambos cayeron al abismo.

El trágico fin de Pedro de Alvarado se selló cerca de Yahualica, hoy una hermosa ciudad al norte de la región de Los Altos de Jalisco. Allí, el sueño y la ambición de este conquistador de tierras lejanas encontraron un final abrupto, en una tierra que, aunque hermosa y acogedora, también sabe ser implacable y feroz.

Así, la historia de los hombres en Los Altos de Jalisco se va tejiendo con actos de valentía y episodios de tragedia, en una tierra que ha sido testigo silente de la tenacidad y la fragilidad humana a través de los siglos.

La búsqueda de las legendarias ciudades de Cíbola y Quivira, aquellas metrópolis envueltas en riquezas y misterios, finalmente se desvaneció en las páginas de la historia. Retornando a mi región natal, Los Altos de Jalisco, los primeros pobladores que sembraron vida en estas tierras eran nómadas provenientes del norte, que, durante sus migraciones hacia el Valle de México, encontraron hogar en parajes que cautivaron sus corazones, estableciéndose en diferentes épocas.

Tras la caída de la civilización Tolteca alrededor del año 1200, fueron testigos del declive de una era las siete tribus nahuatlacas, quienes, originarias de un lugar conocido como Aztlán-Chicomoztoc —la morada de las garzas—, iniciaron su éxodo. Esta es una de las versiones sobre los orígenes de las tribus que finalmente se asentaron en el Valle de México, viajando desde parajes lejanos situados al norte, en lo que hoy es Arizona y Nuevo México en los Estados Unidos.

La primera tribu en establecerse en el Valle de México fue la de los Xochimilcas, seguida por los Tepanecas, los Tlaxcaltecas, y finalmente, los Mexicas o Aztecas. Fue con los Aztecas, en el año de 1323, cuando la grandeza de su cultura empezó a tomar forma sobre un islote del lago de Texcoco, donde erigieron su primer templo dedicado al dios Huitzilopochtli. Acamapichtli fue proclamado su primer tlatoani, señor de un pueblo destinado a forjar un imperio que, por siglos, resonará en la memoria de la humanidad.

A través de las migraciones que se entrelazan como un tapiz en el vasto lienzo del tiempo, diversas tribus que cruzaban estas tierras en diferentes momentos, dejaban atrás pequeños grupos que se asentaban y se dispersaron a lo largo y ancho del territorio. En sus comienzos, estos grupos eran nómadas y cazadores, conocidos colectivamente como Chichimecas, un término que denotaba a aquellos que se desplazan sin cesar de un lugar a otro. Sin embargo, con el paso de los años, comenzaron a echar raíces y a formar cacicazgos en diferentes puntos del estado de Jalisco, y en particular en mi región, Los Altos de Jalisco, donde se establecieron algunos de los más significativos, destacando el situado en el Cerro Gordo. Este cacicazgo prosperó y se convirtió en uno de los más poderosos de la región, conocidos como los Zacatecas-Nahuatlacas.

La comunidad del Cerro Gordo es recordada por su organización y adelantos en diversos aspectos de la vida cotidiana, así como por la valentía y astucia de sus guerreros. Existe una leyenda que encapsula la bravura y el espíritu de estos habitantes, una historia a la vez hermosa y melancólica, transmitida por mi tío Silviano Gutiérrez, hermano de mi padre. Él dedicó su vida a desentrañar los antiguos archivos parroquiales de Tepatitlán, y fue ahí donde se topó con esta leyenda que tanto me fascinaba cada vez que la narraba.

Esta historia ancestral, que se remonta a épocas anteriores a la llegada de los españoles, es un testimonio de la rica herencia cultural que he heredado y que forma parte inseparable de la identidad de Los Altos de Jalisco. La leyenda, viva en los relatos familiares y en los documentos antiguos, permanece como un eco de las tradiciones y el coraje de aquellos que forjaron con su esfuerzo y su sangre la historia de nuestra tierra.

La leyenda del Cerro Gordo y su princesa

Era el tiempo de los primeros españoles en la región de los Altos de Tepatitlán en 1531. Mucho antes de que los primeros españoles marcaron su huella en Los Altos, el cacicazgo del Cerro Gordo florecía en la cúspide de su esplendor. La organización de su sociedad era tal, que contaba con un ejército robusto y meticulosamente adiestrado, cuyo propósito era la defensa de la región. En alianza con cacicazgos vecinos, se mantenían en constante vigilancia ante las incursiones de los indios Tarascos de Michoacán, quienes asediaban sus tierras buscando prisioneros para ofrecer en sacrificio a sus dioses en lo que denominaban "Guerras Floridas".

Los guamare, astutos y valientes, tenían sus fuerzas armadas dispuestas en una estructura admirable, bajo la dirección de un gran jefe, un cacique de renombre cuyo liderazgo era incuestionable. Este líder supremo, visto como un rey, era profundamente respetado por su coraje y su habilidad estratégica para comandar y organizar rápidamente en momentos de crisis.

Este cacique, a quien se le atribuía gran poder y sabiduría, era Tlaloc. Su nombre, que compartía con la deidad de la lluvia, era augurio de su influencia y fuerza. Junto a él, una princesa de incomparable belleza, cuyo nombre se ha perdido en las brumas del tiempo, se elevaba como la flor más preciada del cacicazgo.

Tlaloc, junto a sus caciques, enfrentaba persistentes conflictos con los Tarascos, defendiendo su tierra y su gente con una determinación férrea, cimentando su leyenda en cada batalla y en cada estrategia desplegada sobre el tablero de la guerra. Esta es la historia que se narra con reverencia en mi tierra, un capítulo glorioso e inmortal en la crónica de Los Altos de Jalisco.

En la vecindad del Estado de Jalisco, hacia el sur, se halla Michoacán, cuna de la fiera raza tarasca, de lengua y costumbres distintas a las de las tribus de Los Altos. En el corazón de estas tierras jaliscienses, existía una princesa de belleza sin par y de espíritu indomable, conocida como Mesmo Pensil. Ella no sólo era una visión de gracia, sino también una guerrera consumada, cuya destreza en la batalla superaba a la de muchos guerreros de su tiempo.

Mesmo Pensil, que había triunfado en varios enfrentamientos contra los tarascos, era la viva imagen de la valentía. Bajo las órdenes de su padre, Tlaloc, se lanzaba al combate con tal arrojo que infundía confianza y admiración en todos los guerreros que tenía a su mando. Su estrategia y valor eran tan notables que Tlaloc se henchía de orgullo y confiaba plenamente en su hija en todas las contiendas.

Junto a su valerosa princesa, Tlaloc y su ejército se aventuraban en expediciones a Michoacán, desafiando a los tarascos. Con ataques sorpresa y tácticas astutas, infligían derrotas y capturaban enemigos, en una serie incesante de escaramuzas entre ambos bandos. Los tarascos, por su parte, conocían bien el riesgo de enfrentarse a los Guamare en su bastión, el Cerro Gordo, pues era un desafío en el que la derrota era casi segura.

El valle que se extiende al norte del Cerro Gordo, llegando hasta mi pueblo, Capilla de Guadalupe, era entonces un campo de batalla y ahora es un testimonio de la historia y el coraje de aquellos que lo habitaron. Esta leyenda, impregnada en la tierra y en el alma de los altenses, resuena como un himno a la valentía y a la herencia inquebrantable de nuestra gente.

En las crónicas de los tiempos antiguos, una expedición tarasca al valle del Cerro Gordo se convirtió en leyenda. Los aguerridos Lamare, siempre vigilantes, detectaron con prontitud a los invasores. Como un torrente que se anticipa a la tormenta, el sonido del caracol resonó, un clamor que se esparció velozmente por todo el cerro y los cacicazgos aliados. Los mensajeros, con una velocidad que desafiaba al aliento del viento y relevos dispuestos estratégicamente, transmitían la señal de alerta, preparando a los guerreros para la inminente batalla en el valle que se cernía bajo la sombra del Cerro Gordo.

El enfrentamiento que se desató fue de una escala épica, con miles de combatientes de ambos bandos, emergiendo de la multitud de cacicazgos que rodeaban la región. Esta historia, que fluye desde las profundidades del tiempo, fue transmitida oralmente por los nativos, que carecían de escritura hasta que sus relatos fueron finalmente documentados y custodiados en los archivos de Tepatitlán, y quizás también en Arandas.

Regresando a la contienda que se libró entre los Guamare y los Tarascos, se cuenta que los Guamare estaban ya en posición, esperando con estrategia y ardor guerrero. Aquel enfrentamiento, según las voces que han perdurado, podría haber sido el último de su envergadura. Aunque los Tarascos atacaron por todos los frentes, se encontraron con la indomable resistencia de los Guamare, que defendían su tierra con un valor inconmensurable.

En aquellos tiempos de conflicto y estrategia, los Guamare se encontraban al borde del combate, con sus filas casi al completo y los planes de ataque ya delineados. Las guarniciones, alertadas por el toque de guerra, se activaban con una eficiencia que rayaba en lo sobrenatural. Los guerreros, lejos de sumirse en el letargo, se movilizaban con una energía incontenible, organizándose y convocando a los cacicazgos con una rapidez que desafiaba el entendimiento, preparándose para la inminente llegada de los Tarascos.

Los guerreros se amontonaban, y era evidente que se aproximaba una misión de gran envergadura. El aviso para la movilización había sido dado, y aunque la distancia marcaba el tiempo de respuesta de cada cacicazgo, los más cercanos, como los de San Ignacio Cerro Gordo, Arandas y Tepatitlán, se congregaron rápidamente debido a su proximidad al Cerro.

En el epicentro de esta alianza se encontraban Tlaloc y su hija, la princesa Mesmo Pensil, quienes descendían con sus guerreros de élite, ansiosos por probar su valor en el fragor de la lucha. Estos guerreros eran la crema de la milicia, seleccionados por su fuerza física, astucia y un entrenamiento riguroso que los convertía en máquinas de guerra.

La batalla comenzó sin preámbulos, los Tarascos lanzaron su ofensiva con la intención de no dar tregua ni permitir la llegada de refuerzos. Pero los Guamare, conducidos por el ardor combativo de su líder y su valerosa princesa, se presentaron en el campo de batalla, decididos a enfrentar el desafío y a defender su hogar y su honor contra la oleada enemiga.

En la estrategia de guerra, el tiempo es un aliado o un enemigo. Los cacicazgos distantes, cuyos refuerzos tardaban en llegar, dejaban un vacío que los Tarascos, astutos en su arte de la guerra, esperaban explotar. Estimaron que era el momento oportuno para atacar, sabiendo que la cantidad de guerreros presentes era menor a la suya, una ventaja numérica que no podían desaprovechar.

La batalla se intensificó, y en medio de la contienda, la princesa Mesmo Pensil se destacaba en el frente, bajo la mirada atenta de su padre, el gran cacique y líder de los Guamare. La lucha era feroz, y los guerreros, aunque valientes y resistentes, empezaban a flaquear ante la abrumadora marea de tarascos que los superaba en número. La esperanza de los Guamare residía en la pronta llegada de los refuerzos de lugares más remotos como Jalostotitlán, San Miguel el Alto, Yahualica, Mezcala y San Juan de los Lagos, algunos a más de 80 kilómetros de distancia.

En un giro dramático del destino, durante un avance de las fuerzas tarascas, la valiente princesa Mesmo Pensil fue capturada, pero no sin antes demostrar su bravura al abatir a varios enemigos. El comandante tarasco, consciente del valor simbólico y estratégico de la princesa, ordenó de inmediato su traslado, sabiendo que su captura era un golpe devastador para el espíritu de los Guamare.

En la cruenta batalla, la captura de la princesa Mesmo Pensil se erigió como la jugada maestra de los tarascos, un golpe que esperaban hiriera profundamente el corazón y el orgullo de Tlaloc y los Guamare. La princesa, símbolo de la lucha y esperanza de su pueblo, había sido secuestrada en una avanzada táctica, envuelta en el caos de un enfrentamiento que dejó bajas en ambos bandos.

Los tarascos habían planeado meticulosamente esta estrategia, considerando a la princesa no sólo como un trofeo de guerra, sino también como el alma de la resistencia enemiga, cuya valentía e ingenio elevaban el ánimo de las tropas Guamare. Su captura no sólo era un triunfo estratégico, sino también un esfuerzo por desmoralizar a los guerreros adversarios.

Cuando los aliados de los Guamare comenzaron a llegar en grandes números, los tarascos, reconociendo el inminente cambio de marea, se retiraron rápidamente, asegurándose de llevar consigo a la princesa. Tlaloc, desesperado al perderla de vista, se lanzó en una búsqueda frenética para rescatar a su hija.

La persecución se extendió, con Tlaloc y sus guerreros siguiendo la estela de los tarascos, determinados a recuperar a la princesa Mesmo Pensil. En una larga y agotadora cacería, las fuerzas de Tlaloc se dispersaron por el terreno, cada uno llevado por la urgencia y la esperanza de devolver a su princesa al seno de su comunidad.

La astucia de los Tarascos, en su retirada estratégica, desorientaba y enfrentaba a los Guamare en escaramuzas dispersas, evitando enfrentamientos directos de gran escala hasta que finalmente se esfumaron en el horizonte. Tlaloc, abatido por la ausencia de esperanza, regresó al Cerro Gordo con el peso de la desolación oscureciendo su espíritu. No obstante, su resolución no flaquea ante la adversidad; organizó dos expediciones vigorosas, en alianza con los cacicazgos aliados que compartían el luto y la determinación de rescatar a la amada princesa.

Una expedición se enfocaría en la recolección de inteligencia, mientras que la otra se armaría con una estrategia ofensiva para atacar y recuperar a la princesa. Tlaloc, impulsado por su desesperación, ascendió al punto más alto del Cerro Gordo, desde donde su mirada alcanzaba hasta el lago de Chapala, el espejo de agua más grande de México, situado entre Jalisco y Michoacán, a unos 60 kilómetros de distancia.

Desde esa atalaya, el gran cacique Tlaloc, padre y líder consumido por la ansiedad, se mantuvo vigilante día y noche. Escudriñaba el vasto panorama en busca de cualquier señal que pudiera indicar el regreso de las expediciones enviadas a Michoacán. Con la esperanza aferrada en su corazón, aguardaba el momento en que sus ojos divisaron el regreso victorioso de sus guerreros, trayendo consigo a la princesa Mesmo Pensil.

Tlaloc, consumido por la angustia y el anhelo, se mantenía inmóvil en la cima del Cerro Gordo, velando incansablemente a través de la noche, esperando que el alba le trajera alguna señal de su hija. Apenas probaba un bocado, y sólo lo hacía ante la insistencia de sus leales asistentes, quienes velaban por él con creciente preocupación. Con el pasar de los días, la esperanza se desvanecía, y la tristeza se arraigaba más profundamente en su ser.

Tlaloc se consumía, día tras día, languideciendo no por falta de sustento, sino por el dolor implacable de un padre. Finalmente, su espíritu se rindió a la pena, y su vida se extinguió en aquel solitario y elevado vigía, siempre mirando hacia el sureste, por donde se habían llevado a su querida princesa Mesmo Pensil. Su amor por ella era tal, que se mostró más poderoso y tenaz que la misma vida.

La noticia de su muerte viajó con la velocidad del viento, anunciada por los sonidos de los caracoles que, con sus claves únicas, comunicaban el luctuoso suceso a todos los rincones del territorio. Pronto, los caciques y sus pueblos acudieron al Cerro Gordo para rendir homenaje al gran líder caído. Tantos fueron los que acudieron a mostrar su respeto y a compartir el luto, que el cerro parecía incapaz de albergar a todos los afligidos que llegaban.

Así concluyó la historia de Tláloc, el Dios Azteca de la lluvia, un relato que, en su dolorosa belleza, ha perdurado a través de las generaciones, recordándonos la profundidad del amor paternal y el inquebrantable espíritu de los antiguos habitantes de Los Altos de Jalisco.

La partida de Tláloc, el soberano y venerado líder, marcó el inicio de un último viaje hacia su lugar de descanso eterno. Se tomó la decisión, por razones que escapan a mi conocimiento, de trasladar sus restos a otro cerro en las cercanías de Arandas. El cortejo fúnebre que acompañó su cuerpo fue de una magnitud sin precedentes, formando una procesión fúnebre que se extendió por kilómetros.

Conforme a las tradiciones y ritos de los Nahuas, Tláloc fue sepultado con honores y respeto, acompañado de utensilios de barro repletos de ofrendas alimenticias para sustentarlo en su travesía al más allá, conforme a las creencias nativas. Junto a él, se depositaron diversas figuras de deidades, llamadas "ídolos" por los antiguos, y algunos objetos preciosos de oro, tal como lo narran los escritos que mi tío Silviano había estudiado.

Aunque no presté la debida atención a la ubicación exacta del cerro mencionado cerca de Arandas donde descansaba Tláloc, ahora siento el llamado de la curiosidad y el deber de explorar esos parajes de Los Altos de Jalisco para descubrir la verdad subyacente en esta tierra tan hermosa.

Así concluye la leyenda del Cerro Gordo, sus ilustres habitantes, los Guamare de Zacatecas, su gran jefe Tláloc y su valiente princesa Mesmo Pensil. Esta narrativa, agridulce en su esencia, debe contener gran verdad, sustentada en las crónicas escritas en el siglo XIX, que han sobrevivido hasta nuestros días.

La historia de nuestro gran cacique Tláloc y su hija, la princesa Xochitl, fue preservada en la memoria y los relatos de mi tío Silviano Gutiérrez. Inspirado por su pasión y la voluntad divina, me he dedicado a la tarea de transcribir esta leyenda, con la esperanza de que su lectura revele la riqueza cultural de mi amado Jalisco a quienes se acerquen a estas páginas. La intensidad del amor de Tláloc por su hija fue tan inmensa que trascendió la vida misma, un sentimiento que no pudo sobrellevar su partida.

Con el respeto y permiso de ustedes, dedico esta leyenda a mi tío Silviano Gutiérrez, de quien aprendí no sólo esta emotiva historia, sino también muchas otras que conforman el tejido de nuestro pasado.

Los indios Guamare del Cerro Gordo

Tras los eventos que marcaron la historia de los Guamare, no puedo afirmar si tuvieron más enfrentamientos con los Tarascos de Michoacán. Sin embargo, lo que sí puedo asegurar es que mantuvieron su valor y astucia hasta que la llegada de 47 familias españolas de la región de Castilla en el año 1703 marcó un nuevo capítulo. Este arribo fue consecuencia de un grave conflicto que tuvo lugar en las faldas norte del Cerro Gordo, en la ruta del Camino Real que conducía de Guadalajara a la Ciudad de México.

En el corazón de la falda del Cerro Gordo, donde hoy se encuentra el Rancho de San Antonio, se asentaron los renombrados Franco, campeones nacionales de la charrería, cuya fama trasciende fronteras, celebrada tanto en México como en Estados Unidos. En el albor del siglo XVIII, específicamente en 1702, los Guamare aún dominaban el cacicazgo del Cerro Gordo, inamovibles por su bravura y sagacidad.

La tenacidad de los Guamare era tal que, incapaces de ser desterrados por medios convencionales, se dice que fueron víctimas de una traición por parte del virrey de México, una historia que prometo relatar más adelante. En respuesta a este conflicto, el virrey solicitó ayuda al rey de España, Felipe V, nombrado por Francia, cuya historia también detallaré en su momento.

Atendiendo al llamado urgente, Felipe V decidió enviar a estas tierras un grupo selecto de familias castellanas, reservadas para las situaciones más arduas. Así llegaron esas 47 familias, con sus esposas e hijos, a Los Altos de Jalisco. Para comprender plenamente este episodio, debemos remontarnos a los orígenes de España, conocida entonces como la Península Ibérica, y a sus habitantes, los ibéricos.

CAPÍTULO 3

Historia de España y sus invasores

Mi fascinación por la historia de España, y en particular por Castilla, tierra repleta de leyendas y hechos históricos que aún resuenan con la presencia de los espíritus de mis antepasados, crece día a día. Es en Burgos donde surgió la figura del inmortal héroe, Rodrigo Díaz de Vivar, conocido como el Cid, cuyo nombre se convirtió en sinónimo de valentía y honor en las batallas libradas contra los valerosos moros. Su legado perdura en los cantares y poemas que, a lo largo de los siglos, han sido un himno a la gloria castellana y española.

España, como muchas naciones, vio sus primeros habitantes en nómadas y cazadores. Las evidencias más antiguas de su presencia se hallan en las cuevas de Altamira, santuarios prehistóricos que se remontan a más de 17 000 años atrás.

Estas cuevas, situadas en el norte de España, cerca del mar Cantábrico y al norte de la ciudad de León, en lo que fue el antiguo reino de León, albergan una rica colección de pinturas rupestres que representan felinos, toros salvajes, bisontes y otros animales, testimonio de la rica herencia cultural que nos precede.

En la vasta cronología del arte primitivo, las cuevas de Altamira en España son un capítulo esencial, con sus murales de bisontes, caballos salvajes y otros animales que, como mencioné, se remontan a unos 17 000 años atrás. Pero no son sólo las cuevas españolas las que cautivan con sus reliquias del pasado; en la vecina Francia, las cuevas de Lascaux ostentan maravillas similares, aún más antiguas, con aproximadamente 20 000 años de historia, según estudios científicos que han utilizado la datación por carbono-14.

En Francia, desde el siglo XIX, se han descubierto más de veinte cuevas adornadas con imágenes ancestrales. No obstante, una de las revelaciones más trascendentales ocurrió en 1994, casi como un regalo del tiempo, con el descubrimiento de la cueva de Chauvet. Situada al sureste de Francia, cerca de las fronteras con España e Italia, esta cueva alberga tesoros que duplican en antigüedad a los de Altamira y Lascaux.

Exploradores aficionados encontraron en Chauvet cámaras subterráneas repletas de pinturas, grabados y dibujos que datan de hace unos 35 000 años. En sus paredes se despliegan más de una docena de especies, incluyendo felinos representados junto a murales de una variedad asombrosa de vida prehistórica. Estos hallazgos son una ventana a las expresiones artísticas y espirituales de nuestros más distantes ancestros.

La Cueva de Chauvet

La cueva de Chauvet, nombrada en honor a su descubridor en el año de 1994, se extiende a lo largo de unos 300 metros y alberga en sus muros una colección de arte prehistórico de incalculable valor. Entre las representaciones más fascinantes se encuentra la imagen de un bisonte, delineado por palmas humanas impresas en pintura roja, una técnica que resalta su presencia en la penumbra de la cueva. Este mural es testimonio de la creatividad y la conexión espiritual de nuestros ancestros con el mundo que les rodeaba hace aproximadamente 35 000 años.

Dentro de la penumbra sagrada de Chauvet, las figuras de mamuts, bisontes, caballos salvajes, rinocerontes, leopardos, leones melenudos, elefantes y hasta la rara aparición de una figura humana, conforman un total de 73 representaciones que evocan la rica biodiversidad del sur de Europa de aquel entonces.

Estos descubrimientos han arrojado luz sobre las raíces más profundas de la historia compartida entre España y su vecina Francia, revelando las evidencias más antiguas y preciosas de la humanidad. Con el paso de los milenios, la Península Ibérica vio la llegada de los íberos, extendiendo su influencia a lo largo y ancho de la región. Los vascos, con su cultura distintiva y antigua, y luego los celtas, que fluían a través de Francia, se asentaron en la región mil años antes de Cristo.

Además, las costas mediterráneas fueron frecuentemente visitadas por los fenicios, quienes llegaban en busca de comercio y contacto con los diversos pueblos de Iberia. Estas interacciones fueron tejiendo la rica tela de lo que eventualmente se conocería como España.

La historia de España es una amalgama de culturas y dominios que han dejado su huella imborrable a lo largo de los siglos. Los cartagineses, navegantes y fundadores de ciudades, dejaron su legado en Barcelona, que hoy en día es una de las urbes más vibrantes de Europa.

Con la llegada del imperio romano, unos 200 años antes de Cristo, España entró en una nueva era que perdurará por aproximadamente 700 años. La influencia romana impregnó la península con su lengua, leyes y arquitectura, dejando un legado que más tarde sería asimilado por los cristianos.

No obstante, en el año 711 d.C., los moros cruzaron desde Marruecos, iniciando un período de conquista y asentamiento que cambiaría el rostro de la península. En ese tiempo, el Islam ya estaba firmemente establecido, habiendo comenzado con la revelación de Mahoma en el año 610 en la Meca, situada en el reino de la actual Arabia Saudita. Fue entonces cuando se codificó el Corán, el libro sagrado del Islam, y se establecieron prácticas como el amor y devoción a Alá.

Moros y Cristianos y mis ancestros

Continuando con la narrativa histórica sobre la presencia mora y musulmana en la península ibérica, retomo el hilo desde los tiempos en los que, mucho antes del siglo XII, se libraban intensas batallas entre moros y cristianos. Castilla, junto a los demás reinos como Aragón, Navarra, León y Asturias, que más tarde se unirían a León, se enfrentaron con tenacidad desde los primeros contactos bélicos.

Los moros, cruzando el Mediterráneo, invadieron el sur y este de España, impulsados por un deseo ferviente de expansión territorial. Las cruentas luchas no mermaron el valor de los reinos cristianos, que defendieron su tierra con una bravura ejemplar. Con el paso del tiempo y las vicisitudes de la historia, como verán, los moros fueron eventualmente expulsados por los castellanos y sus aliados.

A pesar de que los moros tenían una nación extensa y una civilización en pleno desarrollo, su ambición por más territorio no fue complacida, a pesar de casi 800 años de presencia en la península, insistiendo a veces por la fuerza. Sin embargo, en el largo período que duraron en España, los moros dejaron una huella indeleble en la cultura, la arquitectura, la ciencia y la gastronomía, legado que perdura hasta nuestros días, enriqueciendo el patrimonio histórico y cultural español.

El esplendor cultural moro y la ascendencia de mis ancestros

La presencia de los moros en la península ibérica dejó como legado una cultura elegante y avanzada, aportando sus refinadas matemáticas y actuando como canal para la reintroducción del conocimiento griego en España y, por extensión, en Europa. Su arquitectura maravillosa sigue siendo motivo de admiración. Fue en este contexto cuando, en el siglo XII, los cristianos intensificaron su campaña para expulsar a los moros, formando ejércitos poderosos compuestos por guerreros selectos y bien adiestrados. Las batallas que se libraron fueron feroces y desafiantes.

Es en estos enfrentamientos donde, sin temor a equivocarme, percibo la presencia de mis antepasados luchando en las temibles batallas junto al inmortal y famoso Cid, Rodrigo Díaz de Vivar. Hablando del Cid, intuyo un gran interés en ustedes por conocer la vida de este héroe, pues presiento que mis raíces, desde aquellos tiempos en que vivió el Cid, están entrelazadas con la lucha por la expulsión de los valientes moros.

Mis ancestros, radicados en Castilla, convivían cerca de la nobleza, compartiendo la vida y batallas con figuras como el Cid, y se involucraron en los ejércitos del siglo de los "Fantasmas", apodo dado por los moros a los cristianos debido a la forma en que el Cid y su ejército atacaban, con estrategias que reflejaban su determinación y audacia.

CAPÍTULO 4

El Cid, el Campeón

Rodrigo Díaz, conocido como el Cid, no sólo fue un héroe de leyenda, sino una figura histórica cuya vida inspiró "El cantar del Mio Cid", un poema épico que narra sus hazañas. Se caracterizaba por un espíritu noble y una lealtad inquebrantable hacia la familia real, así como por su fervor religioso, que lo destacaba entre sus contemporáneos.

Nacido en una aldea cercana a Burgos alrededor del año 1040, hijo de un noble castellano y vinculado a la alta nobleza por línea materna, el Cid creció bajo la influencia del rey Sancho II, conocido por su nobleza con los súbditos, pero implacable en la lucha contra los moros. Su reinado comenzó en 1038, y dos años después, testificó el nacimiento de quien se convertiría en un gran líder y guerrero, un espadachín sin igual y campeón supremo entre todos los defensores de Castilla.

Desde temprana edad, el Cid demostró su valía en la batalla, especialmente en un enfrentamiento crucial contra los moros en Zaragoza, donde se destacó como el mejor entre todos. En el fragor de la lucha, los moros a menudo eran tomados por sorpresa por su rapidez y estrategia; era como un relámpago, un fantasma con reflejos increíbles que infundía temor en el corazón de sus enemigos.

¡Liborio Gutiérrez en su caballo!

El Cid, El Guerrero y la estirpe de mis ancestros

El Cid, era un hombre de estatura elevada y fortaleza notable, cuya habilidad en el combate no tenía parangón. Su inteligencia en el campo de batalla se complementaba con su habilidad para vestir armaduras ligeras, que no le restaban movilidad, y su caballo, igualmente entrenado para enfrentar la intensidad de los choques armados, se defendía con la misma astucia y valentía que su jinete.

Los moros le apodaron "el Fantasma", dada su capacidad de atacar desde ángulos inesperados, causando grandes pérdidas y desmoralizando sus filas. Este es el momento histórico en que comienzan a emerger mis antepasados. La lógica me lleva a esta conclusión, pues es de Castilla de donde provienen mis raíces.

El gran rey Sancho II contemplaba con orgullo las proezas del Cid, pero tras una feroz batalla en Zaragoza en 1072, la vida del monarca llegó a un fin trágico. Después de este evento, el Cid entró al servicio del nuevo rey, Alfonso VI, conocido como "el Sabio", en 1081. Rodrigo Díaz de Vivar demostró en numerosas ocasiones ser el espadachín supremo, consolidando su honor y gloria.

Posteriormente, en una crucial batalla por la conquista de Valencia en 1094, una ciudad fuertemente defendida por los moros, el Cid demostró su destreza y valentía al capturar la fortaleza, sumando otro capítulo a su ya legendaria reputación.

El Cid, cuyo nombre resonará por siempre en los anales de la historia, lideró a su ejército fantasma de victoria en victoria, mostrando su destreza en el arte de la guerra. Sin embargo, en una batalla en 1097, rodeado por una marea incesante de moros, encontró su destino. Una flecha, disparada con precisión mortal, encontró el único punto sin armadura en su flanco izquierdo, hiriéndole en el corazón. A pesar de los esfuerzos por salvarlo, la herida fue fatal, pero su leyenda como héroe inmortal y querido por su pueblo perdura. Rodrigo Díaz de Vivar, el Cid, se consagró como el héroe de cien batallas, un símbolo eterno de valor y honor.

Más de un siglo después, en el siglo XIII, Castilla vio ascender al trono a Alfonso X, un rey no menos grande e inteligente, cuyo reinado comenzó en 1252 y culminó en 1284. Le sucedió en el trono, en el siglo XIV, don Juan Manuel, un rey de distinguido linaje, sobrino de Alfonso X y descendiente de Santo Domingo de Guzmán.

Antes de la ascensión de don Juan Manuel, el siglo XIII fue testigo de un acontecimiento significativo: en el año 1215, Santo Domingo de Guzmán fundó la Orden de los Frailes Predicadores, conocidos como los dominicos, una fraternidad que se dedicaría a la enseñanza y la predicación, y que dejaría una huella profunda en la religión y la sociedad europea de la época.

Santo Domingo de Guzmán y la Santa Inquisición

En el siglo XV, específicamente en el año 1478, se instauró la Santa Inquisición, un organismo que, dicho en términos contemporáneos, buscó intensificar el proceso de expulsión de judíos y musulmanes de la península ibérica. Los reinos cristianos, en su misión de reconquistar la península ibérica —entonces conocida como Iberia o Hispania—, comenzaron a redoblar esfuerzos a mediados del siglo XV. Los musulmanes, que habían estado asentados en la región durante aproximadamente 750 años, desde el año 710, se encontraron cada vez más presionados por la creciente influencia cristiana.

El punto de inflexión en esta dinámica llegó con la unión matrimonial de Fernando de Aragón e Isabel la Católica de Castilla en 1469, lo cual consolidó lo que se conocería como la unión de reinos cristianos. Esta alianza fue crucial para la reconquista y la posterior configuración de España como nación.

Fue bajo el reinado de estos Reyes Católicos que se decidió establecer la Inquisición en 1478, nombrando como General Inquisidor a Tomás de Torquemada, quien nació en 1420 y falleció en 1498, y no en 1478 como se menciona en el texto original. Durante los veinte años que ejerció su poder, Torquemada fue temido tanto por judíos como por musulmanes, llevando a cabo una dura y controvertida persecución hacia aquellos que rehusaban convertirse al cristianismo.

La Reconquista de España

La Reconquista de España fue una época en la que se forjaron ejércitos excepcionales, compuestos por hombres y mujeres valientes y meticulosamente adiestrados, ya que los enfrentamientos con los moros se caracterizaban por ser especialmente feroces y generar numerosas bajas. En este contexto bélico emergieron mis antepasados castellanos, cuya astucia y valentía eran indispensables en la lucha. No cabía duda de que la sangre de aquellos ancestros seguía viva en las venas de quienes, generación tras generación, permanecían inmersos en la nobleza y los ejércitos por su innata disposición bélica.

Estas familias nunca se retiraron del Reino de Castilla, reflejando una casta inquebrantable. Como reza el refrán: "De tigres salen pintitos", indicando que la descendencia refleja las cualidades de sus predecesores. Así, generaciones sucesivas mantuvieron su estatus y estuvieron posiblemente muy involucrados en la nobleza. Esta es la razón por la que, en 1703, el rey Felipe V de Anjou envió 47 familias de su confianza a resolver una gran problemática que había surgido en mi región, Los Altos de Jalisco. Las evidencias de su legado aún resuenan en la región y las iré desvelando poco a poco, ya que me he extendido un poco más allá del siglo XV.

Figuras emblemáticas de la reconquista y la estirpe de mis ancestros

En el contexto de la férrea inquisición establecida en España, el gran Inquisidor General Tomás de Torquemada destacó por su implacable actitud hacia moros y judíos. Junto a él, otro personaje de gran relevancia militar fue Gonzalo de Córdoba, conocido como el Gran Capitán, quien reformó las tácticas de combate y consolidó la temible infantería española, que se convirtió en la reina de los campos de batalla.

Mis antepasados, guiados por la lógica de su valentía y pasión por la victoria, estuvieron indudablemente presentes en estos combates, luchando con la firmeza de quienes están dispuestos a triunfar o morir. En sus vidas privadas, eran líderes fieles a sus creencias, humildes en su cotidianidad y obedientes únicamente a sus superiores: Dios y el rey eran sus símbolos incondicionales.

A lo largo de los siglos, la astucia y valentía de figuras como Rodrigo Díaz de Vivar, el Cid, fueron heredadas y refinadas por sus descendientes, manteniendo viva la llama de la nobleza guerrera. Con el tiempo, aunque se diseminó la memoria de la colonización de Los Altos de Jalisco, lo que permaneció inalterable en mis antepasados fue el fuego interno, la valentía y el ardor guerrero que llevaban en la sangre.

La humildad y valor de mis ancestros y la incursión en la historia

Mis antepasados siempre se caracterizaron por su humildad intrínseca y su naturaleza alegre, disfrutando de las maravillas creadas por Dios en la tierra. Y, si alguna circunstancia amenazaba su felicidad, no dudaban en actuar para restablecer la normalidad.

Retomando el siglo XV con Gonzalo de Córdoba, conocido como el Gran Capitán, él conformó un ejército formidable que, victoria tras victoria, fue replegando a los moros hacia el sur de España.

Paralelamente, los judíos comenzaron a emigrar hacia Marruecos, buscando refugio frente a la creciente hostilidad.

El infame general Torquemada, en 1492, presentó un ultimátum a los judíos: abandonar España, convertirse al catolicismo o enfrentar la muerte. Incluso se les concedió una prórroga de nueve días para tomar una decisión definitiva.

En ese año crucial también emerge la figura de Cristóbal Colón, apoyado por la reina Isabel la Católica. Colón, proveniente de una agotadora lucha por validar su teoría sobre una nueva ruta hacia las Indias, finalmente obtuvo el respaldo necesario para su expedición.

Cristóbal Colón y su búsqueda de apoyo

Existe la teoría de que Cristóbal Colón, nacido alrededor de 1451 en Génova, Italia, tenía ascendencia judía. Su padre, Domingo Colón, es una figura menos conocida en la vasta narrativa del descubridor. Sin embargo, la vida de Cristóbal Colón y su viaje hacia lo desconocido marcaría un antes y un después en la historia mundial.

Cristóbal Colón, hijo de Domingo Colón y Susana Fontanarossa, y hermano de Bartolomé y Diego, se encontraba inmerso en la tarea de convencer a alguna potencia europea sobre la viabilidad de una nueva ruta hacia la India. Inicialmente, intentó obtener el apoyo de España, pero se encontró con la indiferencia de los Reyes Católicos, quienes estaban concentrados en resolver el asunto de la expulsión de los moros del territorio español, un proyecto liderado por el Gran Capitán, Gonzalo de Córdoba, cuyo ejército invencible avanzaba triunfante en la Reconquista.

En vista de la falta de interés en España, Colón decidió llevar su propuesta a Portugal, donde reinaba Juan II. Afortunadamente, consiguió una entrevista con el monarca, quien le ofreció ciertas esperanzas, aunque sin compromisos firmes. Durante este periodo de incertidumbre y mientras aguardaba una decisión del rey portugués, Colón conoció a una mujer hermosa llamada Felipa Moniz de Perestrelo. El navegante se enamoró y contrajo matrimonio con ella, dando inicio a una nueva etapa en su vida personal.

Cristóbal Colón y el génesis de su viaje

Tras su matrimonio con Felipa Moniz de Perestrelo, Cristóbal Colón se estableció por un tiempo en la isla de Porto Santo. Más tarde, vivió en la isla de Madeira, donde su matrimonio fructificó con el nacimiento de su hijo Diego, a quien nombró en honor a su hermano.

Desilusionado por la falta de apoyo del rey Juan II de Portugal hacia sus expedicionarios planes, Colón regresó a España en busca de una nueva oportunidad con los Reyes Católicos. Allí, conoció a Beatriz Enríquez de Arana, con quien también tuvo un hijo, bautizado como Fernando, en un gesto que reflejaba su astucia y quizás una sutil estrategia para ganarse el favor real.

Su persistencia dio frutos cuando finalmente logró una audiencia con los soberanos españoles. Aunque inicialmente no convenció a los monarcas, la reina Isabel, tras estudiar a fondo su propuesta, se convenció del potencial del plan de Colón. Días después, Isabel llamó de nuevo a Colón para acordar su apoyo financiero al proyecto. En un acto de fe en el ambicioso plan, la reina vendió casi todas sus joyas para financiar la expedición.

Cuando todo estuvo dispuesto, Isabel envió a Colón para darle la orden de prepararse para la gran empresa que se avecinaba.

La organización de la histórica misión de Colón

Cristóbal Colón, en su meticulosa tarea de organizar la misión planeada, consiguió las carabelas necesarias para su expedición. Una de ellas fue nombrada La Niña y la otra, La Pinta. Los propietarios finalmente aceptaron participar en la empresa tras ser convencidos de las ventajas y beneficios que la expedición prometía. Estas carabelas, aunque no destacaban por su tamaño o velocidad, navegaban a un promedio de 10 kilómetros por hora, suficiente para la travesía planeada.

El plan de Colón requería una tercera carabela, y fue así como, recorriendo de puerto en puerto, su búsqueda lo llevó hasta Galicia. Allí conoció a Juan de la Cosa, un vasco apasionado por la aventura y propietario de una nave robusta que había construido en un puerto gallego. Juan de la Cosa, conocido por su solvencia y habilidad, había diseñado su nave para enfrentar el mar abierto y las inclemencias de la navegación.

La embarcación de Juan de la Cosa fue bautizada como La Santa María, pero también era conocida como La Gallega. Con una capacidad de alcanzar velocidades de hasta 16.5 kilómetros por hora, era una adición valiosa a la flota. Juan de la Cosa no sólo era el propietario, sino que también se desempeñaría como capitán de su nave.

Una vez que los acuerdos estaban en su lugar y todo estaba preparado, la expedición estaba lista para partir en una de las más grandes aventuras del siglo XV.

Cristóbal Colón, ya listo para iniciar su gran viaje, no se encontraba satisfecho con el nombre de su nave, La Marigalante. Tras un acuerdo con Juan de la Cosa, decidieron renombrarla como La Santa María. Con las naves preparadas y la tripulación a bordo, zarparon el 3 de agosto de 1492 desde el puerto de Palos, ubicado en la desembocadura del río Tinto, y se adentraron en las aguas del Mediterráneo rumbo al oeste.

En su travesía, se toparon con una flotilla de 25 navíos que transportaban judíos expulsados de España, quienes, cruzando el Mediterráneo hacia Marruecos, cantaban llenos de júbilo ante la nueva esperanza que les brindaban los marroquíes, ofreciéndoles asilo. La cantidad de judíos era considerable, sumándose a aquellos que ya habían cruzado con anterioridad, lo cual explica la notable comunidad hispanohablante en Marruecos en la actualidad.

Más adelante, la expedición de Colón se cruzó con un corsario conocido como Pedro Cabrón, que navegaba hacia el este del Mediterráneo. Su reputación era tal que su nombre se inmortalizó en el léxico popular, especialmente en México, donde "cabrón" ha evolucionado hasta convertirse en una expresión coloquial con connotaciones negativas.

El albor de América: La primera travesía de Colón

Tras navegar durante varios días, la expedición de Cristóbal Colón alcanzó su primera parada: las Islas Canarias. Allí, en la Isla de El Hierro, sufrieron un contratiempo cuando una de las carabelas experimentó una avería. Tras un mes dedicado a las reparaciones, retomaron su rumbo hacia el oeste, siguiendo el paralelo 28. La incertidumbre de no encontrar tierra firme llevó a Colón a ajustar su ruta ligeramente hacia el suroeste.

El 12 de octubre de 1492, un emocionante grito resonó en el aire: "¡Tierra! ¡Tierra!". La isla que se divisaba en el horizonte era conocida por los nativos como Guanahani, en el archipiélago de las Lucayas, actualmente las Bahamas. Colón, al pisar esta tierra, la bautizó como San Salvador, marcando así el inicio de una serie de descubrimientos.

Posteriormente, la expedición se dirigió hacia Cuba, llegando el 27 de octubre. Tras explorar las costas de Cuba y La Española (actual Haití y República Dominicana), Colón retornó a España. Fue recibido con gran regocijo y presentó evidencias tangibles de sus hallazgos. Incluso llevó consigo a un nativo, a quien erróneamente llamó indio, creyendo haber llegado a las Indias según su plan original. Este equívoco daría lugar al uso del término "indio" para referirse a los habitantes originarios del continente americano, un término que, aunque incorrecto, ha perdurado hasta nuestros días en el nombre de la región: América.

Cristóbal Colón y los desafíos post descubrimiento

Cristóbal Colón, tras su histórica llegada a América, se encontró con que la noticia de un Nuevo Mundo había despertado el interés de potencias europeas como Francia, Inglaterra y Portugal, que rápidamente se lanzaron a la exploración y conquista.

Colón realizó varios viajes al Nuevo Mundo, y en su ausencia, dejó a sus hermanos Diego y Bartolomé a cargo de los territorios explorados. A pesar de la promesa del rey Fernando de otorgarle un virreinato, Colón enfrentó dificultades para asentarse en las tierras descubiertas debido a desacuerdos y tensiones con sus subordinados, exacerbados por su carácter irascible y su trato a veces desconsiderado.

Posteriormente, optó por apoyar a sus hermanos en la gestión de las jurisdicciones que les fueron concedidas sobre los nuevos territorios conquistados.

En su último viaje, y ya de regreso en España en 1506, Colón siguió al rey Fernando hasta Valladolid. Fue en esta ciudad donde, aquejado por enfermedades que empeoraron con el tiempo, pasó sus últimos días. Falleció a la edad de 55 años, en soledad, pobreza y amargura, sin llegar a comprender que no había encontrado una nueva ruta a la India, sino que había descubierto un continente desconocido. Murió creyendo que sus viajes habían sido extensiones de Asia, sin reconocer la magnitud de su hallazgo.

Cristóbal Colón y la denominación del Nuevo Continente

Cristóbal Colón, tras sus viajes transoceánicos, no alcanzó a ver el Nuevo Mundo nombrado en su honor. En su convicción, nunca desistió de la idea de que había hallado una nueva ruta a la India. Por este motivo, y por las circunstancias de su muerte, el continente no llevó inicialmente su nombre. Fue más adelante cuando se bautizó a una nación en el sur del continente americano como Colombia, cambiando el nombre original de Nueva Granada.

América, por su parte, recibió su nombre por Américo Vespucio, otro explorador italiano. Vespucio nació en 1454 y murió en 1512 a la edad de 58 años. Desde 1497, durante sus propias expediciones, Vespucio se convenció y logró convencer a otros de que las tierras encontradas constituían un continente desconocido hasta entonces por Europa. Un cartógrafo alemán llamado Martin Waldseemüller, en el año 1507, aceptó la idea de que Vespucio había descubierto el nuevo continente y, por ello, utilizó el nombre de América en uno de sus mapas, dando origen a la denominación que conocemos hoy.

Este relato es una parte de la historia de Cristóbal Colón y la posterior conquista de América, una narrativa extensa que contiene innumerables eventos y anécdotas. Mi intención no es explayarme en cada detalle de la conquista, sino continuar con el relato histórico en el contexto del siglo XVI, sin olvidar, por supuesto, la relevancia de mis antepasados en la trama de nuestra historia.

El mosaico de pueblos de la península ibérica y el surgimiento de los reinos hispanos

En el norte de la actual España, mucho antes de la invasión musulmana procedente de Marruecos, se formaron reinos compuestos por gentes ya asentadas en la región que, en aquel entonces, era conocida como Iberia, y a sus habitantes se les llamaba íberos. La península ibérica, cuna de diversos pueblos, vio su primer asentamiento significativo en el norte con los vascos, cuya presencia ancestral no deja evidencias claras de su llegada a la región.

Los celtas, atravesando Francia, emigraron en grandes números hacia la península. A estos se sumaron los fenicios, comerciantes natos que frecuentaban los puertos del Mediterráneo. No podemos olvidar a los cartagineses, quienes, 200 años antes de Cristo, establecieron su presencia en parte de la nación.

Con la caída de España bajo el dominio romano, se asistió a más de 700 años de influencia romana, durante los cuales se formaron familias criollas que jamás regresarían a Roma. Fue después de que los visigodos expulsaran a los romanos, en el siglo V, que realmente comenzaron a tomar forma los reinos en el norte de España. La historia nos dice que los visigodos, una vez que desplazaron a los romanos, fueron asimilados por los pueblos cristianizados de la península.

Los reinos cristianos y la reconquista

Con el declive del dominio visigodo, se consolidaron en la península Ibérica diversos reinos cristianos que, con un creciente poderío, comenzaron a establecer sus dominios y a reafirmar su influencia en la región. Dos siglos después, los moros cruzaron desde Marruecos y conquistaron a los visigodos. Este evento marcó el inicio de una larga y compleja lucha entre moros y cristianos. Los moros aspiraban a la conquista de toda España, con la intención de desplazar a los cristianos del norte y apoderarse de la nación completa.

Los reinos cristianos, conscientes de la amenaza, no tardaron en responder a la invasión. En particular, el Reino de Castilla, respaldado fuertemente por Francia y apoyado por otros reinos peninsulares como Asturias, León, Navarra y Aragón, comenzó a recibir refuerzos militares de sus aliados. Francia, considerando a Castilla un reino hermano, envió soldados especializados en grandes cantidades para iniciar la ofensiva que buscaría la expulsión de los moros.

La migración de franceses y otros europeos del sur al norte de la península ibérica fue notable durante este periodo. Luego, en el siglo XVI, las naciones del centro de Europa, como Alemania,

Austria e incluso Inglaterra, se unieron a la causa y contribuyeron a la lucha que Castilla y la coalición de reinos cristianos llevaban adelante. Esta confluencia de apoyos y recursos fue determinante para el desarrollo y el éxito de la Reconquista.

La unificación europea a través de la emigración y los matrimonios reales

La emigración hacia la península ibérica en el siglo XVI no fue un fenómeno casual, sino un reflejo del poderío de la Unión de Reinos de España, que, con sus ejércitos formidables, había logrado expulsar a los moros, culminando en 1492 con la rendición del último bastión musulmán en Granada. Esta migración fue impulsada por la alianza estratégica de reyes y príncipes a través de matrimonios entre casas reales, lo que fomentó una gran mezcla de sangre y cultura entre las distintas naciones europeas.

En particular, Inglaterra adoptó una considerable influencia latina en su lengua, con un notable aporte del español. Este intercambio cultural y lingüístico se intensificó con la unión matrimonial entre las coronas de Inglaterra y España, ejemplificando la conexión entre ambas naciones.

El resultado de estos matrimonios y la emigración de europeos a España fue la creación de una nación cosmopolita que perduró por muchos años. Los apellidos se adaptaron y evolucionaron: algunos adoptaron formas españolas, mientras que otros se alargaron. Un ejemplo es "Martín del Campo", que añadió "del Campo" a un apellido común, y "De la Tour" de Francia se transformó en "De la Torre". "Franco", por su parte, es un apellido de clara procedencia que resuena tanto en Francia como en Alemania, y que también encontró su lugar en España.

Juana de Castilla y la unión dinástica hispánica

Continuamos la narrativa con la historia de mis ancestros, cuyo linaje se extiende hasta Los Altos de Jalisco en México. Pero antes, es esencial mencionar el legado de los Reyes Católicos. Tras su enlace en 1469, nació la princesa Juana, conocida por su belleza y linaje real. En la década de 1490, Juana contrajo matrimonio con Felipe, el Archiduque de Austria y Príncipe de las tierras germanas, hijo del emperador Maximiliano.

Este matrimonio, celebrado con gran esplendor, no tardó en enfrentar dificultades. Felipe, conocido como "el Hermoso" por su atractivo físico, era asediado por la atención de muchas damas. Su incapacidad para rechazar tales atenciones causó una profunda inestabilidad emocional en Juana, cuyo amor por Felipe se transformó en una celosa histeria que a veces resultaba en episodios de gran intensidad.

Esta unión no sólo fue significativa por sus repercusiones personales, sino también por su impacto político y dinástico, que marcó el inicio de una nueva era en la historia de España y, por extensión, en la de Europa y el Nuevo Mundo.

Juana la Loca y la tragedia de un amor real

La historia de Juana, apodada posteriormente como "la Loca", es un relato que oscila entre el amor y la tragedia. Su matrimonio con Felipe el Hermoso fue uno marcado por la pasión y la controversia. De esta unión nació un hijo en la ciudad de Gante, en febrero de 1500, un niño que llevaría sobre sus hombros el legado de dos coronas: la de España y la del Sacro Imperio romano germánico. Fue bautizado como Carlos y se convertiría en uno de los monarcas más destacados de la historia europea.

Felipe, embelesado por la belleza femenina y ajeno a sus deberes futuros como heredero de los reinos de España y del imperio de su padre, Maximiliano I, sucumbió ante los encantos de sus admiradoras, desatendiendo las necesidades de su esposa. La infidelidad de Felipe y su incapacidad para rechazar a otras mujeres llevaron a Juana a un estado de celos enfermizos.

La conducta licenciosa de Felipe terminó cobrándole la vida, falleciendo joven a causa de una enfermedad venérea, sin haber aprovechado la oportunidad de reinar. Juana, sumida en la desesperación y la locura, falleció poco después, dejando a su pequeño hijo huérfano y bajo el cuidado de sus abuelos, los Reyes Católicos, Fernando e Isabel, regentes de España y del vasto Imperio germano.

La consolidación de un imperio y el fin de la reconquista

En aquellos tiempos de descubrimientos y conquistas, el Nuevo Mundo comenzaba a desvelar sus riquezas, y los galeones cruzaban el Atlántico cargados de oro y plata hacia España. Estos tesoros recién hallados empezaron a llenar las arcas de la Corona, presagiando una era de esplendor y poderío sin precedentes para el reino.

Mientras tanto, se gestaba un futuro prometedor con el joven Carlos, heredero de la grandiosa herencia de los Reyes Católicos. Sin embargo, en la península, aún persistía un capítulo pendiente en la historia de España: la famosa Granada. Este último bastión, ignorado por un tiempo en el fervor de las riquezas ultramarinas, seguía firme en el sur, entre Málaga y Almería, a las orillas del Mediterráneo.

Fue en 1503 cuando se tomó la decisión definitiva de expulsar a los valientes moros. Los invencibles ejércitos de Castilla, ahora reforzados tanto en número como en economía, quizás hasta con armaduras de plata reflejando la abundancia del Nuevo Mundo, lograron liberar Granada de la presencia morisca.

Apenas un año después, en 1504, la reina Isabel la Católica falleció, dejando un vacío en el trono y en el corazón de España. El rey

Fernando continuó sus obligaciones regias, enfrentando el desafío de gobernar un reino en duelo, pero albergando la esperanza en su nieto Carlos, quien pronto se convertiría en el símbolo de la unificación y expansión del Imperio español.

CAPÍTULO 5

Hernán Cortés y el llamado del Nuevo Mundo

En la España del siglo XVI, en medio de una paz aparente, comenzó a gestarse un movimiento de exploración y conquista impulsado por las riquezas que arribaban del Nuevo Mundo. Las naves cargadas de metales preciosos avivaban la imaginación y el espíritu aventurero de los europeos. Entre ellos, un joven de noble cuna y fuerte carácter llamado Hernán Cortés se preparaba para dejar su huella en la historia.

Hernán, hijo de Martín Cortés, en sus años mozos se adentró en el estudio eclesiástico por voluntad paterna. Sin embargo, el llamado de la aventura y la fascinación por las tierras recién descubiertas en América fueron más fuertes que su vida contemplativa. Alrededor de 1510, movido por un ímpetu incontenible y sin despedirse formalmente de su familia, se embarcó hacia Cuba, con la mira puesta en oportunidades y horizontes desconocidos.

Hernán Cortés: El Conquistador

El joven Hernán, en su búsqueda de propósito y fortuna, se encontró en la isla de Cuba. Atraído por los rumores de tierras más allá, llenas de riquezas y civilizaciones antiguas, pronto se convirtió en una figura clave en la empresa de conquista. La isla fue sólo el comienzo de lo que sería una travesía que cambiaría el curso de la historia, llevándolo a enfrentar imperios y a fundar nuevas ciudades en nombre de la Corona española.

La llegada de Hernán Cortés a Cuba

Hernán Cortés, en su llegada a Cuba, encontró en Diego Velázquez de Cuéllar, comandante de la conquista de la isla y a la postre su pariente, un aliado fundamental. Velázquez acogió con entusiasmo al recién llegado, quien rápidamente se integró a las huestes conquistadoras. La relación entre ambos hombres se fortaleció cuando Hernán se enamoró y contrajo matrimonio con una hermana de Diego, tejiendo lazos familiares que, por un tiempo, parecieron inquebrantables.

Juntos, en 1511, Diego y Hernán completaron la conquista de la isla cubana. Sin embargo, el despiadado trato a los indios nativos, que eran forzados a trabajar hasta la muerte y asesinados si se resistían, comenzó a mostrar el lado sombrío del dominio español. La casi extinción de los indios en Cuba fue una sombra que comenzó a ensombrecer la gesta de Velázquez.

Para 1515, Diego Velázquez fue nombrado primer gobernador de Cuba. Pero la relación entre Cortés y su cuñado se tensó debido a desacuerdos y un corazón endurecido por la codicia. Hernán, descontento y también distanciado de su esposa, decidió separarse tanto de su familia política como de Diego.

En un giro del destino, las tensiones condujeron a Cortés a una nueva misión. Diego Velázquez le encomendó la exploración de México en busca de oro. En 1517, con un anhelo de redención y riqueza, Hernán Cortés zarpó hacia lo desconocido, desembarcando en Cabo Catoche y dando inicio a una de las aventuras más trascendentales de la historia del Nuevo Mundo.

Encuentros cruciales en Yucatán

Hernán Cortés, en su llegada a las costas de la península de Yucatán, se encontró con dos náufragos españoles que habían sido absorbidos por la cultura local. Uno de ellos era el sacerdote Jerónimo de Aguilar, quien, tras un naufragio años atrás, había aprendido la lengua maya. El otro era Gonzalo Guerrero, quien había formado una familia con una mujer maya y elegido vivir como parte de la comunidad indígena.

Aguilar decidió unirse a la expedición de Cortés, aportando un valor incalculable como intérprete gracias a su conocimiento de la lengua maya. En un acto simbólico y práctico, Aguilar fungía como puente entre dos mundos: el de los conquistadores y el de los habitantes originarios de estas tierras.

Durante su estadía, los mayas obsequiaron a Cortés una esclava, Malintzin, también conocida como Malinche. Ella era de origen náhuatl, pero había sido entregada a los mayas y, al igual que Aguilar, hablaba dos lenguas. La inteligencia y la habilidad lingüística de Malintzin se convirtieron en una herramienta clave para la comunicación entre Cortés y los diferentes pueblos indígenas. Cortés, reconociendo su importancia, la bautizó como doña Marina.

Este triángulo lingüístico, con Aguilar y Malintzin como intérpretes, permitió a Cortés avanzar en su empresa de conquista.

Doña Marina, en particular, se convirtió en una figura central en el encuentro entre españoles y mexicas, desempeñando un rol crucial en los eventos que desembocaron en la caída de Tenochtitlán, la gran ciudad del Imperio mexica.

La estrategia de comunicación y alianza

La comunicación efectiva fue esencial en la expedición de Hernán Cortés. Doña Marina, también conocida como Malintzin, se convirtió en la voz de Cortés, traduciendo el náhuatl al maya para Jerónimo de Aguilar, quien, a su vez, lo traducía al español. Este esquema de interpretación fue un engranaje crucial para la conquista.

Después de su regreso a Cuba, Cortés se dedicó a planificar su estrategia para la conquista de Tenochtitlán, la imponente ciudad de México. Se rumora que originalmente doña Marina fue obsequiada a uno de los capitanes de Cortés, pero con el tiempo, su rol como intérprete y consejera se hizo indispensable para el mismo Cortés, quien la tomó bajo su protección directa.

La expedición se reanudó, y en su ruta hacia Tenochtitlán, pasaron por el pico de Orizaba, el punto más alto de México, y llegaron a Tlaxcala. Allí, Cortés forjó una alianza con los tlaxcaltecas, enemigos naturales de los mexicas. Doña Marina fue fundamental en estas negociaciones, facilitando la comunicación y estableciendo vínculos estratégicos.

La siguiente parada fue Cholula, un centro religioso náhuatl de gran importancia, donde la desconfianza hacia los españoles era palpable. Fue en Cholula donde doña Marina adquirió el apodo de "la Malinche", que con el tiempo se convertiría en sinónimo de traición para algunos y de adaptabilidad y supervivencia para otros. Su papel como intermediaria fue clave para los intereses de Cortés, y ella se estableció firmemente como una figura central en el desarrollo de los acontecimientos que llevarían a la caída de Tenochtitlán.

El encuentro en Tenochtitlán y la Noche Triste

La historia narra que, al arribar a Tenochtitlán en el año 1519, Hernán Cortés y sus hombres fueron recibidos con una mezcla de reverencia y recelo. Moctezuma II, el poderoso tlatoani de los mexicas, extendió la hospitalidad hacia los extranjeros, aunque entre su pueblo crecía una corriente de descontento y suspicacia.

Los españoles, hombres de piel clara y barba espesa, a lomos de sus imponentes caballos, eran vistos por algunos aztecas como emisarios de deidades, confundiendo al binomio equino y jinete como una sola entidad divina. Sin embargo, esta percepción no tardaría en desvanecerse. Hernán Cortés, anticipando posibles intenciones de regreso a Cuba por parte de sus capitanes, ordenó quemar las naves en Veracruz, un acto que selló el compromiso de su tropa con la conquista.

La tensión en Tenochtitlán escaló hasta culminar en un estallido de violencia cuando Moctezuma intentó apaciguar a su pueblo y fue herido de muerte, víctima de la ira de sus propios súbditos. Su muerte despejó el camino para que Cuauhtémoc asumiera el liderazgo y desafiara el dominio español.

La situación se tornó insostenible y los conquistadores enfrentaron la furia de los aztecas en una batalla que pasaría a la historia como la Noche Triste. Hernán Cortés y sus hombres, en una retirada precipitada y costosa, apenas lograron escapar de la urbe en un momento crítico que casi decanta en su total derrota.

La Noche Triste y la Reconquista de Tenochtitlán

La historia se tiñe de melancolía al narrar la legendaria Noche Triste, donde Hernán Cortés, derrotado y humillado, encontró refugio bajo las ramas de un ahuehuete. Aquella noche, las lágrimas del conquistador se mezclaron con la lluvia, simbolizando la amargura de una retirada forzosa de la gran Tenochtitlán.

Con la urgencia marcando su destino, Cortés buscó el apoyo de sus aliados tlaxcaltecas, eternos adversarios de los aztecas. En un acto de fortalecimiento de lazos y estrategia militar, se trazó un plan de reconquista que comenzaría con la adquisición de azufre en las alturas del Popocatépetl. El volcán, imponente y sereno, se erigía como una fortaleza natural que superaba los 5000 metros de altura. La misión de los conquistadores no fue sencilla, pero el preciado mineral fue obtenido, esencial para la fabricación de pólvora para sus arcabuces.

Finalmente, bien provistos y con renovado ímpetu, Cortés y sus hombres se posicionaron en las orillas del Lago de Texcoco. Frente a ellos, Tenochtitlán se alzaba sobre una isla, centro neurálgico del poder azteca. Era el momento de iniciar el asedio que definiría el futuro del valle y sus habitantes. Los aztecas, ahora bajo el liderazgo de Cuauhtémoc, se preparaban para defender su ciudad ante el inminente sitio español.

La Conquista de Tenochtitlán y el nacimiento de la Ciudad de México

El asedio que Hernán Cortés impuso sobre Tenochtitlán duró insólitos 72 días, un periodo que en los anales de la historia se destaca por su extensa duración. La tenacidad de la resistencia azteca y la determinación de los conquistadores colisionaron en un enfrentamiento sin igual. Cuauhtémoc, el último tlatoani, intentó evadir el cerco en una embarcación veloz, dirigida por remadores expertos, pero Cortés, con su inventiva militar, había preparado una flotilla de barcos ligeros para asegurar el bloqueo.

La captura de Cuauhtémoc marcó el final de la resistencia azteca y en 1521, Cortés se adentró victorioso en la ciudad de Tenochtitlán. Comenzó entonces la fundación de la Ciudad de México, construida sobre los cimientos de una civilización caída. Las grandiosas pirámides fueron derribadas para dar paso a símbolos del dominio español: la Catedral Metropolitana, el

Palacio Virreinal, el Obispado y diversos monasterios. Así se erigió el imponente Palacio Presidencial y la vasta plaza conocida como el Zócalo, marcando el comienzo del virreinato con don Antonio de Mendoza a la cabeza.

En su primer envío a España, Cortés incluyó un tesoro sin precedentes, destacando entre sus riquezas dos collares de oro, uno embellecido con 185 esmeraldas y el otro con 172, reflejo de la opulencia de las tierras conquistadas. Esta fue la estrategia que España estableció para apropiarse de los tesoros del Nuevo Mundo: la extracción, el marcaje y el envío de oro a la metrópoli.

Poco después, la vida personal de Cortés tomó un nuevo rumbo al convertirse en padre, marcando otro capítulo en su legado.

Hernán Cortés y el nacimiento de Martín Cortés

De la unión de Hernán Cortés con doña Marina, conocida como La Malinche, nació un hijo al que bautizaron como Martín Cortés, en honor al padre de Hernán. Este nacimiento se inscribe como un suceso clave en la narrativa de la vida del Conquistador de México.

Ahora, regresando a la península ibérica y retrocediendo en el tiempo al momento en que Hernán Cortés se embarcó hacia México, alrededor de 1510, y avanzando unos cinco años, nos encontramos ante otro acontecimiento crucial en la historia mundial que ocurrió poco antes del fallecimiento del rey Fernando de España, el cual mencionaré en breve. En el año 1515, un monje alemán de la Orden de San Agustín visitó al Papa en Roma, quien en ese momento era León X. Sin embargo, a este joven monje alemán no le agradó lo que vio.

Martín Lutero

Aunque Martín Lutero no forma parte directa de la historia de España, su influencia resuena a nivel mundial, incluyendo España. Lutero, nacido en 1483 y fallecido en 1546, ingresó a la universidad en 1501 por voluntad de su padre, pero la abandonó en 1505 para ingresar a un monasterio agustino. Se ordenó sacerdote en 1507 y para 1512 ya era profesor de Teología.

Martín Lutero y la crítica a las indulgencias

Martín Lutero, dotado de una vasta cultura y doctor en Teología, realizó en 1517 una visita crítica al Papa León X. Le disgustó profundamente que el Pontífice vendiera indulgencias para financiar la construcción de la Basílica de San Pedro. Este acto le pareció una manifestación de que la salvación se ofrecía de manera fácil a los ricos, algo que cuestionó fuertemente al regresar a Alemania. Consideraba que tal práctica era un grave error que no reflejaba la esencia de la Iglesia de Jesucristo, la cual, a su entender, debía permanecer pura en sus mandamientos y enseñanzas, tal como Cristo los había dejado a través de los evangelios y sus discípulos.

Lutero sostenía que la Iglesia de Cristo siempre sería pura, a pesar de que algunos de sus representantes intentaran distorsionar sus enseñanzas. La historia muestra que, desde su inicio con San Pedro, considerado el primer Papa, la Iglesia ha caminado con sus sucesivos Papas enfrentando constantemente las influencias del mal. La evidencia de esta lucha se refleja en los aproximadamente treinta antipapas que han surgido a lo largo de la historia. El primero de ellos fue Hipólito en el año 217, marcando el comienzo de una serie de desafíos internos que enfrentaría la Iglesia Católica.

El último antipapa, registrado en el año 1439, fue Félix V. Desde entonces hasta la fecha presente, no ha habido más antipapas reconocidos. León X ocupó el papado desde 1513 hasta 1520 y, aunque su propuesta de las indulgencias para la financiación de la Basílica de San Pedro pudo haber estado mal orientada, su intención era honrar dignamente a San Pedro con un monumento simbólico y espléndido. Es posible que existieran alternativas más adecuadas para reunir los recursos necesarios sin recurrir a las indulgencias, aunque ello hubiera significado más tiempo para completar la obra.

Por otro lado, Martín Lutero manifestó su firmeza y descontento cuando el Papa León X rechazó sus 95 tesis, que había clavado en las puertas de la iglesia de Wittenberg en 1517. Tras 13 años de búsqueda sin encontrar una solución que aliviara su desagrado por las prácticas de la Iglesia, Lutero inició una protesta que desembocaría en un cisma con la Iglesia Católica. Esta ruptura se consolidó después de la muerte de León X en 1522, y durante el breve papado de Adriano VI, quien gobernó entre 1522 y 1523 y fue el último Papa no italiano hasta la fecha, siendo de origen español.

Hasta la fecha actual, hemos presenciado la influencia del Papa Juan Pablo II y, retrocediendo en el tiempo, tras la muerte de Adriano VI en el mismo año de su ascenso al papado, se nombró a Clemente VII, cuyo pontificado se extendió hasta 1534. Durante su mandato, en el año 1530, Martín Lutero protagonizó uno de los eventos religiosos más significativos de la época al formar la nueva corriente del luteranismo, cuyos seguidores inicialmente se llamaron luteranos y más tarde optaron por el término evangélicos.

Pronto surgieron otras figuras de la Reforma, como Juan Calvino y el reformador inglés Thomas Cranmer. Frente a estos movimientos, emergieron figuras de la Contrarreforma, destacándose entre ellos San Ignacio de Loyola, quien realizó una contribución vital en este período entre 1545 y 1563. Anteriormente, en 1534, fundó la Compañía de Jesús, más conocidos como jesuitas. Alfonso María de Ligorio, otro importante contra reformador y filósofo católico, jugó un papel crucial hasta su muerte en 1787, contribuyendo a la respuesta de la Iglesia Católica tras la explosión religiosa provocada por la Reforma.

La aparición de Martín Lutero

Con la aparición de Martín Lutero, comenzaron a emerger diversas denominaciones cristianas, como los evangélicos, que se desprendieron de los luteranos. De estos últimos, surgieron los anglicanos y, a su vez, de ellos los metodistas. Más adelante, del metodismo nació el Ejército de Salvación y también el movimiento Pentecostal, que se distingue por enfatizar la experiencia vivida en el día de Pentecostés, donde según la tradición, el apóstol San Pedro habló en lenguas desconocidas. Este movimiento cree firmemente en los dones del Espíritu Santo, incluyendo la sanación de los enfermos.

Por otro lado, los Adventistas del Séptimo Día abogan por la observancia del sábado en lugar del domingo, esperando el regreso inminente de Cristo.

Con el paso del tiempo, el número de denominaciones cristianas ha aumentado considerablemente, contando hoy día con más de 1500. Cada una de ellas sostiene ser el reflejo de la verdadera iglesia de Cristo. Aunque divergen en ciertas doctrinas y prácticas, la mayoría comparten la creencia fundamental en Cristo. Sin embargo, algunas de estas denominaciones tienden a pasar por alto la figura de María, la madre de Cristo, lo cual suscita variadas opiniones entre los fieles. No obstante, no me corresponde a mí juzgar este renacimiento religioso, sino que es un tema abierto a la reflexión y el respeto de cada creyente.

María de Jesús y su Influencia en el Cristianismo

En este debate teológico, algunos critican y buscan disminuir la importancia de María, cuestionando la capacidad de Dios para otorgarle el poder de interceder por la humanidad y realizar milagros. Afirmar que María fue una mujer humana, igual que cualquier otra, es obviar que fue elegida por Dios para una misión divina. Fue a través del anuncio del arcángel Gabriel que ella supo que sería la madre del Hijo de Dios, concebido por obra del Espíritu Santo.

María acompañó a Jesús desde su infancia, compartiendo los sufrimientos y las persecuciones, hasta el momento en que Jesús entregó su vida por la redención de la humanidad. Ella presenció los padecimientos de Jesús, su flagelación, su dolorosa marcha hacia el Calvario y su agonía en la cruz. La impotencia de María, al ver a su hijo sometido a tan extremo sufrimiento y no poder hacer nada para aliviar su dolor, le desgarraba el corazón.

Sin embargo, María se mantuvo firme en su fe y en su entrega, un ejemplo de resignación y fortaleza ante la adversidad. Su papel no sólo fue ser la madre de Jesús en la tierra, sino también convertirse en un símbolo de esperanza y consuelo para muchos creyentes. Por tanto, cuestionar su relevancia en la fe es pasar por alto su singularidad como la Madre de Dios y su influencia perpetua en la historia de la salvación.

María comprendió que todo aquel sacrificio era necesario para la salvación de la humanidad y para que Dios Padre perdonará nuestros pecados. Ella, por su especial rol como madre de Cristo y por la voluntad divina, fue dotada de privilegios singulares. Según las creencias católicas, por disposición del Padre y su Hijo, María fue asunta al cielo en cuerpo y alma, un evento que se celebra en la Iglesia el 15 de agosto, conocido como la Asunción de la Virgen María.

En el cielo, con el consentimiento y amor de Dios y Jesucristo, María se ha dedicado a ayudar y proteger a la humanidad, apareciéndose en numerosas ocasiones en diferentes partes del mundo. En cada aparición, insiste en la importancia de la bondad y el amor, intercediendo por nosotros ante su hijo y pidiendo compasión para detener el castigo, angustiada al ver que muchos se desvían del camino recto. María, en su infinita preocupación maternal, observa cómo cada día, lamentablemente, las almas se pierden y desea fervientemente que la humanidad encuentre la redención y la paz.

Las apariciones de María

En estos tiempos, las apariciones de María son más frecuentes, un llamado a la bondad y a la corrección de nuestras acciones, advirtiendo sobre las consecuencias que enfrentarán aquellos que elijan el mal camino. María, cuyo conocimiento de justicia es superado por su amor incondicional de madre, nos brinda un amor inmenso y es ese amor el que deseo resaltar en estas líneas, basado en mi experiencia personal.

He tenido la oportunidad de asistir a varias de sus apariciones en California, EE.UU., y he sido testigo de su presencia en Santa María, California, desde 1987. He escuchado con mis propios oídos y he visto con mis propios ojos diversos milagros que han reafirmado mi fe en María. Cada año, en la convención que se celebra el último fin de semana de marzo, el gobierno local facilita varios salones de la escuela secundaria para el evento, culminando con una misa el domingo a las 5 p. m. para clausurar la convención.

Después de la misa, como muestra de gratitud, se dice que la Virgen nos obsequia un milagro con el sol. Todos salen a contemplarlo mientras comienza a "bailar" y a cambiar de colores. La primera vez que presencié este fenómeno, algunas personas se desmayaron de la emoción. Durante los tres años consecutivos que asistí, el milagro se repitió, dejando en cada uno de nosotros una huella imborrable de fe y maravilla.

Para aquellos escépticos que no creen en las apariciones

Para aquellos escépticos que no creen en las apariciones, sólo puedo decir que quizás no han tenido la oportunidad de estar presentes en una de ellas. Puede que a algunos no les interese, pero invito a quienes sientan curiosidad a visitar Santa María, California, o cualquier otro lugar de reconocidas apariciones.

Personalmente, recomiendo los sitios en los que he estado y he podido comprobar por mí mismo.

Dejando de lado las explicaciones religiosas, retomó la historia de mis antepasados y el contexto histórico de Martín Lutero y el Papa León X, cuyo pontificado entre 1513 y 1521 fue el catalizador de la protesta de Lutero.

CAPÍTULO 6

Carlos de España

Continúo con la Castilla de 1516, año en que falleció el rey Fernando, dejando su reino a su nieto Carlos. Así comienza el capítulo de Carlos I de España y Carlos V de Alemania. En 1516, tras la muerte del rey Fernando, el joven Carlos, con apenas 16 años, inició su imperio. A pesar de su juventud, contaba con el apoyo y el consejo de mentores capaces para mantener el control del vasto imperio. En 1519, ya con 17 años, comenzó a ejercer plenamente sus responsabilidades como emperador.

Carlos I comenzó a disfrutar de las riquezas provenientes del Nuevo Mundo, y las arcas de su tesorería se abultaban con el oro y la plata extraídos principalmente de México. Con el transcurso del tiempo, se sumergió en la realeza de Castilla, aprendiendo a gobernar su reino con eficacia, demostrando ser un emperador competente. Se casó y tuvo dos hijos: Felipe y Fernando, quienes crecieron disfrutando del imperio más vasto que había conocido el mundo, un legado que sería difícil de superar.

Bajo el reinado de Carlos I, España disfrutó de un largo período de paz y estabilidad, gestionando con inteligencia su dominio. Sin embargo, la situación en América, y en especial en México, era diferente. Los indígenas sufrían bajo el yugo de la conquista: les robaban su oro y plata y a veces los mataban sin justificación alguna, a menudo en nombre de la Inquisición. Entre ellos, Fray Diego de Landa, quien a pesar de destruir los ídolos de los mayas y quemar la mayoría de sus códices en un acto de fervor religioso, posteriormente narró arrepentido la historia de los mayas, tratando de preservar algo de la cultura que él mismo había ayudado a erradicar.

En la actualidad, en un giro drástico de 180°, podemos mirar hacia atrás y contemplar figuras contrastantes en la historia de la conquista. Por un lado, tenemos a personajes como Nuño Beltrán de Guzmán, con un corazón impío, fundador de Guadalajara en México, y, por otro lado, a Diego Velázquez, el primer gobernador de Cuba, entre otros cuyos nombres llenarían páginas enteras si se les dedicará la atención debida.

El emperador Carlos, inmerso en la tranquilidad de su reinado en España, parecía ajeno a las atrocidades cometidas por sus conquistadores en las Américas, quienes enviaban galeones cargados de oro y plata para enriquecer aún más su tesoro. Mientras tanto, en la pacífica Castilla, mis antepasados no tenían conflictos inmediatos que requirieran su atención militar. Es probable que algunos se retiraron a la vida campestre, disfrutando de la agricultura y la vida tranquila cerca del río Tajo en Toledo, no lejos de los espléndidos castillos y la nobleza, siempre listos para ser convocados en caso de emergencia.

Es plausible que en esos tiempos de calma naciera el apellido Martín del Campo, reflejando el traslado de muchas familias desde Castilla la Vieja, en el norte de España, hacia Castilla la Nueva, buscando nuevas oportunidades y quizás una vida más serena cerca de la corte de Carlos I y V, quien frecuentemente residía en esas regiones.

Castillos y Coronas: La herencia de Carlos I en Toledo

En la región de Toledo, cerca de Madrid, hasta el día de hoy se pueden admirar castillos impresionantes que fueron testigos de la convivencia entre reyes, su nobleza y los grandes ejércitos. Como mencioné anteriormente, cerca de allí fluye el Tajo, el río más importante de España, desembocando en el Atlántico tras cruzar Portugal.

La historia continúa con Carlos I, quien alrededor de 1540 se enfrentó a su vecino, el rey Francisco I de Francia, venciendo en batalla y desafiando al mismo tiempo al Papa de Roma. Tras estos conflictos, disfrutó de un período de paz y alegría junto a sus hijos Felipe y Fernando por unos 15 años más. Ya maduros, en 1556, Carlos I, sintiéndose enfermo, decidió retirarse a un monasterio en Yuste, dejando el imperio repartido entre sus dos hijos: a Felipe II le correspondió el reino de España por ser el mayor, y a Fernando, el reino de Alemania.

Dos años más tarde, en 1558, falleció el gran emperador Carlos I, rey de España y emperador del Sacro Imperio romano germánico. Con la desaparición de esta figura clave en la historia, Felipe II ascendió al trono de España, marcando el comienzo de su propio reinado.

Felipe II, rey de España

El rey Felipe II de España, nacido el 21 de mayo de 1527 en Valladolid, España, fue una figura clave en la historia de España y del mundo durante finales del siglo XVI. Gobernó uno de los imperios más grandes del mundo, extendiéndose por Europa hasta las Américas y Asia, famosamente descrito como el imperio en el que el sol nunca se pone. Su reinado, desde 1556 hasta 1598, estuvo marcado por profundos desarrollos culturales, políticos y militares.

Felipe era hijo del Emperador Carlos V y de Isabel de Portugal, lo que lo colocó en el centro de la línea real y la política europea. Cuando Carlos V abdicó sus diversos títulos, Felipe II heredó España, los Países Bajos españoles, partes de Italia y el imperio ultramarino de España en las Américas y Asia. Su matrimonio con la reina María I de Inglaterra en 1554 también lo llevó al corazón de la política inglesa, aunque su influencia allí disminuyó después de la muerte de María en 1558.

Como firme defensor del catolicismo, Felipe se vio a sí mismo como una figura líder de la Contrarreforma, oponiéndose a la Reforma Protestante que se extendía por Europa. Este compromiso religioso dio forma a gran parte de su reinado y su política exterior. Lo llevó a involucrarse en varios conflictos, incluyendo guerras con Francia, el Imperio Otomano y los estados protestantes del Sacro Imperio Romano Germánico. El más famoso de estos conflictos fue el fallido intento de invasión de Inglaterra por la Armada Española en 1588, un intento de derrocar a la reina protestante Isabel I y restaurar el catolicismo.

El gobierno de Felipe también vio el apogeo del poder e influencia españoles a nivel mundial, con inmensas riquezas fluyendo hacia España desde sus colonias en las Américas. Esta afluencia de riqueza financió las campañas militares de Felipe en Europa y la construcción del Escorial, un vasto palacio y monasterio que reflejaba su poder, piedad y la austera grandeza que favorecía.

Sin embargo, el reinado de Felipe también se caracterizó por dificultades financieras, en parte debido a los inmensos costos de sus campañas militares. La dependencia de la plata del Nuevo Mundo llevó a la inflación y a la inestabilidad económica en España. Además, sus esfuerzos por fortalecer el poder real y hacer cumplir la ortodoxia católica se encontraron con resistencia en varias partes de su imperio, más notablemente en los Países Bajos, donde sus políticas contribuyeron al estallido de la Guerra de los Ochenta Años (1568–1648).

El legado de Felipe es complejo. Para algunos, es visto como el epítome del monarca absolutista, un gobernante que buscó controlar cada aspecto de la vida política, religiosa y social de su imperio. Para otros, es una figura trágica, cuyas ambiciones y celo religioso llevaron a conflictos y sufrimientos generalizados. Falleció el 13 de septiembre de 1598 en El Escorial, España. Su muerte marcó el comienzo del declive gradual de España como potencia mundial preeminente, un proceso que continuaría a lo largo del siglo XVII.

María Tudor: Un puente entre Inglaterra y España

María Tudor, hija del rey Enrique VIII de Inglaterra y su primera esposa, Catalina de Aragón, quien era parte de la distinguida familia española vinculada a Carlos I de España, se convirtió en la esposa de Felipe II. Catalina, originaria de la nobleza española, tenía fuertes lazos con el poderoso imperio de su tiempo.

Rey de Inglaterra

Enrique VIII, hijo de Enrique VII y la reina Margarita, tomó el trono de Inglaterra en 1509, tras la muerte de su padre. Poco después, se casó con Catalina de Aragón, y de esta unión nació la princesa María Tudor. Con el paso del tiempo, Enrique VIII y Catalina enfrentaron dificultades matrimoniales, y Enrique solicitó la anulación de su matrimonio al Papa en Roma. Ante la negativa del Papa, Enrique VIII, frustrado por no obtener la anulación, decidió separarse de la jurisdicción papal. Se divorció a su manera de Catalina y, aprovechando la emergente Reforma Luterana, se unió a ella por conveniencia, contrayendo posteriormente otro matrimonio.

Esta acción no sólo cambió la dinámica política y religiosa de Inglaterra, sino que también impactó las relaciones internacionales de la época, especialmente con las potencias católicas como España, donde su hija María Tudor más tarde se casaría con Felipe II, fortaleciendo así los lazos entre las dos naciones.

Con Ana Bolena, Enrique VIII se casó por segunda vez bajo los auspicios de la nueva religión, desafiando la oposición de figuras como Thomas Moro, quien, resistiéndose al divorcio y al nuevo matrimonio real, fue ejecutado. De la unión con Ana Bolena nació una princesa, bautizada como Elizabeth. Sin embargo, el matrimonio no duró: Enrique VIII, acusando a Ana de infidelidad, ordenó su ejecución.

Tras el trágico final de su segundo matrimonio, Enrique VIII contrajo nupcias nuevamente con Jane Seymour en 1536. De esta unión nació un varón, el príncipe Eduardo. Desafortunadamente, el matrimonio con Jane también terminó, y Enrique VIII continuó su patrón de matrimonios, casándose en total seis veces, con su última esposa siendo Catherine Parr.

Enrique VIII, uno de los monarcas más populares y controvertidos de Inglaterra, falleció en 1547. Dejó el reino en manos de su joven hijo Eduardo VI, quien nació en 1537. Tras la muerte de su padre, Eduardo, siendo apenas un niño de diez años, ascendió al trono. Sin embargo, su reinado fue breve; falleció en 1553 a la temprana edad de dieciséis años. Las circunstancias de su muerte no están claras, pero su temprano fallecimiento marcó otro capítulo turbulento en la historia de la monarquía inglesa.

Se rumoreaba que la muerte prematura del joven Eduardo VI había sido acelerada por una patada de un burro pinto. Tras este trágico evento, María Tudor ascendió al trono de Inglaterra en 1553, reinando hasta 1558. Su ferviente catolicismo la llevó a intentar revertir la religión del reino a la fe católica, lo que generó tensiones y descontento. En 1558, María Tudor murió repentinamente, dejando la corona a su hermanastra.

Ese mismo año, Isabel I fue proclamada reina de Inglaterra. Su reinado se destacaría por ser uno de los más ilustres y transformadores. Isabel, conocida por su inteligencia y cultura, dominaba múltiples idiomas además del inglés, incluyendo griego, latín, italiano y francés. La relación entre España e Inglaterra se mantenía compleja, pero en aquella época, España disfrutaba de un gran poderío militar y una economía en ascenso, impulsada por los constantes cargamentos de riquezas provenientes del Nuevo Mundo.

Afluencia del Mundo Viejo

Durante el siglo XVI, el Viejo Mundo atestiguó la afluencia de oro y plata procedentes de las Américas. En particular, en México, en la región que ahora conocemos como la capital del Estado de Guanajuato, se descubrió una mina de plata de inimaginables proporciones, la cual fue considerada por el rey Carlos I de España y, posteriormente, por su hijo Felipe II, como un don celestial.

Felipe II, en las décadas de 1560 y 1570, había consolidado una armada naval sin rival en su época, así como ejércitos terrestres formidablemente equipados. Al llegar a los años 1570, surgió en el escenario internacional otra potencia formidable: el Imperio otomano, confiado en su fuerza militar, casi equiparable a la de España, aunque no exactamente en igualdad de condiciones.

El Imperio otomano, subestimando la destreza y audacia de Felipe II y la fortaleza de España, la nación más poderosa de Europa en ese entonces, se dejó llevar por la ambición. Creyendo que podían invadir y conquistar territorio español, los otomanos se enfrentaron a un gran desafío, subestimando el poder y la resolución del monarca español y su nación.

España expulsó a los moros

En aquellos tiempos, España había logrado expulsar a los moros, que eran hermanos islámicos de los turcos, y por tales motivos, el Imperio otomano deseaba reclamar la nación española. Su intención no era sólo por venganza, sino también para apoderarse del inmenso tesoro acumulado por España, un botín repleto de oro y plata que desbordaba las arcas del tesoro nacional. Sin embargo, a menudo, los sueños de conquista no son más que ilusiones.

Ante la inminente amenaza de los turcos, Felipe II tomó medidas preventivas y se preparó con prontitud y diligencia. De la misma manera, mis antepasados, imbuidos de entusiasmo y coraje, se alistaron para la defensa de la patria. Heredaron el valor y la valentía de generaciones pasadas, como aquellos que lucharon junto a Gonzalo de Córdoba y su invencible ejército castellano en 1489. Así, cuando los moros enfrentaban adversidades, la infantería formidable e invencible ya se había consolidado gracias a los valientes guerreros castellanos.

En 1570, los descendientes de esos mismos guerreros, con el legado de la casta y la valentía que corría por sus venas, se prepararon para enfrentarse con los turcos con igual o mayor valentía. Como reza el adagio, "hijos de tigres, pintitos salen", listos para vencer o morir en el intento de defender su amada patria.

En el turbulento año de 1571, Felipe II enfrentaba la posibilidad de un conflicto armado con el Imperio otomano, una fuerza formidable que amenazaba las costas de su reino. Con la fe puesta en Dios y confiando en la supremacía marítima de su reino, el monarca español contaba con una flota naval imponente y ejércitos terrestres listos para el combate.

La estruendosa Batalla de Lepanto se desató, resonando los cañones de ambas flotas en un choque de titanes sobre las olas del Mediterráneo. El Duque de Alba, con una astucia y valor inquebrantables, lideró a las fuerzas españolas en una lucha encarnizada. Los turcos, con su ferocidad y determinación, parecían por momentos cercanos a la victoria, pero nunca lograron quebrar la resiliencia de los españoles.

Fue en este histórico enfrentamiento donde Miguel de Cervantes Saavedra, quien más tarde se consagraría como uno de los escritores más célebres de la literatura universal, sufrió graves heridas que marcarían su vida para siempre. A pesar de sus heridas, Cervantes se salvó milagrosamente, y su valentía quedó inmortalizada en las páginas de la historia.

Finalmente, la destreza y el coraje de los españoles prevalecieron, y Felipe II logró una victoria decisiva sobre los otomanos. Esta batalla no sólo salvó a España de una posible invasión musulmana, sino que también consolidó su reputación como una potencia naval indiscutible. La Batalla de Lepanto quedó grabada como un hito en la historia de la lucha entre Occidente y el Imperio otomano.

Miguel de Cervantes Saavedra (1547-1616)

Miguel de Cervantes Saavedra, el insigne literato, vio la primera luz en Alcalá de Henares, un pintoresco suburbio de Madrid, España, el 29 de septiembre de 1547. A la temprana edad de 21 años, en 1568, Cervantes se alistó en el ejército y tuvo una actuación destacada en la famosa Batalla de Lepanto en 1571, donde fue herido gravemente, salvándose de manera casi providencial.

Su carrera militar le llevó más tarde al norte de África y a otros enclaves del Mediterráneo. En 1575, cayó en manos de piratas y fue convertido en esclavo, cautiverio durante el cual comenzó a concebir su obra cumbre, "Don Quijote de la Mancha". Tras su liberación, regresó a Madrid en 1580 y en 1585 publicó "La Galatea", una novela pastoril de corte romántico.

La primera parte de "Don Quijote" vio la luz en 1605, obra que lo inmortalizaría como uno de los más grandes escritores de la lengua castellana. Cervantes, ya ciego y en soledad, se convirtió en un activista incansable de las letras, y en sus últimos tres años, dedicó su genio a la creación de relatos impregnados de realismo y sátira.

En 1615, publicó la segunda parte de "Don Quijote", durante el reinado de Felipe III. La impresión de esta obra se llevó a cabo en la Universidad de Alcalá, donde se gestaron las nuevas castas gramaticales del español, consolidando así el castellano como idioma oficial y otorgando a Miguel de Cervantes Saavedra el merecido reconocimiento como el gran reformador de nuestra rica lengua española. En esta misma universidad de Alcalá,

Cervantes es recordado y venerado como un verdadero baluarte de la literatura en español.

William Shakespeare y Miguel de Cervantes: Un paralelismo en la historia literaria

William Shakespeare, el bardo inmortal de Avon, nació un 23 de abril de 1564 y, por un capricho del destino, también falleció en su aniversario natal, el 23 de abril de 1616. Este hecho curioso resuena en los anales de la literatura, pues en ese mismo año, otro gigante de las letras, Miguel de Cervantes Saavedra, cerró sus ojos para siempre en la ciudad que lo vio nacer, Madrid, el 22 de abril, siendo enterrado al día siguiente. La coincidencia de fechas entre la muerte de estos dos pilares de la literatura mundial ha sido objeto de fascinación y estudio.

La Universidad de Alcalá, fundada por el rey Fernando de Aragón en 1508, se convirtió en un faro de conocimiento y cultura. Fue aquí donde, en 1522, se imprimió la Biblia Políglota, una obra monumental que compilaba textos sagrados en latín, griego, hebreo y arameo, reflejando la riqueza intelectual de la época.

La Batalla Naval de España con Inglaterra y la decadencia de la armada española

La Armada Invencible de España, que una vez dominó los mares y fue el símbolo del poderío español, sufrió un revés crítico en su enfrentamiento con Inglaterra. Felipe II, tras haber triunfado sobre los turcos, se vio enfrentado a una economía en declive. En 1588, en un intento por reactivar el poder y la prosperidad de España, Felipe II lanzó una campaña naval para invadir y conquistar Inglaterra. Sin embargo, al igual que los turcos que subestimaron la potencia española, la Armada Española, confiada en su invencibilidad, fue derrotada, marcando un punto de inflexión en la historia naval y el comienzo del declive del Imperio español.

El desafío de la Armada Invencible en 1588 y la defensa británica

En el año 1588, la soberbia de Felipe II de España lo impulsó a concebir una invasión que parecía segura contra el reino británico. Con una flota de 130 navíos armados hasta los dientes con cañones y soldados, la Armada Invencible zarpó hacia lo que sería una batalla épica en los anales de la historia marítima.

La respuesta británica, liderada por el almirante Howard de Effingham, fue feroz y astuta. Aprovechando la destreza naval y las condiciones meteorológicas adversas, los defensores causaron estragos en la flota española, hundiendo y diseminando sus navíos.

A menudo se reflexiona sobre la voluntad divina en los asuntos humanos, y en este caso, pareciera que el destino no favoreció el orgullo de Felipe II. Las tormentas que asolaron a la Armada contribuyeron a su ruina, como si fueran un mensaje divino que rechazaba las ambiciones imperialistas de España.

La reina Isabel I de Inglaterra, por otro lado, era una monarca admirada por su justicia y humanismo. La protección divina parecía inclinarse hacia su causa justa, ayudando a frustrar los planes de conquista de Felipe II.

La fallida expedición marcó un declive en la hegemonía española y, aunque España continuó siendo una potencia de respeto, aquel evento de 1588 delineó el principio de su descenso como imperio dominante en el escenario mundial. La victoria británica no sólo salvó a Inglaterra de una invasión, sino que también allanó el camino para su futuro como potencia naval.

CAPÍTULO 7

La riqueza inagotable de Guanajuato

Desde tiempos inmemoriales, cuando los galeones surcaban los mares repletos de los tesoros del Nuevo Mundo, destacaba entre ellos el precioso metal que fluía de las entrañas de Guanajuato. Esta mina, una bendición del cielo según Carlos I, parecía un milagro divino; cuanto más profundizaban los mineros, más plata encontraban. Hoy en día, Guanajuato no sólo es la capital del estado que lleva su nombre, sino que sigue siendo un lugar de gran importancia histórica y cultural.

Una de las historias más interesantes de Guanajuato es la que atañe a su nombre, que en náhuatl significa "monte de ranas". Este era el nombre que los pueblos originarios daban al lugar cuando los conquistadores llegaron a sus tierras. Estos primeros exploradores españoles, ávidos de riquezas y gloria, no tardaron en poner a trabajar a los indígenas en las minas de plata, dando inicio a la famosa mina que, generación tras generación, jamás dejó de producir plata y ha marcado la historia y la fortuna de la región.

Guanajuato: El auge de la plata

En el año de 1541, los primeros conquistadores españoles hicieron acto de presencia en lo que hoy conocemos como Guanajuato. Con un fervor inusitado, descubrieron varias vetas de plata y comenzaron a excavar, extrayendo grandes cantidades del precioso metal. Establecieron el Camino Real que conectaba Guanajuato con la Ciudad de México y, desde allí, hasta Veracruz. Los galeones cargados zarpaban constantemente hacia el Atlántico, llenando las arcas del rey Carlos V de España.

Las minas, entre las que destacaban la de Mellado, Rayas y, sobre todo, la Valenciana, operaron durante siglos. Entre 1750 y 1810, se estima que estas minas generaron más de tres cuartas partes de la plata que circulaba en el mundo.

A medida que los conquistadores se asentaron desde 1554, Guanajuato emergió de forma casi espontánea. No existe una lógica urbana en su desarrollo inicial; las casas se erigían en cualquier sitio disponible, alzándose sin orden ni concierto. Las rutas de acceso se construyeron adaptándose al capricho de la topografía, creando laberintos de calles estrechas que, hasta la fecha, desafían cualquier intento de ordenamiento. Esta particularidad ha dado a la ciudad un encanto único, aunque complicado, que persiste hasta nuestros días.

La configuración urbana de Guanajuato y su patrimonio

La estructura de Guanajuato surgió como respuesta a la necesidad y a las limitaciones del terreno: calles que brotaron de forma espontánea y plazas que se delinearon entre casualidades urbanísticas. La ciudad, sometida a su propia libertad y a sus restricciones geográficas, se fue desarrollando en una configuración peculiar y encantadora.

En los albores de 1554, el rey Carlos I de España, junto con su hijo Felipe II, otorgó a Guanajuato el título de "La Muy Noble y Leal Ciudad de Santa Fe de las Minas de Guanajuato". En 1557, apenas un año antes del fallecimiento de Carlos I, la ciudad recibió una escultura de la Virgen María. Esta imagen, que se cree data del siglo VIII, fue posteriormente alojada en la Basílica de Nuestra Señora de Guanajuato, construida entre 1672 y 1676, y se le reconoce como la patrona de la ciudad. Algunos afirman que es la imagen mariana más antigua del continente americano.

Hoy en día, Guanajuato sigue honrando estas tradiciones con homenajes cada Viernes de Dolores. Aunque el nombre oficial de la basílica es Iglesia de San Cayetano, su fachada, magistralmente tallada en cantera rosa, es una muestra del barroco en su máxima expresión, un testimonio vivo de la riqueza cultural de la ciudad.

Particularidades de Guanajuato: Las momias y la mina de Rayas

Guanajuato resguarda entre sus misterios un singular cementerio, famoso por sus momias naturalmente preservadas, cuyo origen exacto se pierde en la historia. Este lugar, ahora convertido en museo, alberga una asombrosa colección de restos momificados. Las condiciones particulares del suelo, ricas en minerales, han conservado estas figuras con expresiones y gestos que parecen narrar historias del pasado.

Otra maravilla subterránea de esta ciudad es la Mina de Rayas. A 300 metros bajo tierra, se erige un altar donde los mineros solían encomendarse al cielo antes de enfrentarse a la oscuridad y a los riesgos del subsuelo. Este santuario minero, casi alineado con el emblemático Teatro Juárez, es un testimonio de la fe y la esperanza de aquellos hombres valientes.

La trama heroica de Guanajuato también se entreteje con el inicio de la lucha por la independencia de México. Fue en el cercano pueblo de Dolores donde el Cura Miguel Hidalgo y Costilla convocó a la rebelión contra la opresión colonial con el histórico Grito de Dolores, la madrugada del 16 de septiembre de 1810. Este llamado a la libertad resonó en el corazón de indígenas y mestizos, quienes se unieron para liberarse de los abusos de algunos españoles, mientras que los criollos observaban con recelo el despertar de un pueblo en busca de su emancipación.

La heroicidad en la Independencia de México: Guanajuato y sus figuras emblemáticas

En el fragor del movimiento independentista de México, Guanajuato se convirtió en el escenario de actos heroicos que marcarían la historia del país. Figuras como Josefa Ortiz de Domínguez y el Cura don Miguel Hidalgo, así como el noble don Agustín de Iturbide, quien más tarde se convertiría brevemente en el primer emperador de México, fueron clave en la lucha por la liberación del yugo español.

El espíritu de resistencia de Guanajuato tuvo uno de sus momentos cumbre en la Alhóndiga de Granaditas. Este fuerte, entonces en manos del ejército español y las autoridades locales, parecía inexpugnable. La fortaleza, con su posición estratégica, se resistía a cualquier asalto… hasta que apareció un voluntario conocido como "el Pípila". Este hombre, de robusta estatura y coraje inquebrantable, se ofreció para incendiar la puerta principal. Cubierto con una losa para protegerse de las balas enemigas, avanzó impávido con su antorcha hasta cumplir su misión, permitiendo así que los insurgentes tomaran el fuerte en un acto de valentía que quedó grabado en el alma de la nación.

Este relato es sólo una pincelada de la rica historia de Guanajuato, un lugar donde la lucha por la independencia y la pasión por la libertad se sienten en cada esquina. La ciudad no sólo conserva la memoria de sus héroes, sino que sigue vibrando con la cultura y el espíritu indomable que la caracterizan.

De la victoria en Lepanto a la derrota contra Inglaterra

La figura de Felipe II es contradictoria en la historia de España, marcada tanto por la victoria como por la derrota. Si bien demostró una fe cristiana inquebrantable y un legado de triunfos heredados de sus antecesores, Fernando e Isabel, su error de cálculo en el conflicto contra Inglaterra manchó su reinado.

Felipe II, educado en la victoria tras la batalla de Lepanto donde salvó a España de los turcos, se encontró desafiando a la naturaleza y a la astucia de la reina Isabel I. Su determinación por mantener a España en la cúspide del poder lo llevó a subestimar la capacidad de su adversario. Este deseo de conquista, cegado por la soberbia y no por la razón de Estado, condujo a la Armada Invencible a una derrota catastrófica, exacerbada por tormentas devastadoras.

La lección que Felipe II nos deja es compleja: un rey puede ser profundamente cristiano y a la vez caer en la trampa de su propia soberbia. En la búsqueda de mantener el esplendor económico de su imperio, Felipe II olvidó que la verdadera malicia en la política no yace en la agresión, sino en la sabiduría y el discernimiento, algo que en este caso falló, culminando en la humillante derrota española frente a los ingleses.

Felipe II: El ocaso de un reinado y el amanecer en América

Felipe II, quien supo ser asesorado por consejeros de gran sabiduría, pareció desoír sus advertencias o sucumbir ante su insaciable sed de riqueza. A pesar de la derrota frente a Inglaterra, la providencia no se mostró del todo cruel; la vida en España continuó su curso y la economía empezó a recuperarse paulatinamente. Mis antepasados, siempre en vanguardia y al servicio de la Corona y su nobleza en Castilla, pudieron haber estado cerca de los acontecimientos bélicos contra los ingleses, aunque es poco probable que participaran directamente en la batalla naval.

Con el fallecimiento de Felipe II en 1598 y la ascensión de Felipe III al trono español, el país mantuvo su rumbo sin mayores sobresaltos. En el Nuevo Mundo, las ciudades comenzaban a florecer; apenas 75 años después de la fundación de la Ciudad de México por Hernán Cortés en 1523, exploradores como Vasco Núñez de Balboa se aventuraban en Centroamérica, abriendo paso a la colonización y al rápido asentamiento español.

Mientras tanto, en 1531, México fue escenario de un acontecimiento que marcaría su devoción religiosa para siempre: las apariciones de la Virgen de Guadalupe al indio Juan Diego. Este suceso trascendental aún resuena con fuerza en la identidad y la fe del pueblo mexicano.

CAPÍTULO 8

Las celebraciones a la Virgen de Guadalupe

Cada año, el 12 de diciembre, la Basílica de Guadalupe se convierte en un epicentro de fe y devoción. Este día, oficialmente festivo en México, reúne a millones de peregrinos de todo el mundo, superando los dos millones de visitantes que acuden para rendir homenaje a la Virgen. En un prodigio que desafía el tiempo, el ayate de algodón que guarda la imagen de la

Morenita permanece intacto desde 1531, desafiando su vida útil natural de apenas unas décadas.

La representación de la Virgen con piel morena como una hermosa indígena es una poderosa muestra de identidad y unión cultural. Como preludio a la gran celebración, en los días previos al 12 de diciembre, se llevan a cabo danzas tradicionales de diversas etnias. Los danzantes, ataviados con vestimentas típicas y penachos de plumas de colores, adornan sus tobillos con caracoles que resuenan al ritmo de sus pasos coordinados. Estas danzas se prolongan durante las 24 horas del día, con turnos que permiten la continuidad de la celebración, un testimonio del profundo amor y veneración que el pueblo mexicano siente por su Guadalupana.

La Reina y Emperatriz de México y América: La Virgen de Guadalupe

Consagrada como patrona y reina de todos los mexicanos, y proclamada Emperatriz del continente americano, la Virgen de Guadalupe se revela con una piel morena, un eco de su identificación con la población indígena. Quien albergue alguna duda de este prodigio, le extiendo una cordial invitación a visitar la Ciudad de México el día 12 de diciembre, para que sea testigo de este fenómeno y juzgue por sí mismo si lo narrado es verídico o mera fantasía.

Las celebraciones en honor a la Morenita Guadalupana no se limitan a la Basílica de la capital; se extienden por todo México, en cada ciudad y pueblo, así como en Centro y Sudamérica, y en los Estados Unidos, dondequiera que haya una comunidad católica latina. El día comienza con "Las Mañanitas Guadalupanas" al alba, seguido de peregrinaciones llenas de canto y algarabía, y el estallido de cohetes que resuenan en el cielo. La jornada culmina con una misa solemne y la degustación de tamales y pozole en una verdadera fiesta de fe y tradición.

En el año de 1531, el conquistador Nuño Beltrán de Guzmán, proveniente de Guadalajara, España, llegó a Tonalá en lo que hoy es el estado de Jalisco, con la firme intención de fundar la ciudad de Guadalajara en México. A pesar de tres intentos fallidos debido a la férrea resistencia de los valientes tonaltecas y los feroces cazcanes, finalmente en 1542 logró establecer la ciudad, marcando así otro capítulo importante en la historia de México.

El asentamiento en el Valle de Atemajac y la proliferación de Los Altos de Jalisco

Fue en el Valle de Atemajac donde, por última vez, se asentaron los fundadores de lo que hoy se conoce como la segunda ciudad más poblada de México. No mucho después, comenzó la colonización de mi región, Los Altos de Jalisco, lugares como Tepatitlán, Arandas, San Miguel el Alto, Jalos, Tototlán, San Juan, y Yahualica. Colonos españoles llegaron, formando encantadores pueblos con el estilo y las costumbres de España. Estos sitios, que ahora son prósperas ciudades pequeñas y cabeceras municipales, en tiempos pasados se conocían como capitanías.

Alrededor de estas capitanías, los colonizadores comenzaron a establecer rancherías, introduciendo ganadería y animales de todo tipo para la cría y la agricultura. Utilizaban bueyes para labrar la tierra y como transporte, tradición que perduró por muchos años. También trajeron ganado bravo para sus corridas de toros y gallos de pelea, dando origen a las famosas charreadas que, inicialmente, surgieron de los herraderos. Estos eventos, convertidos en deportes rudos y peligrosos, eran el entretenimiento y orgullo de la gente de aquella región.

La gente que llegó a Los Altos de Jalisco probablemente provenía del norte y centro de España, ya que se caracterizaban por ser en su mayoría personas rubias, de tez blanca, ojos claros y de constitución robusta. Esto ha marcado la identidad y tradición de la región, conservando hasta el día de hoy una rica herencia cultural que se refleja en sus festividades, su arte y su modo de vida.

La estirpe y carácter de Los Altos de Jalisco

En Los Altos de Jalisco se manifiesta una valentía intrínseca y una sencillez característica, herencia del típico espíritu castellano. Aunque es raro encontrar rasgos árabes entre nosotros, existen, ya que, durante la larga permanencia en España, muchos árabes convivieron y se integraron con los cristianos, adoptando incluso el catolicismo.

Esta mezcla ha dejado su marca en nosotros, conservando no sólo la sangre judía en algunos casos, sino también ciertas costumbres familiares en la vida diaria y una particular habilidad para los negocios. Es cierto que no se borran estas características; especialmente en mi pintoresco pueblo, donde la generosidad es la norma y están dispuestos a dar hasta la camisa si es necesario. Son extraordinariamente caritativos, pero cuando de negocios se trata, su astucia no tiene igual. Puedo asegurarles que en un trato comercial nunca salen perdiendo. Y no se asombre si, en un descuido, se va hasta sin la camisa que llevaba puesta. Tal es la habilidad negociadora de mi gente, legado de una historia rica y compleja.

Felipe III, rey de España

Continuando con la historia de la monarquía española, tras la muerte de Felipe II, su hijo Felipe III ascendió al trono en 1598. Bajo su reinado, España continuó su expansión y consolidación en el Nuevo Mundo, mientras que, en la península, la vida seguía su curso entre la opulencia del oro y la plata que fluían desde las colonias.

El reinado de Felipe IV y los Caminos del México Colonial

En el año de 1621, Felipe IV ascendió al trono de España, marcando un nuevo capítulo en la historia de la corona. Mientras tanto, en México, ya transcurrido un siglo desde su conquista, se había consolidado como una colonia bien estructurada, con ciudades como Guadalajara ya firmemente establecidas.

El primer virrey, don Antonio de Mendoza, comprendiendo la importancia de las rutas de comunicación, mandó construir el Gran Camino Real que conectaba la Ciudad de México con Guadalajara, así como otro camino esencial que unía la capital con Veracruz. Además, el afamado Camino Real de Guanajuato se convirtió en una arteria vital por donde fluían sin cesar cargamentos de plata desde las ricas minas de la región.

No debemos olvidar el Camino Real de Puebla a México, y, sobre todo, el que venía de Zacatecas hacia la Ciudad de México, que desembocaba en el famoso Cerro Gordo. En este cruce, los viajeros debían elegir su destino: a la derecha para Guadalajara, a la izquierda para la Ciudad de México, bordeando la falda del Cerro Gordo, siempre bajo la amenaza latente de los guamares de Zacatecas. Estos indígenas, asentados en la cumbre, eran conocidos por su astucia y valentía. El cerro, en aquel entonces, era una jungla densa, cuyos secretos sólo ellos conocían.

El legado de los Caminos Reales en la memoria histórica

Estos caminos, más que simples rutas de comercio, se convirtieron en las venas por donde circulaba la vida colonial, entrelazando destinos y forjando la historia de una nación en crecimiento. Con el tiempo, han quedado grabados en la memoria histórica, no sólo como rutas mercantiles, sino como testigos de un pasado donde la valentía y la determinación de sus gentes se imponían ante las adversidades del terreno y los desafíos de la época.

La expansión colonial en Tepatitlán y el desafío de los guamares

Durante el reinado de Felipe IV, la colonización de Los Altos de Jalisco continuó su marcha inexorable, especialmente en

Tepatitlán, que se convirtió en uno de los primeros enclaves españoles en la región. Los colonos, en su mayoría familias españolas, llegaron con una determinación férrea, estableciendo extensas rancherías al sur, poniente y norte de Tepatitlán. Esta región fue liberada de indígenas, no por la fuerza, sino porque estos, al percibir que no podían convivir con los recién llegados, se trasladaron voluntariamente hacia Zacatecas y Nochistlán, la tierra de los Caxcanes, su gente afín.

Sin embargo, al oriente de Tepatitlán se erigía un desafío considerable: la jurisdicción de los guamares de Zacatecas, quienes se habían refugiado en el Cerro Gordo y resistían cualquier intento de colonización. Por esta razón, el vasto y fértil valle que hoy conocemos como Capilla de Guadalupe y sus alrededores, extendiéndose hasta Arandas y San Miguel el Alto, permanecía sin colonizar. Los primeros colonos españoles evitaban establecerse en esa región, conscientes de los continuos problemas que enfrentarían con los valientes guamares, cuya resistencia era bien conocida.

La tensión entre el avance colonial y la resistencia indígena

Este escenario reflejaba una tensión palpable entre el avance de la colonia y la resistencia indígena, un recordatorio de que la expansión territorial no era un proceso pacífico ni unánime. La presencia imponente de los guamares en el Cerro Gordo simbolizaba un último bastión de resistencia, un recordatorio constante de la complejidad y la diversidad de los pueblos que conformaban la trama del México colonial.

Las vicisitudes de Los Altos de Jalisco y el desafío de los guamares

En las tierras altas de Jalisco, durante el tránsito entre los siglos XVI y XVII, el camino real que cruzaba la falda norte del Cerro Gordo se convirtió en un lugar de constante zozobra. Este sendero, que unía la Ciudad de México con Guadalajara, era frecuentemente acechado por los guamares, un grupo indígena conocido por sus incursiones sorpresivas a los viajeros desprevenidos. Además, la región se vio perturbada por la aparición de gavillas de bandidos criollos, que sumían en el desorden a los transeúntes.

Los destacamentos de soldados apostados en las capitanías cercanas no lograban contener estos asaltos, en parte porque su atención estaba dividida, concentrándose en la gestión de sus vastos ranchos. Aunque eran gente de recio carácter, los guamares sabiamente evitaban acercarse a las zonas más pobladas, como Tepatitlán, donde la presencia de los criollos españoles, igualmente valientes y dispuestos a la defensa, representaba un peligro significativo.

Con el tiempo, este escenario de conflicto y desafío se fue integrando en la vida cotidiana de México, manteniendo su ritmo hasta que en 1665 se cierra un capítulo con la muerte de Felipe IV, dejando un legado de fortaleza y resiliencia en los habitantes de estas tierras, que continuaron su desarrollo bajo el manto de la historia española y la emergente identidad mexicana.

Consolidación y transición en la Corona española: De Carlos II a Felipe V

La sucesión real en España experimentó una etapa decisiva a finales del siglo XVII. Felipe IV, tras un extenso reinado de 44 años, dejó el trono a Carlos II, conocido en la historia como "el Hechizado" debido a su frágil salud y a la complejidad de su reinado, que se extendió desde 1665 hasta 1700. Este periodo estuvo marcado por las dificultades internas y una serie de conflictos con Francia, que aprovechó la debilidad española para apoderarse de varias provincias en el norte peninsular.

Sin descendencia que asegurara la continuidad de la Casa de Austria en el trono español, Carlos II buscó una solución que apaciguara las tensiones con Francia. En un intento por salvaguardar la estabilidad del reino, cedió la corona a Felipe de Anjou, nieto del monarca francés Luis XIV. La muerte de Carlos II en 1700 marcó el fin de una era y el inicio del reinado de Felipe V, primer rey de la Casa de Borbón en España.

Con Felipe V, la monarquía española inició un periodo de recuperación y fortalecimiento gubernamental. A pesar de las reticencias y descontentos en otras naciones europeas por la forma en que se resolvió la sucesión española, Felipe V comenzó a gobernar con firmeza y visión de futuro. Mientras tanto, en el Nuevo Mundo, los problemas persistían en México con los indómitos guamares Zacatecas, quienes continuaban desafiando el poder colonial desde su bastión en el Cerro Gordo, atacando a quienes transitaban por el Camino Real y marcando con ello un capítulo tenaz en la historia de resistencia indígena.

El asalto de los guamares: Un desafío en Los Altos de Jalisco

Durante los albores del siglo XVIII, las rutas comerciales de la Nueva España eran arterias vitales para el flujo de riquezas extraídas de sus entrañas mineras. Zacatecas, una ciudad célebre por sus ricos filones, enviaba regularmente caravanas cargadas de oro y plata hacia el corazón del virreinato. Sin embargo, estos caminos no estaban exentos de peligros; entre ellos, los guamares Zacatecas, un grupo indígena que había hecho del Cerro Gordo su bastión inquebrantable.

Los soldados españoles, conscientes del riesgo, fortalecieron sus destacamentos y resguardos a lo largo de las rutas críticas, pero la astucia y valentía de los guamares representaban una amenaza constante. En un hecho que marcó la historia local, al inicio de 1710, una caravana compuesta por 30 mulas, de las cuales cinco transportaban oro y el resto plata, se aproximaba al Cerro Gordo.

El asalto de los guamares no se hizo esperar. La emboscada fue certera y devastadora. La caravana, que había partido desde las minas de Zacatecas y había cruzado la Estancia de Mirandilla, se dirigía hacia el sur, con la intención de sortear las faldas del Cerro Gordo, cerca de un rancho conocido en los documentos de la época. La audacia de los guamares en este evento fue tal, que quedó grabada en la memoria colectiva de la región, siendo un recordatorio de la resistencia indígena y de los desafíos que enfrentaban los colonos españoles en Los Altos de Jalisco.

El asalto en Los Sauces y la respuesta virreinal

El trágico suceso en Los Sauces, donde el Camino Real delineaba su ruta de Guadalajara a la Ciudad de México, quedó inscrito en los anales de la historia como un recordatorio de la implacable valentía de los guamares. Aquel día, mientras un destacamento de la corona escoltaba un valioso cargamento de oro y plata, la emboscada de los indígenas no sólo despojó al virreinato de un tesoro sino también de vidas valientes.

Al pie del Rancho San Antonio, propiedad de la afamada familia Franco, los soldados virreinales cayeron ante el asalto repentino y despiadado. Los guamares, conocidos por su superioridad numérica y táctica en la región, no dejaron sobrevivientes, y el destino del tesoro se sumió en el misterio de la tierra mexicana.

La noticia del ataque resonó con fuerza en el virreinato de México, provocando que el virrey enviará un mensaje urgente al rey de España, Felipe V, implorando asistencia. Consciente de la gravedad del incidente, el monarca se comprometió a enviar refuerzos, seleccionando lo mejor de sus reservas para fortalecer la presencia militar en la Nueva España. Este compromiso real evidenció la importancia de proteger las rutas comerciales vitales para la economía imperial y marcó un precedente en la defensa de los intereses de la corona en tierras americanas.

La Comisión Real y la fundación de Los Altos de Jalisco

En los anales de la historia, se registró un hecho de suma importancia cuando el rey Felipe V, alertado por la urgencia del virrey de México, decidió enviar a las familias más distinguidas y valientes de España para enfrentar la situación en el CERRO GORDO. Esta decisión, tomada con la prontitud que el caso requería, resultó en el envío de 47 familias cuidadosamente seleccionadas por su habilidad y valor para enfrentar el desafío que suponían los indómitos guamares Zacatecas.

Estas familias, que en 1762 emprendieron su camino hacia el Nuevo Mundo, fueron el germen de lo que hoy conocemos como la región de Los Altos de Jalisco. Allí, su descendencia estableció lazos, creando una comunidad unida y robusta, que con el tiempo se convertiría en una de las zonas más emblemáticas y prósperas de México.

En aquel entonces, a pesar de que España disfrutaba de una relativa paz y muchos de sus soldados y nobles se encontraban inactivos en la milicia, el llamado del monarca fue atendido sin vacilaciones. Estos hombres y mujeres, lejos de los lujos de los castillos y la comodidad de ciudades como Toledo, aceptaron la noble tarea de establecer un nuevo frente en el territorio americano, demostrando así su lealtad y su coraje. Era un tiempo de valentía y de honor, en el que la palabra del rey y la necesidad de la corona convocaban a los más osados a escribir nuevas páginas en la historia de su nación.

El legado de Toledo y la fundación de Capilla de Guadalupe

En los alrededores de Toledo, donde los ríos serpenteaban y los castillos se alzaban majestuosos, se gestaron historias de realeza y nobleza que aún resuenan en la memoria colectiva. Era una época en la que los reyes de España, como Carlos y su hijo Felipe II, no sólo gobernaban, sino que vivían entre fastuosidad, rodeados por la riqueza que las Américas proveían. Oro y plata fluían, adornando desde los más imponentes castillos hasta las vestimentas más lujosas, reflejo de una era de opulencia y magnificencia.

En ese contexto, surgió la comisión real que llevaría a un grupo selecto de familias castellanas hacia el Nuevo Mundo, con el propósito de establecer nuevas raíces y expandir el imperio. Entre ellos, algunos servían en los castillos cercanos a Toledo, otros cultivaban los campos o comerciaban habilidosamente en las villas y pueblos aledaños. El río Tajo, testigo de su vida y esfuerzo, corría como una vena vital a través de la región, siendo el más importante de España y fuente de inspiración y sustento.

Más allá del océano, en tierras mexicanas, estos valientes castellanos fundaron lo que hoy es conocido como Capilla de

Guadalupe. En honor a sus raíces y recordando la tierra que dejaron atrás, bautizaron un estanque construido junto a una laguna natural con el nombre de "El Tajo", en 1823. Este acto simbólico enlazaba su nuevo hogar con el viejo, un puente invisible pero indeleble entre el pasado y el presente, entre España y México. "El Tajo" de Capilla de Guadalupe no es sólo una masa de agua, sino un espejo que refleja la herencia y el espíritu de aquellos pioneros castellanos, que, con visión y coraje, tejieron una parte fundamental del tapiz cultural de México.

Decisión y espíritu aventurero de los castellanos

Los antecedentes de mi linaje se anclan firmemente en la región de Castilla, como evidencian los registros y las narraciones familiares. En la década de 1770, un grupo de voluntarios castellanos, movidos por el espíritu aventurero que ya corría por sus venas y la promesa de nuevas tierras por colonizar, comenzaron a alistarse con gran entusiasmo. Había en ellos un deseo ardiente de explorar y hacer propias esas tierras vírgenes, motivados también por el atractivo bono que se les ofrecía como estímulo inicial para su labor de campesinos y labriegos.

Sin embargo, se les presentó una condición ineludible: deberían resolver un desafío en México antes de poder comprometerse completamente. Con franqueza y sin reservas, se les explicó la situación y los problemas que enfrentarían al llegar. Esta honestidad era crucial para asegurar que la decisión de embarcarse en tal empresa fuera tomada con pleno conocimiento de causa.

La perspectiva de enfrentar peligros y aventuras evocaba el legado de sus ancestros, quienes habían librado encuentros contra los moros en tiempos pasados. La posibilidad de involucrarse en una empresa de tal magnitud resultaba atractiva, especialmente dado que muchos se sentían estancados por la falta de acción en sus vidas cotidianas.

Por tanto, estas 47 familias castellanas, de las cuales me honro en descender, optaron por emprender un cambio radical en sus vidas. Con el mismo ardor que sus antepasados mostraron en batallas pasadas, se dispusieron a enfrentar este nuevo reto con una mezcla de valor y esperanza, buscando en el Nuevo Mundo no sólo un cambio de escenario, sino también la oportunidad de forjar un futuro prometedor.

El comienzo del viaje: Las familias castellanas y su travesía hacia el Nuevo Mundo

En la convicción de que la Providencia Divina les guiaría y apoyados en su probada valentía y experiencia guerrera, las familias castellanas comenzaron diligentes los preparativos para la gran travesía. Conscientes de que sólo lo esencial podría acompañarlos en el viaje, seleccionaron con cuidado sus pertenencias, dejando atrás todo aquello que les anclaba a su tierra natal. Este fue el comienzo de una nueva etapa, marcada por la promesa y el misterio de lo desconocido.

El largo adiós

El momento de la partida finalmente llegó. Con los corazones encogidos, pero con la mirada fija en el futuro, se congregaron para formar una caravana unida por la esperanza y el mutuo soporte. Hombres y mujeres de espíritu mercantil, sabían que el porvenir era incierto, más la determinación de forjar una nueva vida era más fuerte que cualquier temor. Unidos en un mismo gritó, "¡Vámonos!", pusieron rumbo al sur hacia el puerto, quizás el de Cádiz o tal vez el de Palos, este último inmortalizado por el viaje de Cristóbal Colón en 1492.

La primera parada de su jornada fue la región de La Mancha, donde es posible que hicieran un alto en Ciudad Real para descansar. Al día siguiente, retomaron la marcha, atravesando la Sierra Morena sin contratiempos. La caravana prosiguió su ruta hacia Córdoba y Sevilla, siguiendo el cauce del río Tinto hasta su desembocadura en el mar Mediterráneo, cerca del histórico Puerto de Palos. Desde allí, listos y resueltos, las familias castellanas zarparon hacia el Nuevo Mundo, llevando consigo sus sueños, su coraje y el legado de una tierra que siempre formaría parte de su identidad.

Partida hacia México desde el puerto de España

Al fin, tras un largo viaje, la extensa caravana compuesta por 47 familias, sumando posiblemente más de 200 almas, se congregó en el puerto. La vastedad del grupo seguramente requeriría de más de una carabela, y después de un merecido descanso y los preparativos finales, en 1712, se encomendaron a la Divina Providencia y embarcaron. No sin una silente preocupación que compartían todos, debido a la incertidumbre del futuro que se desplegaba ante ellos, zarparon del puerto y tomaron la misma ruta que Cristóbal Colón había trazado siglos atrás.

CAPÍTULO 9

La travesía hacia el Nuevo Mundo

Navegaron en silencio, cada uno sumergido en sus pensamientos y preocupaciones, mientras la carabela surcaba las aguas del Mediterráneo. Era inevitable recordar la histórica ruta de Colón, y como él, hicieron escala en las Islas Canarias para abastecerse de víveres y agua fresca. Allí, en medio del océano, encontraron un momento para descansar y reorganizarse antes de afrontar la etapa más larga y desafiante del viaje. Con las bodegas llenas y una nueva resolución en sus corazones, reanudaron la travesía con un renovado espíritu, ya habituados al balanceo constante del mar y a la vida en alta mar.

Llegada a América desde el puerto Mediterráneo

Partieron del Mediterráneo hacia las Canarias, donde, con cánticos de alabanza a Dios, reflejaron su devota fe católica, considerando a Cristo su escudo protector. Con las velas desplegadas y siguiendo el paralelo 28 hacia América, y luego descendiendo al paralelo 20 entre Cuba y Haití, se dirigieron hacia Veracruz. La travesía por el vasto Atlántico no estuvo exenta de dificultades y, aunque desconocemos si hicieron escala en Cuba para un respiro, finalmente llegaron al principal puerto de acceso a la Ciudad de México, Veracruz.

Desde Veracruz a la Ciudad de México

Agradecidos por una llegada segura y sin incidentes, reposaron en el encantador puerto de Veracruz. Tras unos días de descanso, se dispusieron a emprender la última etapa de su viaje hacia la Ciudad de México. Acompañados por guías y personal enviado por el virrey de México, se adentraron en el Camino Real, confortados por la hospitalidad y el ánimo que les brindaban, para hacer menos arduo el camino y facilitar su aclimatación a la nueva tierra que iban conociendo paso a paso.

Llegada y recepción en la Ciudad de México

Tras su partida de Veracruz, el nuevo mundo se desplegó ante ellos. La caravana, meticulosamente organizada, inició el recorrido hacia la Ciudad de México. Se aligeró la carga emocional al quedar maravillados por la impresionante flora y vegetación tropical del estado de Veracruz, un espectáculo que ofrece su belleza durante todo el año.

Preparados con caballos, mulas y gente montada, la caravana atravesó paisajes emblemáticos, como el Cerro Gordo y el majestuoso Pico de Orizaba, el punto más alto de México. A pesar del cansancio, la alegría prevaleció cuando finalmente llegaron a la Ciudad de México.

Antes de entrar a la ciudad, fueron recibidos con gran entusiasmo. La calle estaba flanqueada por soldados dispuestos a ofrecer una calurosa bienvenida por orden del mismo virrey, quien manifestó su júbilo ante la llegada de estas familias que, con gran esperanza, empezaban un nuevo capítulo en su historia.

Estancia en el Obispado y planificación de la Colonización

Durante su estancia temporal en el obispado, las familias recibieron una hospitalidad digna de su recomendación real. Se les proporcionó alojamiento cómodo para recuperarse del desgaste del largo viaje y se les brindó la oportunidad de normalizar su rutina, teniendo en cuenta que las esposas e hijos también requerían atención y cuidado especial.

En este periodo de adaptación, las autoridades eclesiásticas les informaron detalladamente sobre la región que colonizaron, ofreciéndoles una visión completa de su futuro hogar y las responsabilidades que conllevaba. Se les aseguró que la vasta región aún no colonizada estaría a su disposición para repartirla equitativamente entre todas las familias.

Aprovecharon su tiempo en la Ciudad de México para visitar la Basílica de Guadalupe, donde se empaparon de la historia y significado de las apariciones de la Virgen Morena, lo que sin duda fortaleció su fe y les dio ánimo para enfrentar los desafíos de la colonización que les esperaban. Con el espíritu renovado y una comprensión más profunda de su misión, se prepararon para el siguiente paso en su viaje.

Partida hacia Los Altos de Jalisco y reverencia a la Virgen de Guadalupe

Con el corazón lleno de devoción y las almas imbuidas de los relatos de la aparición celestial de la Virgen de Guadalupe, las familias castellanas alistaron su partida hacia Los Altos de Jalisco. Era palpable en ellos el amor y el respeto por la Virgen María, quien se manifestó en Tepeyac como la Morenita, patrona y símbolo de unidad entre los pueblos indígena y españoles, presagiando el nacimiento de una nueva identidad mexicana.

Estas familias, al borde de una nueva era en 1703, se inspiraron en el mensaje de la Virgen: una llamada a la integración y la igualdad, que florecería en la mestización de la población, un entrelazado de razas y culturas que hoy caracteriza a la nación mexicana.

Antes de emprender el viaje hacia su nueva vida, se aseguraron de llevar consigo no sólo provisiones y enseres, sino también los recuerdos más preciados de la Virgen Guadalupana. Una imagen sagrada, probablemente una réplica de la tilma de Juan Diego, fue llevada como amuleto de bendiciones y protección en su travesía, simbolizando la fe y esperanza que los guiaba.

Con este sagrado símbolo, los antepasados castellanos se dispusieron a dejar la Ciudad de México. No sólo partían hacia un destino desconocido, sino que también llevaban consigo la promesa de un futuro mestizo, forjado bajo la mirada de la Morenita Guadalupana, cuyo amor y deseos de unión se convertirían en la esencia de su nueva comunidad en Los Altos de Jalisco.

Enriquecimiento del patrimonio espiritual en la fundación de un pueblo

En la sagrada entrega de las pinturas por parte del obispo, nuestros ancestros recibieron un retrato de la Virgen de Guadalupe, símil de la estampa original que se venera en la Ciudad de México. Este icono sagrado fue destinado a presidir la parroquia del pueblo fundado por don Antonio de Aceves, inicialmente conocido como Guadalupe. La devoción a la Morenita se enraizó en el corazón de la comunidad desde sus inicios, y aquel retrato que acompañó a los pioneros castellanos perdura hasta nuestros días, siendo un testigo mudo pero elocuente de la fe y la herencia cultural que se asentaron en aquel entonces.

Asimismo, un Divino Rostro pintado en plata fue también parte de este legado espiritual, colocado al pie del altar mayor como una réplica del que se hallaba en la Basílica de Guadalupe, rememorando así la proximidad celestial que los habitantes de este nuevo asentamiento deseaban sentir con la imagen milagrosa de la Virgen. Tal fue la similitud de esta obra con otra de la vieja Basílica, datada en 1675, que, en comparaciones actuales a través de fotografías en libros especializados, se constata la semejanza, casi gemelar, entre ambas representaciones.

La capillita original, que albergaba estas reliquias, cedió su lugar a una construcción más grande para adecuarse al crecimiento del fervor y la población. Sin embargo, las imágenes que en ella se veneraban, y en especial la Virgen de Guadalupe, han mantenido su lugar preeminente, simbolizando no sólo la identidad religiosa, sino también la unión entre dos mundos que dio origen al espíritu mestizo del pueblo.

Herencia y devoción: La tradición familiar en la custodia de reliquias sagradas

En los albores de nuestra parroquia, mi tatarabuelo, descendiente directo del fundador don Antonio de Aceves, emprendió la venerable tarea de resguardar las sagradas imágenes que formaron parte del espíritu fundacional de nuestro pueblo. Entre estas, el Cuadro de la Virgen y el Divino Rostro destacaron por su significado espiritual, siendo trasladados con reverencia al nuevo templo una vez que este fue erigido.

El lienzo de la Morenita, que representaba a la Virgen de Guadalupe, fue colocado de nuevo en un altar majestuoso, continuando así su legado de fe y devoción. Por otro lado, el cuadro del Divino Rostro encontró un nuevo santuario en la casa de mi tatarabuelo, donde permaneció como reliquia familiar y objeto de especial veneración.

Crecí entre estas paredes impregnadas de historia y fe, donde las narraciones de mi abuela, heredera directa de esta tradición, resonaban con la sabiduría y el fervor de generaciones pasadas. Ella, doña Mariquita de la Torre Aceves, viuda de don Felipe Navarro Aceves y primos entre sí —una práctica común en aquellos tiempos—, mantuvo viva la llama de nuestro linaje y sus convicciones.

Al partir mi abuela, mi padre heredó la casa y con ella el Divino Rostro, pasando más tarde a mis manos. Hoy día, este venerable objeto se encuentra resguardado en un altar casero, donde lo cuido con el amor y el respeto que merece. No es sólo una pieza de arte religioso; es un testimonio vivo de la odisea espiritual de mis antepasados desde la Ciudad de México en 1702, y un recordatorio palpable de nuestra herencia castellana y nuestra identidad mexicana.

Éxodo hacia Los Altos: La travesía de los castellanos a Tepatitlán

El momento había llegado: mis antecesores castellanos debían emprender la travesía hacia la región de Los Altos de Jalisco. El viaje, que se preveía extenso y arduo, demandaba una meticulosa planificación. Se estimaba que el trayecto abarcaría unos 600 kilómetros, una distancia no exenta de desafíos y penalidades.

En una reunión que congregó a toda la comunidad, se debatieron diversas estrategias y se tomó una decisión crucial: los hombres partirían primero. La incertidumbre del destino y la situación que les aguardaba en Los Altos requerirían de una exploración previa. Así, con la determinación que caracterizaba a nuestros ancestros, se dispusieron a partir.

No obstante, antes de su salida, enviaron un mensaje a Tepatitlán, valiéndose de las diligencias que rutinariamente recorrían la distancia entre México y Guadalajara, pasando por Tepatitlán. El propósito era asegurarse de que todo estuviera dispuesto para su llegada.

Equipados con caballos, mulas y carretas, e incluso algunas diligencias que permitían un viaje más cómodo para algunos, se dispusieron a seguir el Camino Real. Acompañados por una mezcla de emoción y cautela natural ante lo desconocido, iniciaron su partida.

El tiempo que duró el viaje es incierto, pues el ritmo de su avance estaba marcado por las necesarias pausas en cada estancia. Estas pausas no sólo servían para el descanso, sino también para fortalecer el espíritu y la convicción de que cada paso los acercaba más a su nuevo destino, donde la esperanza de un futuro próspero se entrelazaba con la promesa de mantener viva su rica herencia cultural.

La odisea de los castellanos: El último tramo hacia Tepatitlán

La caravana de castellanos, portando la resolución heredada de su tierra natal, avanzaba por el Camino Real, aproximándose a su destino final: la capitanía de Tepatitlán. No era un trayecto exento de peligros; tenían que atravesar Arandas, un punto intermedio marcado por la presencia del Cerro Gordo, una cumbre que dominaba la región de Los Altos de Jalisco y era el baluarte de los indómitos guamares.

Los últimos 80 kilómetros antes de llegar a Guadalajara estuvieron cargados de tensión. Aunque un considerable resguardo de soldados acompañaba a los castellanos, estos no depositaban su seguridad únicamente en manos ajenas; iban armados con sus escopetones españoles, sables de época y alguna que otra ballesta, útil en el evento de que la recarga de las armas de fuego demandará más tiempo del disponible en un posible enfrentamiento.

Mientras la caravana serpenteaba por la falda del Cerro Gordo, los nuevos colonos recibían una explicación sobre la persistente amenaza que representaban los guamares, atrincherados en aquel lugar desde hacía casi dos siglos. A pesar de los años y los diversos intentos por desalojarlos, este último reducto de resistencia indígena se mantenía firme, un testimonio del espíritu indomable de aquellos que habitaban las alturas de Jalisco.

La expectativa crecía con cada paso que los acercaba a Tepatitlán, donde se establecería una nueva vida, construida sobre la perseverancia y la valentía que estos castellanos llevaban consigo desde la península ibérica. Con la bendición de su fe y la fuerza de su linaje, estaban listos para forjar un capítulo más en la rica historia de su estirpe en el Nuevo Mundo.

Colonización y desafíos en Tepatitlán

Los primeros españoles que se asentaron en Tepatitlán tras la conquista del año 1531 pronto se percataron de que la colonización traería consigo retos inesperados. Los nativos, que una vez poblaron los cacicazgos circundantes, se replegaron voluntariamente. Algunos, fusionándose con los tenaces guamares en el Cerro Gordo, fortificaron un cacicazgo formidable, mientras que otros se dispersaron hacia Zacatecas y alrededores, encontrando afinidad y alianza con los intrépidos cazcanes, compartiendo raza y lengua náhuatl.

Esta era la situación que enfrentarían los castellanos a su llegada, un escenario relatado con detalle a medida que se acercaban a Tepatitlán. Sin embargo, los temores se disiparon al ser recibidos con júbilo y celebración. La noticia de su llegada, anunciada con antelación por diligencias que transitaban regularmente hacia Guadalajara, había cimentado una expectativa favorable. La comunidad ya estaba al tanto de la recomendación real que respaldaba a estos nuevos colonos destinados a poblar los vastos valles aún yermos y desiertos por la amenaza de los guamares.

Era precisamente esta ausencia de asentamientos en dichos valles, debido a la sombra persistente del Cerro Gordo y sus habitantes indígenas, la razón de la calurosa bienvenida. Los pobladores existentes de Tepatitlán, movidos por la promesa de nuevos vecinos y la prosperidad que traerían, se congregaron en la entrada del pueblo para recibir con algarabía y brazos abiertos a los castellanos, cuyo viaje había sido bendecido por la Corona española y que ahora se encontraban al borde de una nueva vida en las tierras altas de Jalisco.

Celebración y acogida en Tepatitlán

El arribo de los castellanos a Tepatitlán fue un acontecimiento que despertó gran emoción entre los ya criollos descendientes de españoles, quienes habían estado esperando con anticipación la llegada de gente directamente de Castilla, portadores de nuevas del viejo mundo y la tierra de sus ancestros. La noticia de su venida había circulado ampliamente, creando una atmósfera de expectación y curiosidad por conocer más sobre la patria de sus antepasados.

La recepción fue efusiva y colorida, marcada por banderas festivas de papel y acompañada por una banda de música que evocaba la tradición taurina española, con el retumbar de la tambora como telón de fondo. Los visitantes fueron agasajados con una fiesta que celebraba su llegada, ofreciéndoles una opípara comida y el tiempo para reponerse del viaje, acomodándose en diversos espacios de descanso: desde la estancia local, comparable a los hoteles modernos, hasta la finca de la capitana, el monasterio y el curato habitados por los frailes franciscanos.

La calidez y hospitalidad innata de los residentes de la región se manifestó en cómo acogieron a los recién llegados, algunos encontrando acomodo en casas particulares donde se sintieron rápidamente como en su propio hogar. Al día siguiente, con la aurora aun desperezándose en el horizonte, la comunidad se reunió ansiosa por interactuar con los recién llegados, haciendo preguntas y observándolos con admiración y respeto, tejiendo lazos que pronto se convertirían en parte integral de la trama social de Tepatitlán.

Fundación de la Villa Castellana

La llegada de los castellanos a Tepatitlán fue recibida con una mezcla de asombro y curiosidad; la comunidad local estaba ansiosa por aprender todo sobre Castilla y España, así como sobre las experiencias de los recién llegados en su travesía. Los días se llenaron de un intercambio ameno y enriquecedor, donde los castellanos compartían abiertamente toda la información y los detalles que podían, disfrutando de la oportunidad de establecer nuevos lazos de amistad y camaradería.

Una comitiva se formó rápidamente para organizar y planificar el asentamiento de los recién llegados. Identificaron un terreno al norte de Tepatitlán que se prestaba para la construcción y el desarrollo de una nueva comunidad. Inspirados por sus raíces, decidieron llamar a este nuevo asentamiento "Villa", evocando así las pequeñas localidades de Castilla.

Con la colaboración y el entusiasmo de la gente de Tepatitlán, se comenzaron a fabricar ladrillos y tejas para edificar esta prometedora "Villa". No sólo se enfocaron en la construcción de hogares, sino también en la creación de una capilla en honor a San José de Basarte, un nombre que hasta la fecha evoca cierta misteriosa conexión con Castilla y que aún no ha sido localizado en los registros. La capilla se erigió no sólo como un lugar de culto, sino como un símbolo del esfuerzo conjunto y la herencia compartida de esta comunidad, que sigue orgullosa de su nombre y su legado.

Salida de Castilla y establecimiento en Tepatitlán

Al partir de Castilla, las 47 familias emprendieron una misión crucial, no sólo para ellas, sino también para la historia de Tepatitlán. Tras un corto período de trabajo arduo y dedicado, lograron construir suficientes casas para albergar a todas las familias en la Villa de Tepatitlán. Con la estructura básica ya establecida, algunos miembros de estas familias retornaron a la Ciudad de México para traer al resto de sus seres queridos, que esperaban con gran expectativa y emoción el reencuentro.

Una vez que todos los familiares se reunieron en la Villa, las celebraciones y reuniones se multiplicaron. Era un momento de alegría y también de planificación, pues la tarea de desalojar a los guamares del Cerro Gordo aún pendía sobre ellos. Afortunadamente, contaban con el apoyo del virrey de México, quien instruyó que se les proveyera todo lo necesario para su misión, incluyendo el acceso a personal de destacamentos militares si era necesario.

Con todo preparado y sin prisas, en la idílica Villa, las familias trazaron un plan de ataque meticuloso, empleando estrategias de sigilo y sorpresa que dominaban a la perfección. La seriedad de la situación fue evidente para los habitantes y rancheros de Tepatitlán, y en un gesto de solidaridad y valentía, cientos de ellos se ofrecieron como voluntarios para apoyar en la misión.

Este capítulo de la historia no sólo refleja la determinación y valentía de aquellos castellanos que cruzaron el océano en busca de un futuro mejor, sino también el espíritu de comunidad y cooperación que se vivía en aquellos tiempos. La Villa de Tepatitlán, construida con esfuerzo y esperanza, se convirtió en un símbolo de unidad y resiliencia frente a los desafíos.

Destierro de los guamares en el Cerro Gordo

La presencia de los guamares en el Cerro Gordo representaba un desafío significativo para los recién llegados castellanos y los habitantes de Tepatitlán. Los guamares, al percatarse de la llegada de esta gente nueva y poderosa, se mostraron inicialmente indiferentes ante las escopetas, ya que sabían manejar armas de fuego similares. Sin embargo, pronto comprendieron que estos recién llegados no eran ordinarios; algo especial debían tener para haber sido traídos específicamente para esta misión.

Los castellanos, con el apoyo de los locales y los rancheros de los alrededores, fortalecieron su estrategia militar. Acordaron establecer tres frentes de ataque: uno visible y dos invisibles. El frente visible, el más grande, estaba apoyado por una parte de los destacamentos de soldados del virreinato. Los castellanos, además de su armamento, llevaban consigo perros daneses, una herramienta clave en su estrategia.

El otro plan, denominado "Fantasma", involucraba tácticas de sigilo y sorpresa. Los habitantes de Tepatitlán, conocidos por su valentía y afición por el combate, jugaron un papel crucial en este enfoque. Les entusiasmaba la oportunidad de enfrentarse a los guamares, demostrando así su destreza y coraje.

Este capítulo ilustra la tenacidad y el ingenio de los castellanos y los habitantes de Tepatitlán, quienes, a pesar de enfrentarse a un enemigo formidable y bien arraigado en la región, estaban dispuestos a utilizar todas las tácticas y recursos a su alcance para lograr su objetivo y asegurar la paz y seguridad de la región.

En el Cerro Gordo, los guamares, conscientes del desafío que representaban los nuevos castellanos y la población de Tepatitlán, se prepararon para enfrentar cualquier ataque. Sin embargo, la estrategia meticulosa y astuta de los castellanos, junto con la colaboración de los valientes habitantes de Tepatitlán, fue crucial para cambiar el curso de los acontecimientos.

El plan elaborado por los castellanos y sus aliados consistía en un ataque sorpresa desde la retaguardia, mientras otro grupo, vestido de manera sencilla pero eficaz para pasar inadvertido, avanzaba lentamente hacia el frente del Cerro Gordo. El objetivo era capturar a cualquier vigilante indígena para asegurar un asalto sorpresivo y efectivo.

Con cautela y precisión, los soldados y los habitantes de Tepatitlán lograron capturar a varios vigías. En el momento clave, cuando los guamares estaban concentrados en repeler el ataque frontal, los soldados y la gente de Tepatitlán, como "fantasmas", aparecieron por la retaguardia, tomando por sorpresa a los guamares. Los gritos y disparos causaron confusión y desorden entre ellos, perdiendo la oportunidad de organizar una defensa efectiva.

Los guamares, sorprendidos y descontrolados, no tuvieron tiempo de reaccionar adecuadamente y comenzaron a huir cuesta abajo entre los árboles, siendo perseguidos por los castellanos y sus aliados. A pesar de la rápida huida de los guamares, la eficacia del ataque sorpresa fue determinante para la victoria de los castellanos y los habitantes de Tepatitlán, marcando un hito en el proceso de colonización y pacificación de la región. Este capítulo resalta la valentía, el ingenio y la determinación de los castellanos y los lugareños para establecer un nuevo orden en la región.

CAPÍTULO 10

La consolidación de Los Altos de Jalisco

Tras el exitoso destierro de los guamares del Cerro Gordo, los castellanos y sus descendientes comenzaron una nueva etapa de organización y asentamiento en la región de Los Altos de Jalisco. Este proceso marcó un cambio significativo en la historia local, dando paso a la formación de comunidades estables y prósperas.

El virrey de México, reconociendo el valor y la determinación de estos colonos, les otorgó generosos "sitios" de terreno, cada uno abarcando aproximadamente 22 kilómetros cuadrados, una extensión considerable para el desarrollo agrícola y ganadero. Esta distribución de tierras facilitó el establecimiento de nuevas rancherías y el florecimiento de la región.

En esta vasta y fértil tierra, que se extiende desde las cercanías de Arandas hasta San Miguel el Alto y el Valle de Guadalupe, mis antepasados castellanos se dedicaron a la agricultura, la cría de ganado y la construcción de sus hogares y comunidades. Fue así como se formó el corazón de lo que hoy es conocido como Los Altos de Jalisco.

El legado de estos valientes y visionarios castellanos se refleja en la rica cultura y tradiciones de la región. Su esfuerzo y dedicación no sólo transformaron el paisaje físico, sino que también dieron forma al carácter y la identidad de Los Altos, una región que hoy se enorgullece de su herencia española y su espíritu emprendedor.

La Capilla de Guadalupe, mi pueblo, es un testimonio viviente de esta historia. Fundada por estos pioneros, se convirtió en un símbolo de la perseverancia y el espíritu de comunidad que caracteriza a Los Altos de Jalisco. Esta historia, tejida con valentía, fe y trabajo duro, sigue siendo una fuente de inspiración para las generaciones actuales y futuras.

La colonización de mi región y las rancherías

Para el año 1713 y 1714, con los desafíos de los guamares ya controlados, se conformó una directiva para iniciar la planificación y repartición de los extensos terrenos en Los Altos de Jalisco. Aunque los detalles específicos del proceso de repartición no están claros, es evidente que cada familia recibió su parte, contribuyendo a la fundación y al desarrollo de varias rancherías en la región.

Uno de los primeros asentamientos se estableció en la falda norte del Cerro Gordo, donde anteriormente se hallaba el Camino Real y los temidos guamares. Hoy, esta área es conocida como el Rancho de San Antonio de los famosos charros campeones, los Güeros Franco. Las familias Torres, Galván y Paredes fueron algunas de las primeras en asentarse en esta zona, posiblemente debido a su valentía y disposición para afrontar riesgos, o quizás por el resultado de un sorteo.

Sin embargo, a pesar de la tranquilidad general, los problemas con bandas de bandidos persistían. Estos grupos atacaban en caminos y calles, e incluso en los pueblos, convirtiéndose en una constante amenaza para la seguridad de los colonos. Su habilidad para mezclarse entre la población y desaparecer rápidamente dificultaba su captura, creando un ambiente de incertidumbre y desafío para las comunidades recién formadas. Estas circunstancias demostraron la fortaleza y la resiliencia de los primeros colonos en mi región. A pesar de los obstáculos y las dificultades, perseveraron en su esfuerzo por construir una vida mejor, legando a las generaciones futuras un ejemplo de tenacidad y espíritu comunitario. Esta época de colonización y formación de rancherías es un capítulo fundamental en la historia de Los Altos de Jalisco, marcando el inicio de una era de crecimiento y prosperidad en mi tierra natal.

Rancho Cerro Gordo y El Cedazo

Tras el establecimiento del Rancho San Antonio, al este y siguiendo el mismo Camino Real hacia Arandas, se fundó el Rancho Cerro Gordo. Esta área fue colonizada principalmente por las familias Hernández, junto con otros apellidos que no recuerdo en este momento. Hasta la fecha, el Rancho Cerro Gordo es un pintoresco pueblo conocido por su gente de rasgos claros y la notable belleza de sus mujeres.

No muy lejos de allí, casi colindante con Cerro Gordo, se estableció otro rancho, El Cedazo, que durante más de 200 años conservó ese nombre. Aquí se asentaron los reconocidos Barba, una familia muy popular en toda la región de Los Altos de Jalisco. Con el tiempo, El Cedazo evolucionó en un pueblo más grande y significativo, conocido ahora como Los Dolores. Este lugar se destaca por su dinamismo comercial y su moderna infraestructura productiva.

El cambio de nombre a Los Dolores coincidió con la construcción de un hermoso templo dedicado a la Virgen de Los Dolores. Esta iglesia alberga una impresionante figura que representa a la Virgen María, un símbolo de fe y devoción para la comunidad. Según las crónicas, en el siglo XVII, unos frailes pasaron por la región, dejando una huella indeleble en la espiritualidad y las tradiciones del lugar.

Estos dos ranchos, Cerro Gordo y El Cedazo, son ejemplos del crecimiento y desarrollo de la región de Los Altos de Jalisco, reflejando la historia, la cultura y la fe de sus habitantes. Con el paso del tiempo, estas comunidades han sabido conservar sus raíces mientras se adaptan a los cambios del mundo moderno, representando el espíritu resiliente y emprendedor de mi tierra.

El Rancho El Espino y otros asentamientos en la región

En 1943, un grupo de frailes en tránsito desde Guadalajara se detuvo a descansar en El Cedazo. Allí, se encontraron con algunas familias conocidas y decidieron regalarles una hermosa figura representando a la Virgen de los Dolores. Inspirados por este regalo, los residentes construyeron un encantador templo dedicado a la Virgen, así como una amplia plaza adornada con un quiosco. Mis visitas a El Cedazo siempre han sido acogedoras; las personas de allí son hospitalarias y sencillas, características típicas de los habitantes de Los Altos. Además, destaca la belleza de sus mujeres y la alegría que irradia la comunidad.

El Rancho El Espino

Este hermoso rancho, ubicado en una llanura pintoresca, fue fundado por la distinguida familia Castellanos. Recuerdo con cariño mis visitas a la gran casa de don Eufodio Castellanos, que contaba con una exuberante huerta de frutas. Fue allí donde, junto a su nieto Sisto, de mi misma edad, aprendí a montar a caballo. Pasábamos grandes momentos juntos, partiendo desde mi pueblo, La Capilla, en un caballo llamado Panzón. Sin embargo, hay una historia triste asociada a este lugar, que contaré más adelante.

Continuación hacia otros ranchos

La historia de mi región no termina con El Rancho El Espino. A lo largo de los años, otros asentamientos y ranchos se han ido desarrollando, cada uno con su propia historia y contribución al tapiz cultural de Los Altos de Jalisco. La riqueza de estas tierras y la fortaleza de sus habitantes han tejido un legado impresionante, marcando cada rincón con relatos de valentía, tradición y progreso. Continuaré narrando estas historias, llevándolas conmigo como un tesoro de mi herencia y mi tierra.

El legado de los Ranchos en la región - Las Teposas y los González

En el noreste de El Espino se encuentra el Rancho Las Teposas, propiedad de la familia González. Recuerdo vívidamente las visitas a este lugar con Arturo González, el hijo del dueño. Un recuerdo particularmente entrañable es de cuando pesqué mi primer pez en un estanque del rancho, utilizando un anzuelo que me prestó Arturo. Aunque sólo era una pequeña sardina, la emoción de aquel momento ha perdurado en mi memoria. Los González se establecieron en Las Teposas, creando un legado importante en la región.

Los Palos y los Ascencio

Más al noreste, se encuentra el Rancho Los Palos, fundado por la influyente familia Ascencio. Este rancho es reconocido por su contribución significativa al desarrollo y la riqueza de la región, marcando una huella imborrable en el patrimonio local.

La Loma de los Gorditos y los González

Hacia el norte se ubica La Loma de los Gorditos, otro rancho destacado bajo la administración de la familia González. Este lugar es conocido por su gran templo y una impresionante presa de agua. La familia González, famosa por su riqueza, poseía una extensa cantidad de ganado y tierras. Eran conocidos por su distinguida personalidad y por tener muchos empleados a su servicio, lo que refleja la prosperidad y el estatus social que habían alcanzado en la región.

Cada uno de estos ranchos, con sus propias historias y características únicas, contribuye a la rica tapicería cultural de Los Altos de Jalisco. Sus legados continúan vivos en la memoria y en las tradiciones que se mantienen hasta hoy.

En Las Teposas, el impacto de la familia González en la región es notable. La historia de Felipe González, descendiente de esta familia, es particularmente destacable. A pesar de la tendencia en algunas familias acomodadas de no inculcar el valor del trabajo a sus hijos, Felipe logró acumular una considerable fortuna, estimada en más de 100 millones de dólares. Esta narrativa resalta las variadas trayectorias de las familias en la región, donde algunos perpetuaron la riqueza familiar mientras que otros sucumbieron a la llamada "ley de la fácil herencia".

La Tinaja de los Navarro: Un rincón de historias y recuerdos

La Tinaja de los Navarro, un rancho cercano a mi pueblo, alberga una riqueza de anécdotas y recuerdos. Este lugar, originalmente habitado por la familia Navarro, es especial para mí debido a las numerosas historias que poseo de él. Conocí a algunos miembros de la familia De La Torre, quienes probablemente emigraron desde San Jorge, un antiguo rancho cerca de San Miguel el Alto. La Tinaja representa un microcosmos de la historia y las tradiciones de la región, reflejando cómo las familias han moldeado el paisaje social y cultural de Los Altos de Jalisco.

Cada rincón de esta tierra, cada rancho y cada familia, cuenta una historia única que se entrelaza para formar el rico tapiz de nuestra herencia regional. En La Tinaja de los Navarro, como en muchos otros lugares, se respira la historia viva de aquellos que forjaron su camino en estas tierras.

Expansión y prosperidad en los ranchos cercanos a San Miguel el Alto

En la región cerca de San Miguel el Alto, diversas familias se asentaron y, con el paso del tiempo, lograron un notable desarrollo económico. Se convirtieron en prominentes hacendados, ganaderos, agricultores y comerciantes, además de destacarse por su elevada cultura. Entre estas familias se encuentran los Lozano, de Anda, Padilla, Gutiérrez y Ramírez, cuyas contribuciones enriquecieron considerablemente la región.

Mirandilla: Cuna de familias fundadoras

Mirandilla, un pintoresco pueblito, tiene sus raíces en mis antepasados: los Martín del Campo, los Franco y los Aceves. Esta estancia, ya establecida mucho antes de la llegada de las 47 familias castellanas en 1720, fungía como un punto de descanso y relevo para viajeros y diligencias que transitaban desde Durango, Zacatecas y Aguascalientes por el Camino Real.

Con la llegada de los colonos castellanos, la zona de Mirandilla experimentó un nuevo auge. Los Franco, una de las primeras familias en establecerse cerca de la estancia, pronto se trasladaron al sur, cerca del Cerro Gordo. Allí, adquirieron extensas tierras, comenzando cerca del Cerro Gordo y extendiéndose a lo largo de la región. Con el tiempo, los Franco y otras familias transformaron estos terrenos en prósperas haciendas, contribuyendo significativamente al desarrollo económico y social de la región.

Esta historia de crecimiento y prosperidad en los ranchos cercanos a San Miguel el Alto es un testimonio de la tenacidad y el espíritu emprendedor de estas familias, cuyas raíces se hunden profundamente en la historia y la cultura de la región.

El legado de Juanacatlán y Mirandilla

En las proximidades de Tepatitlán, a lo largo del Camino Real y extendiéndose hasta la falda del Cerro Gordo, se encuentra el Rancho Juanacatlán, una tierra que atestigua la perseverancia y el trabajo de nuestros antepasados. No muy lejos de allí, en Mirandilla, emergieron los Martín del Campo y los Aceves, junto con los Casillas en el Rancho el Terrero.

Mirandilla, ahora parte del municipio de San Miguel el Alto, refleja en su gente el legado castellano: son personas humildes, hospitalarias y fieles a sus tradiciones y creencias religiosas. El templo de Mirandilla, aunque de tamaño modesto, resalta en la comunidad con su espléndida plaza donde se venera a San Isidro Labrador, un santo con raíces en España.

Durante mi visita en 1990 a Mirandilla, experimenté una profunda conexión con la tierra de mis antepasados. Aquí nació mi bisabuelo don Jerónimo Martín del Campo y mi abuelo Antonio Martín del Campo. La emoción de pisar el mismo suelo que ellos fue indescriptible. Un primo, Martín del Campo, quien posee la antigua estancia, me mostró cómo había reformado y conservado este importante vestigio de nuestra historia familiar, manteniendo vivo el espíritu y el legado de nuestros antepasados castellanos en esta región de México.

Tradiciones y legado en Mirandilla

En Mirandilla, un pueblo donde resuenan ecos del pasado, tuve el honor de encontrarme con parientes entrañables, llevando apellidos como Martín del Campo, Aceves, Cachos y Gutiérrez. Este lugar, impregnado de historia y tradiciones, conserva aún hoy el encanto de su herencia castellana.

La estancia, con su techo original de ladrillos antiguos conocidos como "tablones", revela en su interior fechas históricas pintadas, testimonio de un pasado que aún perdura. La arquitectura y decoración de estas estructuras reflejan la influencia y el estilo de vida de nuestros antepasados.

Mi primo me mostró reliquias familiares, incluyendo antiguas espuelas de lobo que pertenecieron a mi bisabuelo Jerónimo y a sus hermanos. Eran tiempos en los que la equitación no era sólo un medio de transporte, sino también un signo de estatus y tradición. Los Martín del Campo, labriegos y ganaderos, gozaban de una sólida posición económica y se distinguían por su vestimenta elegante, combinando el estilo español con el chinaco, un modo característico de la moda mexicana del siglo XIX.

En Mirandilla, las festividades y eventos sociales eran la esencia de la vida comunitaria. Las corridas de toros, las carreras de caballos y las peleas de gallos eran eventos que congregaban a todos en un ambiente festivo y de celebración, manteniendo vivas las costumbres heredadas de España. Estas tradiciones, que empezaron a fusionarse con el emergente estilo charro hacia finales del siglo XIX, siguen siendo parte integral de la cultura local, uniendo a la comunidad en la celebración de su rico legado histórico y cultural.

Tradiciones musicales y asentamientos familiares en Los Altos de Jalisco

En Los Altos de Jalisco, la música forma parte esencial del tejido cultural, una herencia que se mantiene viva a través de las bandas locales. Estas agrupaciones, con su repertorio español y europeo, animan las plazas con el sonido vibrante de la tambora, interpretando pasodobles y marchas que resuenan en el aire de las tardes. Es una tradición que, aún hoy, se preserva, ofreciendo a los pueblos y ciudades una conexión viva con su pasado.

En los eventos taurinos, estas bandas son un elemento fundamental, iniciando sus presentaciones con ritmos que marcan el inicio de las corridas. Esta costumbre, arraigada en la región, es un testimonio del amor por la música y la fiesta, elementos centrales de la cultura local.

Hablando de vestimenta, las damas y caballeros de antaño lucían sus atuendos de gala en estos eventos, una práctica que ha evolucionado con el tiempo. Hoy, son principalmente los charros y las chinas poblanas quienes mantienen esta tradición, vistiendo con orgullo sus trajes típicos en diversas celebraciones.

Retomando la historia de la colonización de la región, en los años posteriores a 1731, cada familia se estableció en su propio rancho, creando una red de comunidades que se extendía a lo largo del Camino Real. En lugares como El Cedazo (ahora Los Dolores) y Mirandilla, mis ancestros y otros colonos forjaron sus hogares y vidas.

Más al sur de Mirandilla, a unos 30-40 km, se encuentra la Presa de Gómez. Aquí, los Gómez, personas de gran estatura física y moral, se asentaron y reflejaron en su sencillez y humildad la esencia de su herencia castellana. Estas familias, con su fuerte identidad cultural, han contribuido a la rica tapicería de Los Altos de Jalisco, preservando y enriqueciendo la cultura y tradiciones de la región.

La Presa de Gómez y la cultura de la alegría

En la Presa de Gómez, se erige una comunidad arraigada en valores profundos de fe y hospitalidad. Aquí, las grandes familias como los Gómez y los Aceves, manifiestan su devoción y amor por Dios de una manera genuina y vivencial. Esta comunidad se caracteriza por su calidez humana y un sentido de unidad familiar que se extiende incluso a quienes trabajan con ellos, creando un ambiente donde el apoyo mutuo es la norma.

La música ocupa un lugar central en la vida de estas familias. Su pasión por la guitarra y otros instrumentos musicales es más que un pasatiempo; es una expresión de su alegría de vivir y su rica tradición cultural. Es común encontrar a hombres y mujeres de todas las edades tocando y cantando, llevando la alegría a cada rincón de su comunidad.

Los Aceves, con raíces en Mirandilla, se han entrelazado gradualmente con los habitantes de la Presa de Gómez, creando lazos que van más allá de la vecindad. Comparten festividades y celebraciones a lo largo del año, donde la música es siempre protagonista. Estos encuentros se convierten en verdaderas fiestas, donde el canto y la música sirven de telón de fondo para la convivencia y el regocijo comunal.

En esta comunidad, cualquier motivo es suficiente para celebrar. Las fiestas no son sólo eventos; son la manifestación de una cultura que valora la alegría, la unión y la tradición. La Presa de Gómez, con su gente entusiasta y talentosa, se convierte en un símbolo de la alegría de vivir, un lugar donde la música y la fraternidad forman el tejido de su identidad.

Tradiciones y festividades en la comunidad

En la comunidad, la llegada de la temporada de elotes se celebra con una tradición conocida como "Elotadas". Estas celebraciones, que se extienden durante todo agosto y parte de septiembre, son una verdadera expresión de la cultura local y su amor por la convivencia. Durante las tardes, en cualquier casa se reúnen los vecinos, y mientras tocan sus instrumentos con gran alegría, se preparan los elotes tiernos. Estos se cocinan de manera especial, a menudo acompañados de sabrosas adoberas de queso, creando una combinación exquisita y única.

No faltan las carnes asadas o, en ocasiones especiales, un lechón frito preparado en una cazuela de cobre, resultando en unas carnitas doradas y deliciosas. La mención de estas comidas es suficiente para hacer agua la boca a cualquiera, evocando el sabor y la alegría de estas reuniones.

Si hay magueyes cerca, se aprovecha para traer un cántaro de pulque fresco, bebida tradicional que complementa perfectamente la comida. También se preparan tacos, rellenos de estos deliciosos guisos, que son disfrutados por todos los presentes.

Otra tradición destacada son los "Herraderos", especialmente en tiempos de sequía. Estos eventos consisten en reunirse para marcar el ganado, pero también se convierten en un gran festejo conocido como "Jaripeo". Durante estos, los asistentes tienen la oportunidad de montar toros, lanzar lazos y realizar maniobras de charrería, mostrando sus habilidades con las sogas. Los Jaripeos son una celebración de todo un día, llena de emoción, música, y por supuesto, no puede faltar el pulque para animar el ambiente.

Estas tradiciones reflejan no sólo la riqueza cultural de la comunidad, sino también su espíritu de unión y fraternidad. A través de estas festividades, se mantiene vivo el legado de los antepasados, y se fortalece el tejido social de la región.

Recuerdos inolvidables y continuación de la travesía

En el transcurso de estas festividades en La Presa de Gómez, la música siempre está presente, con guitarras y acordeones animando el ambiente. Las comidas típicas, como la carne asada o los tacos de carnitas doraditas, son acompañadas de frijoles de la olla, queso fresco y los ineludibles chiles jalapeños. Estos elementos se combinan para crear una experiencia culinaria memorable, capaz de despertar el apetito con sólo recordarla.

Estas reuniones se extienden durante todo el día, culminando con algunos asistentes renqueando tras ser desmontados por novillos o potrillos durante el jaripeo, y otros mareados por el exceso de pulque. Al final del día, cada quien regresa a su hogar, prometiéndose mutuamente reencontrarse el próximo año para continuar con esta tradición.

Dejando atrás los gratos recuerdos de La Presa de Gómez, continúo mi viaje hacia el oeste, aproximadamente a cuatro o cinco kilómetros de distancia. Aquí, me esperan otros amigos queridos y la promesa de nuevas experiencias. Aunque el paso del tiempo y la distancia pueden imponer limitaciones, los recuerdos permanecen vívidos en mi memoria.

Reflexiono sobre cómo sería el mundo si todos compartieran la generosidad y el espíritu comunitario de la gente de La Presa de Gómez. Estoy convencido de que sería un lugar mucho más cálido y acogedor. Con esta idea en mente, sigo mi camino, llevando conmigo el calor de la hospitalidad y la alegría de las vivencias compartidas.

Los Alcalá, un legado de respeto y tradición

El Cacalote, un rincón encantador en la región, se convirtió en el hogar de los Alcalá, una familia que ha sabido preservar el respeto y la amabilidad como sus valores fundamentales. Esta familia, proveniente probablemente de Alcalá en Castilla, España —una ciudad conocida por su prestigiosa universidad fundada en 1508 por el rey Fernando de Aragón—, ha mantenido vivo su legado en esta tierra mexicana.

Los Alcalá, con su linaje posiblemente vinculado a la ciudad de Alcalá, comparten una cercanía histórica con la ciudad de Guadalajara en España, de donde proviene Núñez Beltrán de Guzmán, fundador de Guadalajara, Jalisco, México, en 1542. Esta conexión con sus raíces españolas ha marcado profundamente su manera de vivir y trabajar.

En El Cacalote, los Alcalá, al igual que los demás colonos, comenzaron su vida en México dedicándose al trabajo agrícola y al desarrollo de ganadería. Sin embargo, destacan especialmente por sus habilidades como comerciantes. Su proximidad a Mirandilla les ha permitido establecer lazos familiares con los Martín, lo que ha enriquecido aún más su historia con anécdotas y experiencias compartidas.

En el día a día, los Alcalá reflejan su espíritu emprendedor y su compromiso con la comunidad. Aunque mantienen un perfil bajo, su influencia y respeto en la región es notable. Son conocidos por su capacidad de reaccionar con firmeza cuando es necesario, siempre manteniendo un trato respetuoso hacia los demás. En futuros capítulos, seguiremos explorando las historias y anécdotas que rodean a esta interesante familia, cuya vida es un espejo de la rica herencia cultural y social de sus antepasados castellanos.

Rancho La Cruz y El Centro: Los Gonzáles y Estrada, baluartes de tradición y valentía

En el corazón de la región de Los Altos de Jalisco, el Rancho La Cruz, residencia ancestral de la familia Gonzáles, se erige como un bastión de la tradición ecuestre y charra. Los Gonzáles, reconocidos por su cordialidad y prominencia social, han sido pilares fundamentales en la Asociación de Charros de Tepatitlán. Este rancho, situado al este del Rancho El Cacalote, simboliza la rica herencia ganadera y el fuerte sentido comunitario que caracteriza a la zona.

Hacia el este, se halla El Centro, un lugar que ha sido testigo del asentamiento y florecimiento de la familia Estrada. Descendientes de un venerado defensor comunal, los Estrada han mantenido su legado en El Centro hasta nuestros días. Florencio Estrada, hermano de mi bisabuelo Demetrio Estrada y tío de mi abuela doña María de Jesús (mamá Chita) Estrada, sigue siendo recordado como un hombre de inquebrantable valor, dedicado tanto a su comunidad como a su profunda fe católica.

La devoción católica, entrelazada con un espíritu de valentía, ha sido una característica distintiva de la familia Estrada. Su ferviente veneración a la Virgen de Guadalupe ha marcado generaciones. Las historias de mi abuela Mamá Chita, que relatan su niñez y la relación espiritual con la Virgen, resalta cómo esta devoción ha sido un pilar en la vida familiar y comunal.

Estos relatos no sólo ilustran la riqueza cultural y espiritual de mi linaje, sino que también destacan el papel crucial de la fe y las tradiciones en la forja de la identidad regional de Los Altos de Jalisco. La amalgama de coraje y espiritualidad en figuras como Florencio Estrada y su descendencia ha impregnado indeleblemente el legado cultural de la región.

La familia Navarro y su legado

En las páginas de la historia familiar, la figura de Demetrio Navarro emerge con fuerza y carácter. Su madre, doña Matilde Navarro, pertenecía a una estirpe de resiliencia y convicción. El Rancho de San Antonio, ubicado en las laderas del Cerro Gordo y mencionado anteriormente, albergaba la casa que don Simón, mi tatarabuelo, construyó en el siglo XIX, una residencia que simboliza la tenacidad y el esfuerzo de generaciones.

Demetrio, acompañado siempre por su única hija Matilde, solía viajar a caballo desde la Capilla de Guadalupe hasta el rancho. Durante estos trayectos, el rezo del rosario era una constante, reflejando una profunda devoción familiar. Demetrio, siempre prevenido ante los peligros de la época, no dejaba de llevar consigo su fiel carrillera y pistola, herramientas indispensables en una era marcada por la presencia de bandidos.

Los Estrada, según recuerdos compartidos por mi abuela Chita, no formaban parte de las familias castellanas que llegaron originalmente. Su origen parecía ser externo, quizás aventureros o viajeros que encontraron en nuestra tierra un nuevo hogar. De estatura media y constitución robusta, los Estrada se caracterizaban por su piel blanca y rasgos marcados. Entre ellos, cuatro hermanos destacaron; dos de ellos se trasladaron cerca de Guadalajara, enfrentándose a la problemática de los bandidos de la región.

Este legado familiar, entrelazado con la historia de valientes antepasados, refleja no sólo la fuerza y la determinación heredada, sino también una profunda conexión con la tierra y las raíces culturales que nos definen. A través de estas narraciones, se vislumbra la esencia de una familia que, a lo largo de generaciones, ha contribuido al tejido social y cultural de nuestra región.

La valentía y estrategia de los Estrada en la lucha contra los bandidos

En el corazón de nuestra historia familiar, emerge la figura destacada de los hermanos Estrada, entre ellos, mi tío abuelo Florencio Estrada, quien, junto a su hermano, desempeñó un papel crucial en la defensa de la región contra los bandidos. Estos hermanos, que optaron por establecerse cerca de la hacienda en un área desafiante, implementaron tácticas antiguas y efectivas para mantener la paz y el orden.

Mi abuela Chita recordaba cómo estos valientes Estrada entrenaban a sus perros daneses para la protección y la lucha, y cómo el manejo experto del sable era parte integral de su preparación. Estas prácticas, vistas por mi abuela en su niñez, demostraban la habilidad y destreza que poseían en el arte de la defensa personal y la táctica militar.

Dos de los hermanos Estrada, según los relatos, se asentaron en la hacienda y, posteriormente, encontraron su descanso eterno en el cementerio del pueblo de Taterosco. Este lugar se convirtió en un punto de reflexión y oración para mi madre y para mí durante nuestros viajes, reconociendo y honrando la valentía y el sacrificio de nuestros familiares.

Los Estrada, junto con la comunidad de La Capilla, enfrentaron desafíos significativos, luchando incansablemente contra las gavillas de bandidos que asolaban la región. Su compromiso no sólo con la seguridad, sino también con el bienestar de la comunidad, los posicionó como figuras clave en la historia de nuestro pueblo.

Este capítulo de nuestra historia familiar es un testimonio del coraje, la determinación y el espíritu de lucha que caracterizaron a los Estrada y que, sin duda, dejaron una huella indeleble en la memoria colectiva de nuestra comunidad.

La valentía y resiliencia de Demetrio Estrada

La historia de mi bisabuelo, Demetrio Estrada, es un relato de coraje y tenacidad. Su participación activa en la defensa de su comunidad contra los bandidos es una muestra de su carácter valiente y comprometido. La anécdota de la bala que llevó cerca de la columna vertebral durante toda su vida es un testimonio de su resistencia y fortaleza, características que definieron su existencia.

Demetrio, herido en un enfrentamiento con bandidos, demostró su astucia y supervivencia al esconderse entre los tules de un estanque, evitando ser capturado o herido aún más gravemente. A pesar de que la bala nunca fue extraída, su espíritu inquebrantable le permitió continuar su vida sin que esto mermara su energía o compromiso con su familia y comunidad.

La casa que construyó en La Capilla, aún de pie y conservada en su magnífica estructura original, es un símbolo de su legado y del lugar que ocupó en el corazón de su pueblo. Con sus imponentes portales, esta casa no sólo refleja la grandeza física de su construcción, sino también la grandeza de espíritu de Demetrio y su familia.

Demetrio Estrada, con su valentía y su capacidad para superar adversidades, se convirtió en una figura emblemática en la historia de nuestra familia y de la comunidad. Su vida es una fuente de inspiración y un recordatorio del valor de la resiliencia y la determinación frente a los desafíos.

Enriquecimiento del relato de la vida de don Florencio Estrada y su hijo Justo

La historia de mi bisabuelo, don Florencio Estrada, y su hijo Justo, es un relato de coraje, liderazgo y espíritu aventurero. Don Florencio, conocido por su firmeza y respeto en la comunidad, se desempeñó como delegado en La Capilla durante dos periodos. Bajo su liderazgo, el pueblo disfrutó de una época de paz y orden, evidenciando su capacidad para mantener la armonía y la seguridad en la región.

La casa que construyó con vigas de hierro, traídas desde la Ciudad de México vía Guanajuato, es un símbolo de su tenacidad y visión. Estas vigas, transportadas en carretas tiradas por bueyes, reflejan no sólo una hazaña logística para la época, sino también la determinación de don Florencio por edificar un hogar sólido y duradero.

Su hijo, Justo Estrada, heredó el espíritu emprendedor y aventurero de su padre. La historia de don Florencio viajando hasta Colima, un estado pequeño al suroeste de Jalisco, ilustra la intrépida naturaleza de la familia Estrada. Aunque no se conocen con certeza los motivos de este viaje, es probable que estuvieran relacionados con negocios o simplemente con la exploración y el descubrimiento, rasgos característicos de la familia.

La unión de don Florencio Estrada con una mujer de la familia Gómez de la Presa de Gómez es un ejemplo de cómo las familias de la región se entrelazaron, creando redes de parentesco y apoyo mutuo que fortalecieron la comunidad. Estas historias familiares, llenas de anécdotas y recuerdos, no sólo narran la vida de individuos, sino que también tejen la rica historia social y cultural de Los Altos de Jalisco.

La vida de don Florencio Estrada y su hijo Justo en La Capilla y San Antonio, cerca de la falda del Cerro Gordo, está marcada por episodios de valentía y alegría. Una historia que mi abuela solía relatar destaca la temeridad y el coraje de don Florencio. En un viaje con su hijo Justo, joven y aún sin experiencia en enfrentamientos, se vieron inmersos en una emboscada. Don Florencio, con su proverbial fortaleza, alentó a su hijo en medio del fuego cruzado, brindándole una oportunidad para demostrar su valentía. Esta experiencia no sólo fue un rito de paso para Justo, sino también un testimonio de la astucia y la resistencia de don Florencio.

Justo, al madurar, se convirtió en un hombre de espíritu jovial y pragmático. Su relación con su caballo, al que había adiestrado con tal habilidad que respondía a gestos y palabras, es un ejemplo de la conexión especial que Justo tenía con los animales. Su caballo era tan inteligente que, a la señal de Justo, podía realizar acciones sorprendentes como saludar al cantinero, evidenciando la mezcla de ingenio y buen humor que caracterizaba a Justo.

La convivencia en La Capilla y San Antonio era una amalgama de tradición, cultura y solidaridad familiar. Las historias de don Florencio y Justo, con sus aventuras y su cercanía con la comunidad, pintan un cuadro vívido de la vida en estos lugares, donde la valentía, la lealtad y la alegría formaban parte del tejido cotidiano. Estos relatos no sólo narran sucesos personales, sino que también ilustran el carácter resiliente y alegre de la familia Estrada y su contribución al espíritu comunal de la región.

Refinamiento del relato del Rancho La Cebadilla y Juanacasco

La Cebadilla, un rincón emblemático al norte del Rancho El Centro, albergó a la familia Cacillas, distinta de los Casillas del Terrero. Esta región, caracterizada por su gente de estatura prominente y robusta constitución física, también fue hogar de los Marques. La presencia de estas familias refleja la diversidad y la riqueza cultural de la región.

No muy lejos de allí, en El Cuatro, se estableció otra rama de la familia González. Parece que el apellido González tiene raíces profundas en el norte de España, específicamente en Castilla La Vieja y en las villas montañosas de Santander, lo que indica una conexión histórica y genealógica importante con la región de Castilla en España.

Hacia el sur de El Cuatro, a unos diez kilómetros de distancia, se encuentra Juanacasco. Este lugar ha sido testigo de la crianza de ganado bravo, ganando una fama notable en la región. Juanacasco no sólo es conocido por su actividad ganadera, sino también por ser un lugar lleno de historias y tradiciones que reflejan la vida rural y las costumbres de sus habitantes. La interacción entre las familias, la tierra y sus tradiciones conforman un mosaico cultural que enriquece la historia de esta parte de México, mostrando la fuerza y la vitalidad de las comunidades que han hecho de estos ranchos su hogar.

Juanacasco, un rancho histórico y prominente, ha sido un símbolo de la tradición ganadera de lidia en México. Este rancho, conocido por su cría de ganado de pura sangre y bravo, ha sido también escenario de memorables jaripeos, contribuyendo al surgimiento y fortalecimiento de la charrería como deporte organizado y único en México, reconocido a nivel nacional por la Federación Nacional de Asociaciones Charras.

El legado de Juanacasco está íntimamente ligado a la familia Franco, en particular a don Miguel Franco el Grande, mi tatarabuelo, cuyas anécdotas y logros han sido transmitidos a través de generaciones en mi familia. Mis abuelos, don Antonio Martín del Campo Franco, nieto de don Miguel, y doña María de Jesús Estrada, han compartido incontables historias sobre la vida en Juanacasco y su influencia en la región.

En los albores del siglo XIX, Juanacasco se destacó por su ganadería brava de alta calidad, un legado que se extendió hasta finales de ese siglo. Se dice que el ganado fue traído de lugares desconocidos y que se estableció un criadero en un cerro cercano, conocido como El Cerro Carnicero, debido a la naturaleza de la crianza del ganado bravo. Este rancho no sólo se convirtió en un pilar de la cultura ganadera, sino también en un centro de reunión para eventos y celebraciones que definieron la identidad cultural de la región.

Refinamiento del relato de la ganadería brava de los Franco en Juanacasco

La historia de la ganadería brava de la familia Franco en Juanacasco es un relato lleno de anécdotas y experiencias vividas, transmitidas a través de las generaciones. Mis abuelos solían compartir historias fascinantes sobre esta época, destacando la cautela necesaria al transitar por los potreros del Cerro, especialmente debido a la bravura incluso de los becerros más jóvenes.

Una anécdota que mi abuela Chita solía relatar con particular emoción involucra sus encuentros con estos becerros aparentemente inofensivos. En un instante, lo que parecía ser un encuentro tranquilo se transformaba en una situación peligrosa, obligándola a correr para evitar ser embestida. Mi abuelo, con su habilidad y experiencia, intervenía para controlar la situación, por lo que estos episodios dejaban en mi abuela una mezcla de miedo y admiración por la valentía y destreza de mi abuelo.

Estas historias no sólo reflejan la vida cotidiana en el rancho, sino también el cambio generacional y el contraste con la vida moderna, donde el desafío ya no son los toros bravos, sino el tráfico de las calles.

Los Franco, originarios de Mirandilla, expandieron su legado ganadero creando varios ranchos a finales del siglo XVIII. Estos terrenos se extendían desde Juanacasco hasta parte del Cerro Carnicero, abarcando un área significativa dedicada a la crianza de ganado. Esta expansión territorial además de fortalecer la posición económica de la familia, también consolidó su reputación como prominentes ganaderos en la región.

Refinamiento del relato del Rancho Juanacasco y don Miguel Franco

El Rancho Juanacasco, bajo la atenta gestión de don Miguel Franco, mi tatarabuelo, se convirtió en un emblema de la ganadería brava a finales del siglo XVIII. Este territorio, que se extendía desde el Cerro Gordo hasta el Camino Real, abarcaba una vasta extensión de tierra fértil, ideal para el desarrollo de la hacienda y el cuidado del ganado.

Don Miguel, conocido por su destreza y pasión por la tauromaquia, heredó de sus antepasados no sólo Juanacasco, sino también una significativa porción de tierras y la reconocida ganadería de lidia. Esta herencia le confería no sólo una posición de prestigio en Tepatitlán y Guadalajara, sino también la responsabilidad de mantener la tradición y la calidad de la ganadería.

Además del ganado bravo, don Miguel poseía grandes manadas de ganado manso, característico por su piel pintada de manchas blancas y rojas. Este tipo de ganado, aunque no era destacado por su producción lechera, proporcionaba una leche rica y espesa, ideal para la elaboración de un queso artesanal de sabor único, típico de Los Altos de Jalisco. Los cuernos grandes y robustos de estos animales eran una característica distintiva, utilizados en diversas labores del rancho.

El legado de don Miguel Franco en Juanacasco no sólo se refleja en el éxito de su ganadería, sino también en la preservación de las costumbres y tradiciones de la región, convirtiéndose en una figura emblemática en la historia de la ganadería en Jalisco.

Refinamiento del relato del Rancho Maravillas - Los Villaseñor

El Rancho Maravillas, un lugar cuyo nombre refleja la belleza y singularidad de su entorno y sus habitantes, es conocido por la calidez y amabilidad de quienes allí residen. Los Villaseñor, una familia de ascendencia castellana, fueron los fundadores de este rancho, situado al poniente del Rancho Los Sauces, muy cerca de la falda del Cerro Gordo y en la ruta hacia Juanacasco.

La familia Villaseñor, parte del linaje castellano que se estableció en la región, contribuyó significativamente al desarrollo de Maravillas. Este rancho, inmerso en un entorno pacífico y socialmente cohesivo, refleja el espíritu de comunidad y colaboración que es característico de la zona. La proximidad con los Franco, otra familia destacada en la región, indica la interconexión y el apoyo mutuo entre las familias que han conformado el tejido social de este rincón de Jalisco.

Maravillas no sólo es un lugar de encuentro y convivencia, sino también un testimonio de la riqueza cultural y la herencia castellana que perviven en sus tradiciones y en el día a día de sus habitantes. Esta mezcla única de historia, cultura y comunidad hacen de Maravillas un sitio verdaderamente especial en el corazón de Jalisco.

Refinamiento del relato del Rancho El Cinco - Los Domínguez

El Rancho El Cinco, ubicado en la próspera región de Los Altos de Jalisco, es un lugar que destaca por su cercanía al histórico Camino Real y por ser cuna de la familia Domínguez. Situado al sur del Rancho Los Sauces, justo al inicio de la falda del Cerro Gordo, este rancho comparte la rica historia y tradición de la zona.

Mi recuerdo más vívido de El Cinco se remonta a mi niñez, cuando mi madre me llevó a visitar este lugar tan especial. Aunque en aquellos tiempos el Camino Real ya no era una ruta transitada con frecuencia, conservaba su encanto y su importancia histórica. Recuerdo las grandes piedras que salpicaban el camino y los frondosos fresnos que proyectaban su sombra sobre la tierra rojiza, características que hacen de este lugar un paisaje pintoresco y único.

La familia Domínguez, residente del Rancho El Cinco, ha mantenido una relación estrecha y amistosa con los habitantes del Rancho Los Sauces y las áreas circundantes. Este rancho, a través de las generaciones, ha sido un testimonio del espíritu de la comunidad rural mexicana, donde la hospitalidad y el calor humano son valores profundamente arraigados.

El Cinco no sólo es un lugar físico, sino también un símbolo de las raíces y la identidad de la región, reflejando la historia y las tradiciones que han sido pasadas de generación en generación, creando un legado cultural rico y diverso.

Refinamiento del relato sobre los descendientes de las familias castellanas y el Rancho El Cinco

El Rancho El Cinco, un legado de las grandes familias castellanas, es hogar de la familia Domínguez, reconocida por su nobleza y sencillez. Los Domínguez, de estatura física imponente y corazón generoso, siguen siendo una parte integral de la comunidad en este rincón de México.

Recuerdo vívidamente una charca en El Cinco, que solía visitar de niño, especialmente durante la temporada de lluvias. A pesar de las advertencias sobre el peligro de nadar en ella, el encanto de sus aguas siempre fue irresistible. Un relato local narraba la trágica historia de una mula cargada de oro que se sumergió en esa charca y nunca emergió, añadiendo un velo de misterio y aventura al lugar.

En cuanto a las 47 familias castellanas que se asentaron en la región, hay muchos apellidos y ranchos que se podrían mencionar. A lo largo del tiempo, algunas de estas familias decidieron establecer residencias en los pueblos cercanos a sus ranchos, buscando comodidad y acceso a educación para sus familias. Un ejemplo de esto son los Orozco, quienes, como muchos otros, vivían en dos mundos: el rural de sus ranchos y el más urbano de los pueblos cercanos.

Estas familias, con sus historias y tradiciones, han tejido una rica cinta de cultura y patrimonio en la región, representando el espíritu resistente y emprendedor de los descendientes de aquellos primeros colonizadores castellanos.

Refinamiento de la narrativa sobre "El Palenque" y otros ranchos

El Palenque, situado en la falda oriental del Cerro Gordo, es un rancho que destaca por su belleza natural. Recuerdo claramente una visita allí donde nos encontramos con varias víboras de cascabel. Las capturamos y, tras quitarles la piel, asamos su carne, que resultó ser sorprendentemente sabrosa. La destreza y valentía de los habitantes de El Palenque ante tales desafíos naturales son una muestra de su conexión y respeto por la tierra que habitan.

Cerca de mi pueblo, hacia el norte y adyacentes al Rancho El Centro de los Estrada, se encuentran los ranchos La Paleta y El Montecillo. Estos están cerca de la Presa de Gómez, un área conocida por su exuberante naturaleza y tradiciones rurales. En particular, El Lavadero de don Salvador Castellanos es famoso por su potrero del Triángulo, un espacio utilizado para emocionantes carreras de caballos que atraen a entusiastas de toda la región.

Por otro lado, El Saltillo, un rancho situado al este de La Capilla, guarda innumerables anécdotas que reflejan la rica historia y cultura de la zona. Aunque no recuerdo exactamente a quién pertenecía, mis visitas a El Saltillo siempre estuvieron llenas de experiencias memorables y fascinantes relatos que enriquecen el tapiz de nuestro patrimonio familiar y regional. Estos lugares, con sus historias y gente, forman parte integral de la identidad y el legado de los descendientes de aquellas 47 familias castellanas originales.

Los Jiménez: Destacados y tradicionales habitantes de Los Altos de Jalisco

En el rico tapiz de familias que conforman la región de Los Altos de Jalisco, los Jiménez ocupan un lugar especial. Esta familia, asentada en un rancho cerca de La Capilla cuyo nombre no recuerdo en este momento, es conocida por su distintiva fisonomía de rasgos árabes, única en la región. Sin embargo, su integración con los castellanos en España es evidente, ya que comparten una profunda fe cristiana y católica ferviente.

Los Jiménez han destacado por su espíritu emprendedor y su carácter amigable, siendo reconocidos en la comunidad no sólo por su trabajo duro, sino también por sus habilidades en el comercio. Don Andrés Jiménez, particularmente, es una figura icónica en la localidad. Conocido como un "parejero" apasionado, ha organizado y ganado numerosas carreras de caballos, demostrando su habilidad para seleccionar y entrenar los mejores ejemplares de la zona. Además, su interés en las peleas de gallos es bien conocido; posee un criadero donde prepara a sus gallos para competir en los palenques durante las festividades anuales que se celebran en pueblos y ciudades.

Junto a los Jiménez, otras familias como los Vargas también han dejado su huella en la región, contribuyendo con su cultura, tradiciones y esfuerzo al desarrollo y la riqueza de Los Altos de Jalisco. Cada apellido, cada familia, aporta su esencia única a esta comunidad vibrante y diversa.

La historia y desarrollo de los apellidos en la región de Los Altos de Jalisco y Valle de Guadalupe

En la rica y diversa historia de Los Altos de Jalisco y el Valle de Guadalupe, los apellidos como López, Morales, Gallegos, Casillas, Gutiérrez, Franco, Martín, Lozano, Muñoz y Arias juegan un papel crucial en el desarrollo y la formación de la identidad de la región. Cada uno de estos apellidos trae consigo una historia única, con raíces que se extienden a diversas partes de España, incluyendo regiones como Galicia en el noroeste.

El apellido Gutiérrez, por ejemplo, ha sido notable en la investigación y preservación de las raíces y la fundación de mi pueblo. En particular, quiero destacar a mi tatarabuelo Francisco de Aceves. Aunque no tengo datos exactos sobre su fecha de nacimiento, es plausible que él, siendo aún joven, haya sido uno de los que viajó desde Castilla en 1772 junto con sus padres. Su establecimiento en la Estancia de Mirandilla podría haber sido un paso significativo en la formación y consolidación de la familia Aceves en la región.

Estos apellidos no sólo representan linajes familiares, sino también historias de migración, adaptación y contribuciones al desarrollo económico, cultural y social de Los Altos de Jalisco y el Valle de Guadalupe. Cada familia ha dejado una huella indeleble, contribuyendo a la rica cinta de la historia de esta región mexicana.

Revisión y mejora del texto sobre don Francisco de Aceves

Don Francisco de Aceves, pionero en Mirandilla, es una figura clave en la historia de la región. Aunque los Franco fueron los primeros en asentarse allí, su permanencia fue efímera, ya que pronto se trasladaron al sur, cerca del Cerro Gordo, adquiriendo grandes extensiones de tierra para establecer algunas de las más importantes ganaderías de la zona, incluyendo la cría de ganado bravo.

La familia Aceves, en cambio, se mantuvo en la Estancia de Mirandilla. Francisco, hijo de esta familia, creció en los vastos y hermosos valles de la región, que durante la temporada de lluvias florecen tan espléndidamente que parecen enormes jardines, con pastos verdes y tupidos ideales para el ganado.

Siendo joven, Francisco debió asumir responsabilidades importantes en la estancia, incluyendo el cuidado del ganado y la supervisión de las tierras. Se presume que contaba con un buen caballo, esencial para moverse por los extensos terrenos y visitar los ranchos vecinos. La Estancia de Mirandilla era un punto estratégico en la ruta, donde los viajeros y diligencias que transitaban entre México y Zacatecas solían detenerse para descansar.

A medida que pasaban los años, Francisco se consolidó como un líder en su comunidad, manteniendo y mejorando la Estancia de Mirandilla, un lugar que no sólo servía como parada obligatoria para los viajeros, sino que también se convirtió en un centro vital para el desarrollo y la prosperidad de la región.

Revisión y mejora del texto sobre el nacimiento y juventud de don Antonio de Aceves

Don Antonio de Aceves nació en 1757, en el seno de la familia Aceves, que se había asentado en Mirandilla. Era hijo de Francisco de Aceves y una distinguida señorita de la familia Cacillas, establecida en El Terrero, una zona cercana a Mirandilla, en dirección poniente. Sus padres se unieron en matrimonio en una fecha no especificada, pero seguramente cuando ambos eran ya mayores de edad.

El joven Antonio fue bautizado en honor a su madre, doña Antonia Casillas, reflejando el profundo cariño y respeto que su padre sentía por ella. Creció siendo un niño enérgico y vivaz, con las características típicas de un joven europeo de la época. Bajo la cuidadosa tutela de sus padres, Antonio se desarrolló en un ambiente donde se enfatizaban los valores del buen cristianismo y la ferviente devoción católica.

A menudo, era llevado a asistir a misa en Tepatitlán o posiblemente en San Miguel el Alto, el poblado más cercano. Además, estas visitas servían para abastecerse de provisiones y para que Antonio se familiarizara con el entorno y las comunidades vecinas. Aprendió a cabalgar con habilidad y astucia, una destreza esencial en aquellos tiempos, especialmente en una región donde el caballo era no sólo un medio de transporte, sino también un símbolo de estatus y habilidad.

Ya en su juventud, Antonio de Aceves se trasladó a la Presa de Gómez para trabajar con uno de los Gómez, una familia prominente en la región. Esta experiencia fue crucial para su desarrollo personal y profesional, brindándole la oportunidad de aprender y crecer en un ambiente distinto al de su hogar familiar en Mirandilla.

Revisión y mejora del texto sobre don Antonio en la Presa de Gómez y su matrimonio

Don Antonio, tras establecerse en la Presa de Gómez, comenzó a trabajar arduamente en las tierras de la familia Gómez, conocidos por su habilidad y éxito en la agricultura. Durante este tiempo, tuvo la oportunidad de conocer a una joven señorita perteneciente a la misma familia, a quien cariñosamente llamaban Lolita, una mujer que presumiblemente destacaba por su belleza y estatura, características típicas de la región.

La relación entre Antonio y Lolita floreció, culminando en un matrimonio que fue visto como ideal para la época. Con el paso del tiempo, la pareja se ganó el respeto y cariño de la comunidad, siendo conocidos como don Antonio y doña Lola. Este matrimonio fue bendecido con hijos: tres mujeres y un varón, a quien bautizaron como Agustín.

Don Antonio continuó su labor con mayor dedicación y responsabilidad, ahora no sólo apoyando a sus suegros, sino también a su propia familia. Sin embargo, un evento inesperado marcaría un cambio significativo en su vida. Un día, un gran cargamento de oro proveniente de las minas de Zacatecas, custodiado por soldados del virreinato, se dirigía a su destino. Este acontecimiento resultaría ser un punto de inflexión en la vida de don Antonio, alterando completamente su trayectoria y fortuna.

Revisión y mejora del texto sobre la fundación de La Capilla y el Amo Aceves

En aquellos tiempos de incertidumbre y audacia, don Antonio, quien más tarde sería conocido como "el Amo Aceves", tuvo un encuentro fortuito que cambiaría su destino para siempre. Cuenta la historia que un cargamento de oro, perseguido por bandidos y destinado a otro lugar, fue escondido cerca de la Estancia para salvaguardarlo. Los encargados de su custodia nunca regresaron, dejando el tesoro olvidado.

Un día, mientras don Antonio transitaba en su carreta tirada por bueyes desde Mirandilla hacia la Presa de Gómez, cerca de la Estancia, una de las ruedas se hundió en el terreno. Este percance resultó ser una bendición disfrazada, pues fue justo en ese lugar donde descubrió el oro abandonado. Este hallazgo transformó radicalmente su vida, convirtiéndolo en una persona inmensamente rica y poderosa, conocido desde entonces como "el Amo Aceves".

Con su nueva fortuna, compró extensas tierras, convirtiéndose en uno de los propietarios más prominentes de la región. Sin embargo, la notoriedad no vino sin riesgos. Las gavillas de bandidos, enteradas de su riqueza, comenzaron a perseguirlo con la intención de despojarlo de su fortuna.

En una ocasión, mientras cabalgaba por sus dominios, donde hoy se ubica mi pueblo, La Capilla, fue emboscado por una banda de forajidos. En ese momento crítico, don Antonio, excelente jinete, logró evadirlos hábilmente entre la maleza y los arbustos. En su desesperada huida, invocó la protección de la Virgen Guadalupana, pidiendo su intercesión para salvarse de sus perseguidores.

Don Antonio Aceves: Valiente castellano y devoto de la Morenita Guadalupana

Don Antonio Aceves, poseedor de la valentía innata de un noble castellano, enfrentó un día un gran peligro. Perseguido por una banda de bandidos, se vio en una situación desesperada. Confiando en su destreza ecuestre y en la protección divina, invocó a la Morenita Guadalupana para que lo guiará en su huida. A pesar de ser superado en número, su habilidad y la intervención divina le permitieron escapar ileso, confundiendo a sus perseguidores que quedaron asombrados al perderlo de vista.

Agradecido por el milagroso escape, don Antonio prometió a la Virgen Guadalupana construir una capilla en su honor, en el lugar donde sintió que el peligro había pasado. No se sabe con exactitud en qué año ocurrió este suceso, ni cuánto tiempo llevó cumplir la promesa, pero se cree que fue alrededor de 1810, después de quedar viudo de doña Dolores Gómez.

Tras este evento, don Antonio se volvió a casar, esta vez con una pariente materna llamada María Casillas. Posiblemente, fue durante este período cuando decidió cumplir su promesa a la Virgen. En 1823, se dirigió a sus tierras, donde ahora se encuentra mi pueblo, con el firme propósito de construir la capilla prometida. Primero erigió una gran casa para supervisar de cerca la construcción. Una vez establecido con su familia, procedió a la edificación de la capilla en honor a la Virgen de Guadalupe, cumpliendo así su voto de gratitud y devoción.

La Capilla de la Morenita y el surgimiento de un pueblo

En 1823, tras la construcción de la capilla prometida a la Virgen de Guadalupe, don Antonio Aceves, conocido como "el Amo Aceves", junto a su familia y allegados, comenzó a dar vida al pueblo que rodeaba este sagrado lugar. Sus yernos Navarro, originarios del Rancho La Tinaja, y el yerno De la Torre, del Rancho de San Jorge, se unieron en este esfuerzo, acompañados de su hijo Agustín. Juntos, administraron las vastas tierras y el numeroso ganado de don Antonio.

La edificación de la capilla fue recibida con entusiasmo por los rancheros de las zonas circundantes. Antes de su existencia, los habitantes debían viajar largas distancias para asistir a misa en lugares como Tepatitlán, Arandas o San Miguel el Alto. Motivados por la iniciativa de don Antonio, estos rancheros empezaron a construir sus casas alrededor de la capilla, formando calles ordenadas y una plaza espaciosa.

En este emergente asentamiento, que carecía de un río cercano, se crearon varios estanques para abastecer de agua a la comunidad. Uno de los más notables fue "El Tajo", un reflejo del esfuerzo y la unión comunitaria inspirada por el milagro atribuido a la Morenita Guadalupana y la visión de don Antonio Aceves. Este pueblo, cimentado en la fe y la cooperación, comenzó a florecer, convirtiéndose en un testimonio del poder de la creencia y el trabajo conjunto.

El desarrollo de La Capilla, impulsado por don Antonio Aceves, marcó una nueva era para la región. Tras la construcción de la capilla dedicada a la Virgen de Guadalupe en 1823, numerosas familias, incluyendo los Gonzales, Castellanos, Gómez, Barba y Orozco, comenzaron a establecerse en la zona, especialmente después de 1860. La Capilla se convirtió en un núcleo de actividad y crecimiento, atrayendo a más familias con el paso del tiempo.

El "Amo Aceves" utilizó el oro que había encontrado para adquirir extensas tierras alrededor de la capilla. Estas se extendían más allá del Camino Real, que cruzaba la falda del Cerro Gordo, y alcanzaban casi hasta la Presa de Gómez. Además, sus propiedades abarcaban amplias zonas tanto al este como al oeste del pueblo.

Entre sus adquisiciones más significativas, don Antonio compró un sitio de tierra a la familia Guarro, pagando con oro puro. Este sitio, de dos leguas cuadradas, estaba ubicado cerca de donde posteriormente se asentaron los Orozco, al sureste de La Capilla. En esta área, los Guarro habían establecido una hacienda llamada "La Trasquila", bautizada así debido a su enorme rebaño de ovejas, cuya lana era esquilada anualmente. Con el tiempo, el nombre "La Trasquila" se popularizó debido a la importancia de esta actividad económica en la región.

Así, a través de la visión y el esfuerzo de don Antonio Aceves, La Capilla y sus alrededores florecieron, convirtiéndose en un próspero centro de actividad agrícola y ganadera, arraigado en la rica herencia cultural de sus fundadores.

La historia de don Antonio de Aceves, clave en la fundación de La Capilla, es un relato de determinación y resiliencia. Al llegar a establecer La Capilla en 1823, don Antonio, con unos 66 años, ya había vivido una vida plena de cambios y desafíos. Tras el fallecimiento de su primera esposa, doña Dolores Gómez, y posteriormente de su segunda esposa, doña María Casillas del Terrero, don Antonio no tardó en encontrar consuelo y compañía en doña María Gregoria de la Cámara, hija de un capitán.

En el momento de la fundación de La Capilla, don Antonio ya había formado una nueva familia con doña Gregoria, con la que se dice tuvo varios hijos. Esta etapa de su vida estaba marcada por la estabilidad y la consolidación familiar, aspectos fundamentales para el desarrollo de la nueva comunidad. Junto a su hijo Agustín, sus tres hijas y tres yernos, entre ellos uno de la familia De la Torre y dos hijos de Luciano Navarro, don Antonio se embarcó en la tarea de edificar no sólo una estructura física en honor a la Virgen de Guadalupe, sino también una comunidad unida y próspera. La historia de don Antonio de Aceves es un testimonio de su tenacidad y su habilidad para superar adversidades personales, transformando su visión en una realidad palpable que perduraría en el tiempo. Su legado, evidenciado en la fundación de La Capilla, sigue siendo un pilar en la historia y la identidad de su comunidad.

Don Luciano Navarro y su vínculo con don Antonio de Aceves

Don Luciano Navarro, un destacado descendiente en mi historia familiar, jugó un papel crucial en la unión de dos familias prominentes. Se casó con María, una de las hijas de don Antonio de Aceves y doña Dolores Gómez, fortaleciendo así los lazos entre ambas familias. De esta unión nacieron dos hijos varones, Felipe y Simón, y una hija.

Otra de las hijas de don Antonio y doña Dolores, cuyo nombre no está especificado en la narración, encontró pareja en un joven de apellido De la Torre, oriundo del Rancho San Jorge, cerca de San

Miguel El Alto. De este matrimonio nació María del Refugio, conocida cariñosamente como doña Mariquita, quien a su vez se casó con su primo hermano Felipe Navarro, nieto también de don Antonio.

Don Agustín Aceves, el único varón de don Antonio, tuvo una hija llamada María Concepción (Conchita) Aceves. Aunque no se detalla con quién contrajo matrimonio, sí se menciona que Conchita se casó con Simón Navarro, hermano de mi tatarabuelo Felipe y también primo hermano de Conchita, reflejando costumbres de la época que favorecían los matrimonios entre parientes cercanos.

Estas uniones familiares, aunque hoy podrían considerarse inusuales, eran comunes en aquella época y jugaban un papel importante en la consolidación de lazos entre familias destacadas de la región. La historia de don Luciano Navarro y su relación con la familia Aceves es un ejemplo de cómo las dinámicas familiares y los matrimonios estratégicos influyen en la formación de redes comunitarias y de poder en la sociedad de aquel entonces.

La fusión de las familias de don Luciano Navarro y don Antonio de Aceves

La historia de la unión entre las familias de don Luciano Navarro y don Antonio de Aceves es un relato de conexiones familiares profundas y complejas. Esta unión, marcada por el matrimonio entre primos hermanos, tuvo un impacto significativo en las generaciones sucesivas.

Las consecuencias de los matrimonios entre parientes

La práctica de casarse entre familiares cercanos, aunque común en aquellos tiempos, trajo consigo ciertos desafíos. Un ejemplo notable es la descendencia de don Simón Navarro y Conchita Aceves, donde se observó una prevalencia de sordomudez y varios abortos naturales, probablemente como resultado de su consanguinidad. De su unión, sólo prosperó una hija, Matilde Navarro Aceves, quien sería la madre de mi abuela, doña Jesusita Estrada Navarro.

La casa en San Antonio y la fundación de La Capilla

Mi tatarabuelo Simón Navarro, hermano de Felipe Navarro, construyó una gran casa cerca del Camino Real y la falda del Cerro Gordo alrededor de 1860. Esta casa se convirtió en un hogar significativo para la familia y un punto de referencia en la región.

Diversificación familiar y legado

Por otro lado, el matrimonio de Felipe Navarro con doña Mariquita de la Torre no presentó las mismas complicaciones, posiblemente debido a una menor consanguinidad. Este matrimonio, entre miembros de diferentes linajes, aportó nueva diversidad a la familia. La historia de estas dos prominentes familias, los Navarro y los Aceves, refleja las costumbres y prácticas matrimoniales de la época. A pesar de los desafíos y complejidades, estos matrimonios tejieron una red de relaciones y legados que han perdurado a través del tiempo, conformando un importante capítulo en la historia familiar y en la de la región.

La evolución de La Capilla y el pueblo de Guadalupe

La historia de don Felipe Navarro y su hermano Simón se desarrolla en el contexto de un pueblo en crecimiento, originado en torno a la capilla fundada por su abuelo, don Antonio Aceves, en honor a la Virgen de Guadalupe. Originalmente conocido como Guadalupe, el pueblo eventualmente adoptó el nombre de Capilla de Guadalupe.

El crecimiento y desarrollo bajo la tutela de don Antonio

Bajo la guía de su abuelo, don Felipe y Simón crecieron y se desarrollaron en este ambiente próspero. La familia, beneficiándose económicamente de sus vastas tierras y ganado, jugó un papel crucial en la organización y expansión del pueblo. A medida que la comunidad crecía, más personas de los ranchos cercanos llegaron para establecerse, contribuyendo al desarrollo ordenado del lugar.

Don Felipe: Un nieto predilecto

Don Felipe, siendo el mayor de los hermanos y muy querido por su abuelo, asumió un rol importante en el manejo de las tierras y el ganado de la familia. A pesar de que don Antonio tuvo otros descendientes con su última esposa, doña Gregoria de la Cámara, Felipe se destacó como el nieto de mayor confianza y competencia, especialmente después de su matrimonio.

La consolidación familiar y el legado

La unión de don Felipe con su esposa, junto con su hermano Simón, fortaleció aún más la posición de la familia en la comunidad. Su habilidad para administrar eficientemente los recursos familiares y su compromiso con el bienestar del pueblo, ayudaron a cimentar el legado de su abuelo don Antonio, asegurando el progreso y la prosperidad de la Capilla de Guadalupe. La historia de estos hermanos representa no sólo un capítulo importante en la crónica familiar, sino también un testimonio del espíritu emprendedor y la visión comunitaria que caracterizaron a esta generación.

La partida del Amo Aceves y su legado

La muerte del Amo Aceves, don Antonio, marcó un punto de inflexión en la historia familiar y del pueblo. Antes de su fallecimiento, alrededor de 1834 y 1835, se aseguró de dejar un testamento bien estructurado, repartiendo su capital entre sus herederos. De manera especial, otorgó una considerable parte de su oro a sus nietos, don Felipe y don Simón Navarro, reconociendo en don Felipe, su nieto predilecto, la capacidad y el liderazgo necesario para continuar su legado.

Don Felipe Navarro: Continuando la visión del Amo Aceves

Ya casado, don Felipe emprendió la construcción de una gran finca al sur de la pequeña capilla original, con el propósito de derribarla y erigir en su lugar un templo más grande. Esta decisión no sólo reflejaba su compromiso con el legado familiar, sino también su devoción y respeto por las creencias y tradiciones que su abuelo le había inculcado.

La finca, construida en un terreno previamente desocupado, se convirtió en un punto focal para la comunidad, especialmente durante los festivales anuales, donde se realizaban corridas de toros con el ganado bravo de don Miguel Franco, ubicado en el Cerro Carnicero. Estos eventos, además de ser una muestra del patrimonio cultural de la región, también fortalecieron los lazos comunitarios y familiares.

CAPÍTULO 11

El legado de don Miguel Franco y la tradición taurina

Don Miguel Franco, tatarabuelo del narrador y figura destacada en la crianza de ganado bravo, jugó un papel crucial en el establecimiento de estas tradiciones taurinas. Su ganadería no sólo proporcionó una fuente de entretenimiento y celebración para la comunidad, sino que también contribuyó a la economía local y al mantenimiento de la cultura regional.

La historia de don Felipe y don Miguel encarna la determinación, el espíritu empresarial y la profundidad cultural que caracterizan a esta familia, dejando un legado imborrable en la Capilla de Guadalupe y sus alrededores.

La majestuosa residencia de don Felipe Navarro

La gran casa que erigió mi tatarabuelo, don Felipe Navarro, en nuestro querido pueblo, era una construcción que imponía respeto y admiración. Recuerdo vívidamente su amplio zaguán y el vasto patio, adornado con una variedad de hierbas y flores cuidadas por mi abuela María. Entre ellas, destacaban varios bananos que ofrecían frutos dulces y jugosos.

La casa estaba diseñada con al menos cuatro dormitorios, y en la esquina oriental, había otro zaguán aún más grande, donde se albergaban los caballos y carretas. Uno de estos dormitorios, especialmente espacioso, era donde solía dormir cuando visitaba a mi abuela. Las robustas paredes de adobe, algunas de doble espesor, sostenían un segundo piso que añadía grandeza al conjunto. Recuerdo contar hasta 34 vigas de madera en el techo, un testimonio del esmero y la calidad con que fue construida.

La casa como bastión contra los bandidos

La casa no sólo era un hogar, sino también un bastión de seguridad. Equipada con troneras en cada lado de la puerta, estos orificios permitían una defensa efectiva contra los bandidos y cuatreros que asolaban la región en esos tiempos. Estos elementos defensivos eran esenciales, especialmente considerando que don Felipe era el tesorero de la comunidad y guardián de importantes sumas de dinero destinadas a la construcción del nuevo templo.

Don Felipe: Un pilar de la comunidad y su legado

El papel de don Felipe en la comunidad iba más allá de ser un simple administrador de recursos. Era visto como el depositario de la confianza y el bienestar del pueblo, una responsabilidad heredada de su abuelo, el Amo Aceves. Su liderazgo y dedicación no sólo aseguraron la prosperidad económica de la localidad, sino que también reforzaron la cohesión y el sentido de comunidad entre sus habitantes.

Esta casa, con sus profundas raíces y su historia entrelazada con la del pueblo, sigue siendo un símbolo del legado y la resiliencia de mi familia, y un recordatorio constante del papel crucial que jugó don Felipe en la historia y el desarrollo de nuestra querida Capilla de Guadalupe.

El asedio de los bandidos y la astucia en la construcción del templo

A medida que avanzaban los trabajos de construcción del templo, alrededor de 1860, la figura de mi tatarabuelo don Felipe Navarro se consolidaba como un pilar de la comunidad. No sólo era un tesorero confiable y dinámico, sino también el custodio de un significativo legado en oro, heredado de su abuelo, el Amo Aceves. Su riqueza y su prominente rol en la financiación del templo lo convirtieron en blanco de los bandidos, especialmente aquellos que acechaban desde el otro lado del Río Verde.

La emboscada y la valiente respuesta comunitaria

La amenaza de los bandidos era real y constante. Mi abuela, doña Mariquita de la Torre, esposa de don Felipe, me narró cómo los bandidos planearon meticulosamente un ataque contra nuestro pueblo. Empleando una táctica de distracción, una parte de su gavilla fingió un asalto, llevando a los defensores del pueblo a una rápida movilización. Los bandidos, en un acto de engaño, simulaban temor y huida, provocando que los defensores los persiguieran.

El heroísmo de don Felipe en defensa del pueblo

En este momento crítico, la valentía y el liderazgo de don Felipe brillaron con intensidad. Entendiendo que el pueblo quedaba desprotegido durante la persecución, organizó un pequeño grupo para resguardar el pueblo, anticipando el verdadero ataque. Esta decisión fue crucial, ya que los bandidos, al ver frustrado su plan inicial, lanzaron un asalto total hacia el pueblo desguarnecido.

La lucha y sacrificio por la comunidad

La batalla que se desató fue feroz y desesperada. Don Felipe, junto a su grupo reducido pero resuelto, enfrentó a los bandidos con una mezcla de astucia y bravura. A pesar de la desventaja numérica, la determinación y el coraje de los defensores del pueblo se impusieron, salvaguardando la integridad y los bienes de la comunidad.

El legado de don Felipe: Más allá de la riqueza material

La defensa exitosa del pueblo ante el ataque bandido no sólo preservó la seguridad y la prosperidad de sus habitantes, sino que también cimentó la reputación de don Felipe como un héroe local. Su valentía y liderazgo en momentos de crisis dejaron una huella imborrable en la memoria colectiva del pueblo, reafirmando su legado como mucho más que el de un hombre acaudalado; don Felipe Navarro era un verdadero guardián y protector de su gente.

El astuto engaño de los bandidos y la defensa de don Felipe

Corría el año 1866, en el pueblo entonces conocido como Guadalupe, cuando se urdió un insidioso plan por parte de los bandidos. Su estratagema consistía en distraer a los defensores del pueblo, llevándolos lejos con un falso ataque, para así dejar desprotegido el núcleo del asentamiento. Mientras los pobladores perseguían a un grupo de malhechores, una facción más numerosa y peligrosa se preparaba para el verdadero asalto.

La previsión y fortaleza de don Felipe y doña Mariquita

Don Felipe, previendo la posibilidad de un engaño, decidió no unirse a la persecución y permanecer en su gran casa, un bastión de seguridad en estos tiempos tumultuosos. Junto a él, su esposa doña Mariquita, una criada de confianza y sus dos hijos gemelos, se resguardaron en una de las habitaciones más fortificadas de la vivienda, la cual yo mismo recuerdo con claridad de mi niñez. Aquella estancia, de robustas paredes y una sola puerta de madera excepcionalmente resistente, se convirtió en su refugio y fortaleza.

El asalto a la casa y la defensa heroica

Los bandidos, al darse cuenta de que don Felipe no había caído en su trampa, dirigieron su ataque hacia su residencia. Con determinación y valentía, don Felipe y su esposa, armados y preparados, defendieron su hogar. La puerta, aunque fuerte, era el único punto vulnerable. El ruido de los golpes y el fragor de la lucha resonaban en el aire mientras don Felipe y su familia resistían valientemente el asedio.

La situación de los demás hijos y el resultado del conflicto

Mientras esto ocurría, el destino de los otros hijos de don Felipe, que se encontraban fuera de la habitación fortificada, era incierto. La tensión y el peligro se palpaban en cada rincón de la casa. La narrativa familiar, transmitida a través de las generaciones, recuerda este episodio como un momento de extraordinaria tensión y valentía, donde don Felipe y doña Mariquita se erigieron como pilares de resistencia y coraje frente a la avaricia y la violencia de los bandidos.

El legado de coraje y resistencia de don Felipe

Este episodio, grabado en la memoria familiar, resalta no sólo la figura heroica de don Felipe, sino también la de su esposa doña Mariquita, quienes juntos enfrentaron una de las pruebas más difíciles en la historia de nuestro pueblo. Su lucha y resistencia no sólo fueron un acto de valentía personal, sino también un símbolo de la firmeza y el espíritu inquebrantable de nuestra familia y nuestra comunidad.

El asedio de los bandidos y la defensa de don Felipe

Durante un tenso asedio, don Felipe Navarro demostró un valor y astucia dignos de su linaje castellano. Resguardado en su hogar junto a su valiente esposa, doña Mariquita, y otros miembros de la familia, enfrentó a un grupo de bandidos que buscaban apoderarse de su fortuna.

La fortaleza inexpugnable de la casa

La habitación en la que se refugiaron se convirtió en una fortaleza inexpugnable. La puerta, de madera tan gruesa que parecía impenetrable, resistía los embates de los asaltantes. Mientras, desde el interior, don Felipe y su familia hacían uso de escopetas y pistolas de pólvora, armas típicas de la época, defendiéndose con bravura. Los agujeros triangulares de las claraboyas funcionaban como troneras, permitiéndoles repeler los ataques sin exponerse al peligro.

La estrategia y resistencia de la familia

Doña Mariquita y su hermana jugaban un papel crucial, recargando las armas para mantener la resistencia. A medida que las horas pasaban, los bandidos, frustrados por no poder penetrar la sólida defensa, empezaron a planear un ataque alternativo.

El destino de los hijos durante el asedio

Mientras tanto, los hijos más jóvenes de don Felipe, que no habían logrado entrar en la habitación fortificada, se ocultaban en unas trojes, grandes contenedores donde se almacenaban las semillas. En esos escondites improvisados aguardaban, presos del miedo y la incertidumbre, mientras sus padres luchaban valientemente contra los asaltantes.

El legado de coraje de don Felipe

Este episodio en la vida de don Felipe Navarro, un momento de desesperación y coraje, se ha grabado en la memoria familiar como un testimonio de la fortaleza y el valor frente a la adversidad. La defensa heroica de su hogar y su familia contra los bandidos es recordada como un acto de valentía excepcional, un legado que perdura en el tiempo.

El heroísmo de don Felipe y la huida de la familia durante el ataque de los bandidos

En medio del caos y la valentía desplegada por don Felipe Navarro, su familia luchaba por sobrevivir. La casa, con su extenso tamaño y una huerta, ofrecía múltiples escondites. Mientras don Felipe resistía valientemente los ataques desde el interior, sus hijos encontraron refugio en diversos lugares.

El ingenioso escondite en las trojes

Los hijos más jóvenes, incluyendo a mi bisabuela Teodora, se ocultaron en la casa de unos tíos. Otros, mostrando un coraje temprano, huyeron al Cedazo, ahora Los Dolores, para buscar ayuda. Mientras tanto, en las trojes, donde se almacenaban pacas de chile y manojos de hojas de maíz, algunos de los niños se escondieron ingeniosamente entre los fardos, evitando ser detectados por los asaltantes.

La protección de un niño y la astucia de una trabajadora

Entre el tumulto, una de las trabajadoras de la casa, encargada de cuidar a un niño pequeño llamado Vicentito, hijo de don Felipe, mostró una presencia de ánimo extraordinaria. Al ser interrogada por los bandidos, afirmó con firmeza que el niño era suyo, salvando así la vida del pequeño y huyendo del lugar con él en brazos.

La resistencia incansable de don Felipe

A pesar del asedio continuo, don Felipe defendía su hogar con una tenacidad y valentía excepcionales. Desde su posición fortificada, repelía los ataques con gran destreza, haciendo uso eficiente de las claraboyas para disparar a los bandidos. Esta resistencia incansable finalmente llevó a los asaltantes a desistir en su intento de irrumpir en la casa, demostrando la fortaleza y el coraje de don Felipe, un verdadero héroe en la defensa de su familia y su hogar.

La tragedia y el heroísmo en la defensa de la Casa de don Felipe

En un acto de desesperación, los bandidos, al no poder derribar la puerta, decidieron prender fuego a la casa de don Felipe. El humo, mezclado con el picante del chile, se volvió insoportable. Don Felipe, en un último intento por salvar a los gemelos, se refugió bajo el colchón de la cama. Desafortunadamente, los tres se asfixiaron y murieron en ese acto heroico.

Doña Mariquita, su esposa, y su hermana cayeron desmayadas a mitad de la habitación. Los bandidos, al entrar y encontrarlas, pensaron que estaban fingiendo y les acercaron brasas ardientes, pero no reaccionaron, salvándose por estar inconscientes.

El milagroso rescate de los jóvenes del Cedazo

Mientras esto sucedía, un milagro estaba en marcha. Los jóvenes que habían huido a buscar ayuda al Cedazo, ahora Los Dolores, regresaron con una multitud de gente del lugar. Melitón, Albino y Miguel, hijos valientes de don Felipe y doña Mariquita, guiaron a los habitantes del Cedazo en una carrera desesperada de regreso a la casa. Al ver la situación, los Barba, vecinos estimados de la familia, no dudaron en reunir todos los caballos, mulas y burros disponibles para formar una gran manada y dirigirse rápidamente al lugar del ataque.

En este dramático escenario, la historia narra la valentía y el sacrificio de don Felipe, un hombre que defendió su hogar y su familia hasta el último aliento, y la solidaridad de la comunidad que se unió para enfrentar la adversidad y el peligro. Estos eventos marcaron profundamente a la familia y al pueblo, dejando una huella de coraje y unidad en su historia.

El heroico final de don Felipe Navarro

En un acto de desesperación y valentía, los voluntarios del Cedazo, armados y montando una imponente manada de animales, se lanzaron al rescate. Su estruendosa llegada, con disparos al aire y el ruido de la caballería, hizo creer a los bandidos que enfrentaban a un ejército. Sorprendidos, huyeron del pueblo, dejando atrás la casa de don Felipe.

Desafortunadamente, para don Felipe Navarro y los niños, ya era demasiado tarde. A pesar de los esfuerzos por reanimarlos, no se pudo hacer nada. La valentía de don Felipe quedó grabada en la memoria de todos como la de un gran héroe.

En medio del caos, don Felipe había intentado revelar a su esposa, doña Mariquita, el escondite del oro, pensando en el futuro de su familia si él no sobrevivía. Sin embargo, en un acto de amor y lealtad, ella se negó a escuchar, no queriendo conocer el secreto si ello significaba perderlo.

La tragedia sumió al pueblo de Guadalupe en una profunda tristeza. don Felipe, reconocido como pilar de la comunidad, dejó un vacío irremplazable. Su muerte no sólo significó la pérdida de un hombre bueno y justo, sino también el fin de una era en la historia del pueblo.

La resiliencia de doña Mariquita tras la pérdida

Tras la devastadora pérdida de don Felipe y sus pequeños, el luto cubrió la comunidad de Guadalupe. La construcción del templo, un proyecto iniciado con tanto entusiasmo y dedicación por don Felipe, se detuvo temporalmente en medio de la tristeza colectiva. Los restos de don Felipe y sus hijos fueron sepultados en el cementerio local, cerca de la tumba de su abuelo, don Antonio de Aceves, y otros familiares ya fallecidos.

Sin embargo, con el tiempo, doña Mariquita de La Torre, viuda de don Felipe, encontró en su fe y en su fortaleza interior la motivación para seguir adelante. A pesar del dolor, entendió que había responsabilidades pendientes y un legado que continuar. Con renovado ánimo y determinación, asumió la tarea de llevar a cabo la construcción del templo, un compromiso no sólo con su difunto esposo, sino también con su comunidad.

Doña Mariquita, consciente del legado y la riqueza dejados por su esposo, probablemente conocía la ubicación de una parte significativa del oro que don Felipe había acumulado. Este recurso fue vital para reanudar y completar la construcción del templo, cumpliendo así con la promesa hecha por su esposo y su abuelo. En este acto de valentía y dedicación, doña Mariquita demostró no sólo su fortaleza, sino también su compromiso inquebrantable con las tradiciones y el bienestar de su comunidad.

La figura emblemática de doña Mariquita

Mi abuela, madre de mi padre, solía contar historias sobre su abuela, doña Mariquita, una mujer de notable presencia y carácter. De estatura media, piel blanca y ojos de un tono casi verde, doña Mariquita poseía un corazón generoso y bondadoso, pero también era conocida por su firmeza y carácter decidido, especialmente cuando se trataba de corregir algo que no estaba bien.

A pesar de su firmeza, doña Mariquita era extremadamente cariñosa y atenta con sus hijos. A medida que crecían y formaban sus propias familias, les brindó apoyo incondicional, ofreciéndoles terrenos y ganado, una muestra de su amor y generosidad. Entre sus hijos, mi tío Vicente, el menor después de los gemelos que trágicamente fallecieron, permaneció soltero y vivió junto a su madre en la gran casa familiar, brindándole compañía y cuidados.

Los otros hijos de doña Mariquita, Melitón, Miguel y Albino, aunque ya habían formado sus propios hogares, nunca dejaban a su madre sola. Visitaban diariamente a doña Mariquita para asegurarse de que no le faltara nada. Por otro lado, su hijo Juan, mencionado por mi abuela como tío Juan, llevaba una vida más reservada y discreta. Se desconoce si alguna vez se casó y formó una familia propia, pues en su juventud, marcado profundamente por ciertos eventos familiares, decidió alejarse del hogar.

Esta narrativa sobre doña Mariquita y sus hijos ilustra la complejidad de la vida familiar en aquellos tiempos, marcada por fuertes lazos de amor, respeto y también por decisiones que definieron el rumbo de cada miembro de la familia.

CAPÍTULO 12

Tío Juan, el vengador

La historia de tío Juan es una de valentía y determinación, marcada por la tragedia y el deseo de justicia. Después de la muerte de su padre y sus dos hermanos pequeños a manos de los bandidos, tío Juan desarrolló un profundo rencor hacia aquellos que causaron tanto dolor a su familia. Mi abuela María González solía contar que tío Juan, un joven de estatura media, delgado, con cabello castaño claro y una actitud seria, era un excelente jinete. Poseía un caballo magnífico y disfrutaba de sus paseos a los pueblos vecinos, especialmente a Tepatitlán.

Sin embargo, creo que detrás de estas excursiones había un propósito más profundo: tío Juan buscaba pistas sobre los bandidos responsables de la muerte de su padre. Un día, según me contó mi abuela, tío Juan preparó su caballo, colocó su silla de montar y se armó con su pistola y un rifle, equipado con una elegante funda. En aquel tiempo, ya se contaba con rifles y pistolas de alta calidad.

Antes de partir, tío Juan se despidió de su madre y le pidió su bendición, siguiendo las hermosas costumbres cristianas de la región, que demuestran el profundo respeto y amor por los padres. Esta escena refleja la fortaleza y el carácter decidido de tío Juan, un joven marcado por la tragedia, pero guiado por el honor y la búsqueda de justicia.

La desaparición y el destino de tío Juan

En esta etapa de la historia, nos encontramos con una mezcla de preocupación y determinación por parte de doña Mariquita, la madre de tío Juan. Su hijo había desaparecido durante un tiempo prolongado, suscitando temores y especulaciones sobre su paradero y bienestar. Consciente de que algo inusual estaba sucediendo, doña Mariquita, junto con sus hijos, decidió emprender un viaje a Tepatitlán para buscar información sobre Juan, confiando en que Dios los protegería en esta búsqueda.

Una vez en Tepatitlán, donde vivían algunos parientes, se encontraron con noticias contradictorias sobre Juan. Por un lado, la buena noticia era que Juan estaba vivo, pero, por otro lado, personas respetables habían visto a Juan involucrado en actividades de bandolerismo. Doña Mariquita, una mujer astuta y perceptiva, intuyó rápidamente que su hijo estaba en una misión personal de venganza, buscando a los asesinos de su padre. Con una mezcla de preocupación y resignación, expresó su deseo de que Dios cuidara de su hijo en su peligroso camino.

Después de recibir esta noticia, doña Mariquita y su familia regresaron a la Capilla, enfrentándose a la dura realidad de que Juan, movido por el dolor y la sed de justicia, había tomado un camino peligroso y posiblemente sin retorno. Esta parte de la historia refleja la complejidad de los sentimientos y conflictos familiares en un tiempo donde la justicia y la venganza a menudo se entrelazaban.

El retorno de tío Juan y el rechazo del oro mal habido

En este capítulo, se revela un giro dramático en la historia de tío Juan, quien regresa a la Capilla de Guadalupe después de dos años de ausencia. En su retorno, se enfrenta a una emotiva reunión con su madre, doña Mariquita, marcada por abrazos y lágrimas. A pesar de su naturaleza usualmente estoica, incluso doña Mariquita no puede evitar el derramamiento de lágrimas ante el regreso de su hijo.

Tío Juan, en un gesto de aparente arrepentimiento o quizás intentando compensar por sus acciones pasadas, entrega a su madre dos bolsas llenas de monedas de oro. Sin embargo, este gesto es recibido con una firmeza moral por parte de doña Mariquita. Aunque reconoce la buena intención de su hijo, ella rechaza el oro, consciente de su procedencia ilícita y de las actividades delictivas de su hijo.

Este momento es crucial en la narrativa, ya que refleja la complejidad del carácter de tío Juan y la integridad incuestionable de doña Mariquita.

Ella entiende que aceptar ese oro sería consentir y beneficiarse de acciones inmorales, una postura que no está dispuesta a adoptar, independientemente de las circunstancias. Este episodio subraya la importancia de los principios y valores, incluso frente a las dificultades y las tentaciones de la riqueza fácil.

El trágico final de tío Juan y la integridad de doña Mariquita

En este capítulo, se desvela el desenlace del trágico viaje de tío Juan. A pesar de su intento de convencer a su madre, doña Mariquita, de que el oro que le ofrecía había sido ganado honestamente en juegos de apuestas, ella permanece firme en su decisión de rechazarlo. Su integridad y convicciones morales no le permiten aceptar algo que sospecha proviene de actividades ilícitas.

Tío Juan, incapaz de ajustarse a una vida tranquila y ajeno a cualquier intento de redención, decide abandonar nuevamente la Capilla de Guadalupe, sumiéndose en la aventura y el peligro. Esta decisión lo lleva a un final trágico. Después de un tiempo, doña Mariquita recibe la devastadora noticia: su hijo ha sido abatido por la policía en Tepatitlán.

Este suceso subraya la complejidad de tío Juan, un personaje cuyo camino de aventuras y desafíos a la ley finalmente lo lleva a un fatal destino. La narrativa también resalta la fortaleza y la resolución moral de doña Mariquita, que incluso en medio del dolor por la pérdida de su hijo, mantiene su dignidad y principios.

El episodio revela las difíciles decisiones y las duras realidades de la vida en aquellos tiempos, donde la ley y el orden a menudo chocaban con la vida de aventuras y desafíos a la norma, representada por personajes como tío Juan. Su muerte, aunque trágica, es una representación de las consecuencias de un estilo de vida marcado por decisiones arriesgadas y a menudo peligrosas.

Tío Juan y el primer cementerio de la Capilla de Guadalupe

Este capítulo narra el trágico final de tío Juan, hijo de don Felipe, cuya vida terminó a manos de la policía. Su muerte, llena de incógnitas y secretos no revelados, deja en sus familiares y en el pueblo un sentimiento de desolación. Tío Juan, quien había buscado justicia por la muerte de su padre, llevó consigo a la tumba los secretos de sus acciones durante su tiempo con los bandidos, incluyendo si logró encontrar y castigar a los responsables del asesinato de su padre.

Después de su muerte, los hermanos de tío Juan lo transportaron en una carreta de bueyes y lo enterraron en el mismo cementerio donde yacía su padre, don Felipe. Este cementerio, el primero en la Capilla de Guadalupe, se convirtió en el lugar de descanso final no sólo para don Felipe, sino también para otros miembros destacados y fundadores del pueblo, como don Antonio de Aceves, el patriarca de la familia.

Doña Mariquita, enfrentando la pérdida de su esposo y su hijo, decidió erigir un templo en el cementerio, en memoria de aquellos que habían jugado un papel crucial en la fundación y el desarrollo de la Capilla de Guadalupe. Este templo serviría no sólo como un lugar de oración y recogimiento, sino también como un monumento a la resiliencia y el coraje de aquellos que ayudaron a forjar la identidad del pueblo.

Este capítulo destaca la fortaleza de doña Mariquita y su dedicación a preservar el legado de su familia y su comunidad, a pesar de las tragedias y desafíos que enfrentó. Su decisión de construir el templo en el cementerio simboliza su compromiso con la memoria y el honor de sus seres queridos, así como su deseo de mantener viva la historia y las tradiciones de la Capilla de Guadalupe.

Doña Mariquita construye un templo en el cementerio

En este capítulo, observamos el empeño y la dedicación de doña Mariquita para erigir un templo en el cementerio de la Capilla de Guadalupe. Su propósito era no sólo honrar la memoria de sus seres queridos fallecidos, sino también crear un símbolo perdurable de la historia y el legado de la comunidad.

A medida que el pueblo crecía rápidamente y aumentaba su población, doña Mariquita tomó la decisión de construir otro cementerio más alejado del sur de la capilla. Paralelamente, se inició la construcción del nuevo templo. Este proyecto arquitectónico contaba con cimientos sólidos y paredes robustas de ladrillo y barro, destacándose por su nave adornada con arcos estéticamente atractivos. El templo, concebido para ser amplio y elegante, abrazaría todas las tumbas existentes, convirtiéndose en un lugar de gran importancia y belleza para la comunidad.

Entre los últimos enterrados en este sagrado lugar se encontraba mamá Teodora, mi bisabuela, madre de mi abuela María. La historia de mamá Teodora es significativa, ya que ella y sus hermanas sobrevivieron al ataque de los bandidos refugiándose en otra casa. Además, mamá Teodora, casada con mi bisabuelo Elogió González, es recordada como una persona de gran virtud y bondad, considerada una verdadera santa por muchos en la comunidad.

Este capítulo no sólo narra la construcción del templo y el nuevo cementerio, sino que también destaca la figura de mamá Teodora, mostrando cómo cada miembro de la comunidad contribuyó, de una forma u otra, a la rica historia y patrimonio de la Capilla de Guadalupe. A través de sus acciones y legados, personajes como doña Mariquita y mamá Teodora han dejado una huella imborrable en la memoria colectiva del pueblo.

La historia de doña Teodora y don Eulogio González

La historia de doña Teodora y don Eulogio González se sumerge en las raíces de la distinguida descendencia castellana en la Capilla. Don Eulogio González, padre de mi abuela María, era un hombre que destacaba por su porte y erudición. Alto, delgado, con pelo oscuro y una barba característica, reflejaba la elegancia y el estilo de la época, fusionando el tradicionalismo español con el toque distintivo del "chinaco".

Su amor por la vestimenta elegante le ganó el apodo de "el Platiado", debido a que adornaba sus trajes y hasta la silla de su caballo con detalles de plata. Además, era conocido por su pasión por los caballos, siempre montando ejemplares de la mejor calidad.

El matrimonio de don Eulogio con Mamá Teodora fue uno de armonía y respeto mutuo, acorde con los principios y valores de la época. Fruto de su unión nacieron tres hijas: Valentina, Refugio (apodada "Cuca") y mi abuela María. Lamentablemente, la familia no se expandió más allá de estas tres hijas debido a una serie de infortunios que enfrentó mamá Teodora.

Esta narración no sólo resalta las características personales y la vida de don Eulogio, sino también pinta un retrato vívido de la vida familiar y comunitaria en la Capilla de Guadalupe. La historia de doña Teodora y don Eulogio es una ventana a la vida cotidiana, las costumbres y la cultura de un pueblo marcado por su rica herencia castellana.

En 1955, una sombra de dolor se cernía sobre la familia, marcada por la enfermedad de doña Teodora. Afectada por un cáncer implacable, los médicos se encontraron impotentes ante su avance, ofreciendo únicamente resignación como remedio. Don Eulogio, abrumado por la situación y su incapacidad para atender a su esposa como deseaba, encontró consuelo y apoyo en doña Mariquita, su suegra.

Doña Teodora fue trasladada a la casa de su suegra, acompañada por sus tres hijas, donde pasó sus últimos días. Mi abuela recordaba cómo su madre, en la fase avanzada de la enfermedad, se arrastraba por el suelo, incapaz de caminar, sumida en un dolor progresivo y constante. Sin embargo, doña Teodora enfrentó su sufrimiento con una fe inquebrantable, ofreciendo su dolor a Dios y encontrando consuelo en la comparación de sus padecimientos con los sufridos por Cristo Jesús.

Esta etapa de su vida se vivió con una resignación y una devoción profundas, convirtiendo su sufrimiento en un acto de fe y sacrificio. Doña Teodora se convirtió en un símbolo de fortaleza y piedad, recordada por todos como una santa en vida.

Finalmente, cuando llegó su momento, doña Teodora dejó este mundo. Fue sepultada con todos los honores funerarios en el cementerio que doña Mariquita había comenzado a construir, dejando un legado de resistencia espiritual y amor incondicional hacia su familia y su fe. La historia de doña Teodora no sólo es un relato de valentía frente a la adversidad, sino también un testimonio del poder de la fe y el amor en los momentos más oscuros.

En este capítulo, la historia se centra en don Eulogio González, quien, tras el fallecimiento de su esposa doña Teodora, experimenta un cambio significativo en su vida. Doña Teodora fue una de las últimas personas en ser sepultadas en el nuevo templo, obra iniciada por doña Mariquita. Este sitio se convirtió en un emblema de la comunidad, marcando el final de una era y el comienzo de otra.

Tras el funeral de doña Teodora, sus hijas permanecieron con su abuela doña Mariquita. Crecieron y se casaron bajo su cuidado, dejando a don Eulogio solo. A pesar de poseer amplias tierras y propiedades, don Eulogio comenzó a llevar una vida de parranda. Se sumergió en el mundo de las apuestas, una pasión común en la región de Los Altos. Su afición por las peleas de gallos, las carreras de caballos y las corridas de toros se convirtió en el centro de su vida. Aunque nunca cayó en la bebida, su descuido por los negocios y propiedades heredadas fue notable.

Este cambio en el estilo de vida de don Eulogio refleja un giro en su carácter y prioridades. La historia ilustra cómo, a veces, el duelo y la soledad pueden llevar a las personas por caminos inesperados. La narrativa de don Eulogio González es un relato de transformación y adaptación a las circunstancias de la vida, mostrando cómo incluso las personalidades más fuertes y respetadas pueden cambiar con el tiempo.

Este capítulo narra la historia de don Eulogio González, quien, tras enfrentar una serie de adversidades, encuentra un nuevo propósito en la vida. Después de haber vendido sus propiedades por una considerable suma de oro y plata, don Eulogio cayó en la desgracia del juego, perdiendo una gran cantidad de dinero en una apuesta contra don José María Franco. Esta pérdida significó para Franco la adquisición de la hacienda "Lagunillas", cerca de Tepatitlán, una propiedad de notable importancia en la región.

La historia de don Eulogio es una de altibajos, donde la fortuna y la adversidad se entrelazan. Tras su devastadora pérdida en el juego, don Eulogio se vio sumido en la desolación, quedando prácticamente en la ruina. No obstante, su educación y resiliencia lo impulsaron a buscar una nueva dirección en su vida. En un giro inesperado de los acontecimientos, se trasladó al Rancho de Tres Palos para trabajar como profesor escolar con la familia Acencio, conocida por su bondad y nobleza. Este cambio de rumbo en la vida de don Eulogio refleja un mensaje de esperanza y superación. A pesar de las dificultades y errores del pasado, siempre existe la oportunidad de redimirse y encontrar un nuevo propósito. La historia de don Eulogio González es un recordatorio de la capacidad humana para recuperarse y adaptarse, incluso en las circunstancias más desafiantes.

Autobiografía del padre

La historia de don Eulogio González y su esposa, doña Teodora Navarro, mis bisabuelos, es un relato de resiliencia y superación. Tras la trágica enfermedad de doña Teodora, su vida terminó en manos de su suegra, doña Mariquita, quien la cuidó hasta su último aliento. Esta experiencia transformó profundamente a don Eulogio, quien, después de perder gran parte de su fortuna en el juego, se dedicó a enseñar en una escuela en el Rancho de Tres Palos, propiedad de la familia Acencio. Este cambio de actividad le sirvió como una terapia y le brindó gran satisfacción.

El matrimonio de las tres nietas de doña Mariquita marcó un nuevo capítulo en la historia familiar. Mi tía Cuca contrajo matrimonio con un miembro de la acaudalada familia González, conocida como "Los Gorditos" del Rancho de la Loma. Su hermana Valentina se unió en matrimonio con don Asunción Acencio, probablemente perteneciente a la familia Acencio de Tres Palos. Don Asunción era conocido por su seriedad y dedicación a la enseñanza, siendo recordado por su rigor y eficacia en el ámbito educativo.

Esta narrativa familiar refleja no sólo los altibajos de la vida, sino también la capacidad de adaptarse y encontrar nuevos caminos frente a las adversidades. La historia de don Eulogio González, en particular, destaca la importancia de la resiliencia y el poder transformador de dedicarse a nuevas actividades, como la enseñanza, para superar los momentos difíciles.

Doña Mariquita y el destino Divino de su matrimonio

La historia del matrimonio de mi abuela, la última de las hijas de doña Mariquita en casarse, es particularmente singular y extensa, y considero que fue guiada por la voluntad divina y la bendición de la Virgen de Guadalupe. Durante aquellos tiempos, mientras se edificaba el templo y se gestionaba la parroquia, doña Mariquita, gracias a su abundancia de oro y al apoyo entusiasta de toda la comunidad de La Capilla, avanzaba en las obras de ambos templos.

Por aquel entonces, un sacerdote conocido como el Señor Cura de la Mora, originario de Arandas, se destacaba por su bondad y estaba profundamente comprometido con las ideas y proyectos de doña Mariquita y de la comunidad, apoyando con fervor la construcción de los dos templos. En el templo principal, dedicado a la Virgen de Guadalupe, las obras habían progresado significativamente. El edificio estaba completo tanto en su interior como en su exterior, y ya contaba con una torre finalizada, aunque aún faltaba mucho para alcanzar su estado actual. Estoy hablando de alrededor de los años 1889 o 1890. En aquel momento, se hizo evidente la necesidad de personal especializado para continuar con el proyecto de construcción del templo, un hecho que marcaría un punto de inflexión en la vida de mi abuela y en la historia de nuestra familia.

La llegada de mi abuelo Tacho a La Capilla

En aquellos tiempos, La Capilla requería de habilidades especializadas para su construcción, como la cantería proveniente de San Miguel el Alto. Además, se hacía indispensable la presencia de canteros expertos para esculpir y adornar el templo, especialmente en su interior. Fue en este contexto que mi abuelo Anastasio, conocido cariñosamente como Tacho y residente de San Miguel, entró en escena. Carpintero de profesión y con una recomendación del Sr. Cura de San Miguel, fue enviado a La Capilla para colaborar en el proyecto, bajo la supervisión del Sr. Cura de la Mora. En aquel entonces, alrededor de los años 1870, mi abuelo Tacho contaba con unos 22 o 23 años de edad.

A su llegada a La Capilla, mi abuelo Tacho se encontró con mi tatarabuela, doña Mariquita, quien estaba a cargo de las obras del templo. Al no tener un lugar donde hospedarse, y siendo común brindar alojamiento a los trabajadores mientras se establecían, doña Mariquita le ofreció un espacio en su extensa casa. Ella dispuso para él un lugar en un segundo patio, un área separada de la vivienda principal. Mientras otros trabajadores se alojaban en distintos lugares, mi abuelo Tacho permaneció en ese espacio durante un buen tiempo, marcando así el inicio de una etapa significativa tanto en su vida como en la historia de nuestra familia.

Encuentro y romance de María y Tacho

La historia de cómo se conocieron y enamoraron mi abuela María y mi abuelo Tacho es una narrativa de amor a primera vista, marcada por diferencias sociales y culturales. Mi abuela María, de familia acaudalada, destacaba por su belleza, tez clara y cabello oscuro, atributos heredados de su padre. Por otro lado, mi abuelo Tacho, de orígenes humildes, presentaba una apariencia morena, casi indígena. A pesar de esto, no se podía negar su atractivo, algo que evidentemente cautivó a mi abuela María.

Ellos, conscientes de las miradas y las expectativas de su entorno, mantuvieron su relación en secreto. Sin embargo, el amor encuentra su camino y, como resultado, mi abuela María quedó embarazada. Este hecho sorprendió y preocupó a doña Mariquita, conocida por su estricta naturaleza y quien había depositado su confianza en mi abuelo Tacho. Ante la noticia, Tacho, sintiéndose abrumado y temeroso de las consecuencias, huyó de vuelta a San Miguel.

Doña Mariquita, al percatarse del embarazo de su querida nieta, reaccionó con furia y determinación. De inmediato, tomó medidas para localizar a Tacho, impulsada tanto por la protección de su nieta como por la necesidad de enfrentar la situación que había surgido entre los dos jóvenes enamorados.

El matrimonio de Tachito y María Isabel González

En el tapiz de la vida de mis abuelos, el matrimonio entre "Tachito" y María Isabel González resalta como un vívido retrato de amor y compromiso. Doña Mariquita, al enterarse de que mi abuelo estaba en San Miguel, decidió tomar cartas en el asunto. Montó a caballo, habilidad en la que destacaba, y acompañada de sus hijos, partió con determinación hacia San Miguel.

Al llegar, la sorpresa se dibujó en el rostro de mi abuelo Tachito. Doña Mariquita, con su característica firmeza, le confrontó y le instó a asumir su responsabilidad. "Creías que no te encontraría", le dijo con severidad, pero también con un atisbo de comprensión en su voz. Tachito, aunque inicialmente temeroso, sintió un profundo alivio al comprender que la intención de doña Mariquita era unirlo en matrimonio con María Isabel, su amada.

Sin dilaciones ni celebraciones ostentosas, regresaron a la Capilla donde contrajeron matrimonio. Doña Mariquita, siempre generosa y práctica, les ofreció una casa rodeada por una huerta frutal cercana, proporcionándoles un refugio idílico para comenzar su nueva vida juntos. Allí vivieron hasta el nacimiento de su hija, marcando el inicio de una nueva etapa llena de amor y esperanza.

Este matrimonio no sólo simbolizaba la unión de dos corazones, sino también la fusión de dos mundos, demostrando que el amor verdadero trasciende las barreras sociales y económicas.

Mi herencia indígena

En esta ocasión, adentrémonos en el intrigante relato de la controversia en torno al apellido de mi abuelo Tachito y su transformación. Cuando don Anastasio Mexía Cortés llegó a la Capilla en 1889, su apellido estaba intacto. Sin embargo, más adelante, el apellido experimentó un cambio interesante, una controversia que, aunque no reviste gran importancia en mi perspectiva, resulta digna de exploración.

Don Tachito, como solíamos llamarle cariñosamente, vio la luz en 1867, en plena época de Benito Juárez, en San Miguel el Alto,

Jalisco. Su educación fue sólida, gracias en parte a su parentesco con un sacerdote, hermano de su madre, lo que le facilitó el acceso a la educación formal y a la música en la banda de San Miguel, vinculada a la parroquia local.

Una vez concluida su educación formal, y debido a la temprana pérdida de su padre, don Tachito se vio complicado a aprender carpintería como medio de subsistencia. Más tarde, como mencioné anteriormente, llegó a La Capilla, donde se cruzó con el destino que lo llevaría a contraer matrimonio con María Isabel González Navarro, conocida simplemente como María. Cuando nació su primer hijo, fue bautizado con el nombre de Anastasio Mexía, haciendo referencia a su apellido original. Este cambio de apellido, aunque pueda parecer insignificante desde mi perspectiva, plantea cuestionamientos interesantes en torno a la identidad y la herencia. A lo largo de nuestra historia familiar, la diversidad y la riqueza cultural se han entretejido para moldear nuestra identidad como descendientes de pueblos indígenas y mestizos de México.

Silviano Mejía y el vínculo familiar

Silviano Mejía, conocido posteriormente como Silviano Gutiérrez, es un personaje relevante en nuestra historia familiar. Su historia se entrelaza con el nacimiento de una tía a quien bautizaron como Soledad Gutiérrez. Esta tía desempeñó un papel crucial en la vida de toda la familia, convirtiéndose en el ángel guardián de cada uno de nosotros. En San Francisco, California, tuve la oportunidad de recopilar una valiosa cantidad de información sobre nuestra ascendencia indígena, gracias a las conversaciones que mantuve con ella. Mi abuelo, al igual que conmigo, compartía muchas de estas historias con mi tía "Chole", como cariñosamente solíamos llamarla.

Chole, siendo la segunda de los hermanos, recibió el apellido Gutiérrez al ser bautizada. Reuniendo toda la información que pude recopilar, comenzaré con la historia de mi tatarabuelo, casado con mi tatarabuela Martina Cortés. Él conoció a Martina después de realizar varios viajes entre Guadalajara y San Miguel. Durante estos viajes, él y un socio, quien también era su pariente, gestionaban un negocio de transporte que utilizaba un grupo de mulas.

En esta etapa, Martina vivía en San Miguel el Alto, y compartía su hogar con su hermano, quien era sacerdote y estaba vinculado a la parroquia local. La llegada de su padre y su socio a San Miguel marcó el inicio de una nueva etapa en sus vidas. Este tío sacerdote, aunque apenas recordado por mi abuelo Tacho, desempeñó un papel fundamental en la familia cuando, tras el fallecimiento de Abundio, todos se mudaron temporalmente para vivir con él.

La historia familiar continúa, llena de intriga y vínculos que conectan a cada generación con su pasado y su herencia.

La historia de los apellidos y el legado de Abundio

Cuando mi abuelo Tacho creció, descubrió un detalle interesante acerca de la llegada de su padre a San Miguel. En su primera llegada a esta localidad, su padre usaba el apellido "Gutiérrez". Sin embargo, cuando nacieron sus hijos, los bautizó con apellidos diferentes: algunos como Gutiérrez y otros como Mejía. Incluso, a mi abuelo lo bautizaron con el apellido Mejía. Este cambio de apellidos se relaciona con un acontecimiento histórico importante.

En 1866, Abundio, mi bisabuelo, abandonó la Ciudad de México y se unió al general Mejía, quien estaba al mando de una rebelión contra el régimen. Posteriormente, en 1867, Benito Juárez retomó la Ciudad de México, y Maximiliano y sus dos generales, Miramón y Mejía, fueron ejecutados en el Cerro de las Campanas. Ambos generales eran de ascendencia indígena Nahua, lo que representa una parte significativa de mi herencia. Mi tía Chole, hermana de mi padre y nieta de Abundio, me contó que Tacho le había relatado que su padre Abundio participó en esta revolución junto a su tío, el general Mejía.

Además, Tacho mencionó que su familia provenía del poblado de Jamay, Jalisco, que se encuentra cerca del lago de Chapala, el lago más grande de México, abarcando también parte del estado de Michoacán. En Jamay, antes de la llegada de los españoles durante la conquista, los indígenas eran de la misma etnia que los aztecas. Esto era cierto no sólo para Jamay sino también para todo Jalisco, lo que destaca la importancia histórica de la región.

Esta revelación sobre la historia de nuestros apellidos y la participación de Abundio en la revolución nos conecta de manera más profunda con nuestras raíces indígenas y la herencia que llevamos en nuestro ADN.

La odisea de Abundio y su cambio de apellido

Retomando la historia de mi bisabuelo Abundio y su retiro del ejército del cercano tío, el general Mejía, puedo explicar por qué llegó a San Miguel bajo el nombre de Abundio Gutiérrez. Abundio se encontraba en una situación complicada, ya que los juaristas, seguidores de Benito Juárez, ganaban cada vez más adeptos, y él se unía cada vez más a sus filas.

En algún momento alrededor de 1866, Abundio decidió abandonar la Ciudad de México, presintiendo que Juárez estaba a punto de recuperar el control en la capital. Esto marcó un punto de no retorno, ya que los juaristas ofrecieron un indulto a los generales Miramón y Mejía, instándolos a unirse a sus fuerzas debido a su nacionalidad mexicana. Sin embargo, ambos generales decidieron mantener su lealtad al imperio de Maximiliano de Austria.

El destino de Maximiliano, Miramón y Mejía se selló en 1867 cuando fueron capturados por las fuerzas juaristas. Fueron ejecutados en el Cerro de las Campanas, en un trágico episodio de la historia de México. Abundio Gutiérrez, mi bisabuelo, tomó una decisión crucial al abandonar la Ciudad de México y buscar refugio en San Miguel, llevando consigo el apellido Gutiérrez, ocultando así su participación anterior en el conflicto. Este capítulo de la vida de Abundio ilustra la complejidad y los giros inesperados que caracterizaron este período tumultuoso de la historia mexicana. Su historia, como parte de nuestra herencia familiar, es un testimonio de la valentía y la determinación que se transmiten de generación en generación.

Maximiliano y la toma de decisiones

La historia de Maximiliano y su breve reinado en México fue un episodio complejo y controvertido en la historia del país. A pesar de que muchos de los mexicanos eran de ascendencia indígena, algunos se opusieron a unirse a las filas juaristas no por su desacuerdo con la idea de un imperio, sino por su respeto hacia la persona del emperador Maximiliano.

Maximiliano se ganó el cariño y la confianza de muchas personas debido a su carácter amable y su disposición para escuchar y confiar en sus consejeros. Cuando surgían problemas, él solía decir: "No te preocupes, nosotros manejamos esto sin problemas". Se le podía encontrar, a menudo, contando mariposas en los alrededores del Palacio de Chapultepec, ajeno a las luchas y tensiones políticas que afectan al país.

Sin embargo, Maximiliano no estaba al tanto de la dura realidad que enfrentaban los trabajadores en las haciendas de los terratenientes ricos. La mayoría de estos trabajadores eran de origen indígena y eran maltratados por sus patrones. Cuando se resistían a las órdenes de los amos, eran reclutados por el gobierno para luchar en las guerras entre rebeldes y el gobierno, y muchos de ellos nunca regresaban a sus hogares, ya que morían en combates.

Esta parte de la historia ilustra las complejidades y los desafíos que enfrentó Maximiliano durante su breve reinado en México y cómo su percepción de la situación difirió de la realidad que experimentaban los mexicanos comunes.

La llegada de Benito Juárez

La llegada de Benito Juárez marcó un punto crucial en la historia de México y en la vida de Maximiliano como emperador. Aunque algunos podrían considerar su oferta de indulto a Miramón y al tío de mi padre, Thomas, el general Mejía, como una traición a México, es importante comprender el contexto de la situación.

En ese momento, incluso dentro del propio ejército mexicano, jóvenes cadetes del Colegio Militar eran formados para ser leales a México y a sus superiores hasta la muerte si fuera necesario. El mismo ejército conservador mexicano había colocado a estos jóvenes cadetes para proteger al emperador y a su alteza. Por lo tanto, no se podría considerar una traición a México si Miramón y Mejía hubieran decidido unirse al ejército de liberación de Benito Juárez.

Sin embargo, es fundamental recordar que, en ese contexto, si Miramón y Mejía se hubieran unido a Juárez, no habrían podido vivir con tranquilidad debido a la desconfianza y el remordimiento que habrían sentido. Los indígenas, en su naturaleza, suelen ser leales hasta la muerte, y esta lealtad les habría generado un gran conflicto emocional. Además, teniendo en cuenta que Juárez tenía la intención de ejecutarlos, su decisión de permanecer leales al imperio es comprensible desde su perspectiva.

La historia nos muestra cómo las lealtades y las decisiones en tiempos de conflicto pueden ser complicadas y ambiguas, y cómo el contexto y las circunstancias pueden influir en las acciones de las personas.

El renacimiento de Abundio en Jamay

Abundio, mi bisabuelo, tomó una decisión valiente al unirse al ejército de Benito Juárez en medio de tiempos turbulentos. Sin embargo, al finalizar la guerra y con la ejecución de Miramón y Mejía en el Cerro de las Campanas en 1867 por orden de Juárez, la vida de Thomas dio un giro radical.

Decidió regresar a Jamay, su pueblo natal, marcando así el comienzo de una nueva etapa en su vida. Desde allí, emprendió un viaje a Guadalajara en busca de un pariente que se dedicaba al negocio de transporte con un grupo de mulas. Al compartir su experiencia y las razones que lo llevaron de vuelta, su pariente comprendió su situación y lo invitó a unirse al negocio de transporte que operaba en los pueblos del oriente, donde ya tenían una clientela establecida en San Miguel el Alto.

Este negocio demostró ser una fuente de ingresos lucrativa, brindando a Abundio el descanso que tanto necesitaba después de años de luchas y enfrentamientos en las guerras, así como de vivir en constante ocultamiento y cambiar su identidad.

Fue en este período que Abundio conoció a mi bisabuela, y juntos comenzaron a construir su familia en San Miguel. Tuvieron tres hijas y dos hijos, uno de los cuales sería mi abuelo. A pesar del tiempo transcurrido y las adversidades enfrentadas, Abundio conservaba recuerdos tenues de su padre, pero estaba decidido a trazar un nuevo camino para su familia.

El legado de Abundio y su pasaje en la historia

La historia de mi bisabuelo Abundio está marcada por su participación valiente en la guerra, a pesar de que su padre murió cuando él era joven. Aunque apenas conservaba recuerdos de su padre, sabía que le gustaba tocar la guitarra y era un talentoso trovador. Además, mi padre Tacho compartía conmigo que su abuelo Abundio había participado activamente en la Revolución, apoyando al general Mejía.

Nunca escuché de mi abuelo Tacho que el general Mejía fuera su tío, pero mi tía Chole, su hija, fue quien compartió esa información. Abundio, mi bisabuelo, vivió tiempos tumultuosos que dejaron huella en su espíritu. Presenció numerosas muertes en los enfrentamientos y llevó consigo las secuelas de las heridas que sufrió, así como el peso de las vidas que había tomado en el conflicto. Esta experiencia lo marcó profundamente y, según mi abuelo, fue una de las razones por las cuales falleció a una edad temprana, dejando huérfanas a sus tres hijas y dos hijos.

Una de sus hijas se casó y se trasladó a Chihuahua, donde, según mi abuelo, también falleció después de vivir más de cien años. Otra de las hermanas contrajo matrimonio y se estableció en Irapuato, Guanajuato, donde tuvo hijos que llevaron el apellido Bobadilla Gutiérrez de su madre. Según ellos, realizaron investigaciones genealógicas que los llevaron a Jamay, Jalisco, para rastrear el origen de su apellido, ya que algunos lo portaban como Gutiérrez y otros como Mejía. Estas investigaciones despertaron su interés por conocer sus raíces familiares.

La controversia en el apellido y la fortaleza de la herencia

Una curiosa controversia surgió en nuestra familia en relación con el apellido. Tras investigaciones exhaustivas, se descubrió que el verdadero apellido era Gutiérrez, lo que llevó a que mi abuelo cambiara su apellido a Gutiérrez. Este cambio se extendió a mi tío Silviano, el menor de los hermanos. Los demás miembros de la familia fueron bautizados como Gutiérrez, sumando un total de trece personas junto con mi abuela María y mi abuelo Tacho.

A pesar de la duda inicial, al menos logramos afirmar un apellido en la descendencia de mi padre Abundio. El hermano de mi abuelo también optó por cambiar su apellido y se trasladó a Aguascalientes, donde vivió una larga vida, superando los setenta años. Dejó una hija que conozco como tía Elvira y otra hermana que reside en la Ciudad de México.

Mi abuelo Tacho, quien nos dejó en 1963 a la impresionante edad de 96 años, fue un devoto admirador de la Virgen de Guadalupe. Nunca falló en interpretar música para las tradicionales "mañanitas" que se celebran cada 12 de diciembre en la madrugada en honor a la Virgen. Su devoción por ella era inquebrantable, y a menudo me parecía que su semblanza recordaba a Juan Diego, el indígena azteca que vivió en 1531 y al que se le apareció la Virgen. Mi abuelo irradiaba una esencia profundamente arraigada en su herencia Nahua.

La devoción inquebrantable de tacho y el origen de los apellidos

Mi abuelito, don Tachito, era un hombre profundamente marcado por su herencia Nahua, una raza con raíces en los mismos aztecas.

Su devoción por la Virgen de Guadalupe, a la que cariñosamente llamaba "mi Morenita", era innegable. Sorprendentemente, la Virgen de Guadalupe correspondió a su amor de manera conmovedora.

El 17 de diciembre, a las 5 de la madrugada de 1963, precisamente cuando solía cantarle las mañanitas a la Virgen, mi abuelito don Tachito partió de este mundo. Fue un regalo hermoso que la Morenita Guadalupana le otorgara en ese día tan especial, crean o no en ello.

Después de compartir este hermoso relato, me dispongo a abordar los últimos aspectos de esta controvertida historia. En realidad, cuando los españoles llegaron a México, los indígenas no tenían apellidos. Fueron los frailes quienes, al catequizarlos y bautizarlos, asignaron apellidos a los nativos. Estos apellidos eran generalmente tomados del padrino de bautismo, lo que explica la diversidad de apellidos en nuestra familia.

Podríamos haber llevado cualquier apellido, como Mexia u otro, pero lo que realmente importa es la esencia de cada individuo. A fin de cuentas, somos producto de nuestra herencia y, sin importar el apellido, lo que realmente importa es nuestra singularidad y cómo vivimos nuestras vidas.

Así concluye esta fascinante y dudosa controversia, pero, ante todo, afirmo que somos una familia orgullosa de nuestras raíces indígenas.

La importancia de la identidad y la resiliencia de Tacho

En ocasiones, algunas personas encuentran motivos para molestar a los demás, pero a mí, personalmente, estas cuestiones no me afectan. No se trata de perder un brazo o una pierna, sino de cómo nos ven y cómo nos etiquetan. A mí me bautizaron como Gutiérrez, y me siento orgulloso de ello. Si hubiera sido Mexia, también habría estado bien, ya que ambos apellidos me gustan por igual.

Mi abuelo, don Tachito, era una persona extraordinaria. Era humilde, sencillo y nunca le dio importancia a la riqueza. Aunque mi abuela heredó una gran casa y tierras, mi abuelo no era agricultor ni ganadero, y ella tampoco sabía cómo gestionar esos recursos. Poco a poco, mi abuelo fue compartiendo esas tierras con sus parientes sin pedir nada a cambio. Él se sostenía a sí mismo con su carpintería y nunca le pidió nada a su esposa.

Para concluir, considero que Dios envió a mi abuelito Tacho para fortalecer tanto nuestra herencia física como nuestra identidad castellana. A lo largo de generaciones, algunos de nuestros antepasados practicaron una costumbre que puede parecer extraña en la actualidad: el matrimonio entre primos hermanos. Esto contribuyó a la aparición de personas sordas en nuestro pueblo y sus alrededores. Además, algunos de ellos desarrollaron discapacidades adicionales, como la ceguera, como es el caso de una prima de mi madre llamada Matilde Aceves, quien todavía está entre nosotros. Su historia es un testimonio de la fortaleza y la resiliencia de nuestra familia a lo largo del tiempo.

El legado de Tacho y la unión de dos razas

La historia de mi familia está marcada por la unión de dos mundos y la creación de una nueva identidad, el "*mestizo*", una raza de la que nos sentimos orgullosos en México. Por un lado, está mi madre, Matilde Navarro Aceves, cuya historia triste pero inspiradora es un testimonio de las consecuencias de la unión entre primos hermanos en generaciones pasadas. Ella nació sorda y muda, y con el tiempo perdió la vista debido a esta unión de sangre.

En contraste, por el lado de mi padre, se dio un giro milagroso cuando mi abuelo Tachito llegó a la vida de mi abuela Matilde. A pesar de las diferencias sociales y económicas entre ellos, su unión estaba destinada a ser. Dios tenía un propósito especial en esta unión, y fue así como mi bisabuelo Abundio, parte de la verdadera herencia indígena y mexicana, unió dos razas fuertes y dio lugar al mestizaje, que es motivo de orgullo para todos nosotros en México.

Mi bisabuelo Abundio dejó un legado de amor a la Virgen de Guadalupe, que compartió con mi padre Antonio de Aceves. Ambos la adoraban con todo su corazón y demostraron este amor construyendo un templo en su honor en nuestro pueblo. Esta unión física y espiritual fortaleció nuestra familia, y así concluyo esta parte de nuestra historia.

El legado de Simón Navarro Aceves

Hablar de la figura de mi tatarabuelo, Simón Navarro Aceves, es adentrarse en una parte importante de nuestra historia familiar. Ya había mencionado a Simón como el hermano de Felipe Navarro, ambos nietos del ilustre don Luciano Navarro Aceves y su esposa, doña Dolores Gómez. Esta rama de la familia, además de su origen indígena, tiene profundas raíces castellanas.

Simón Navarro tuvo un papel significativo en la adquisición de una extensa parcela de tierra que le legó su abuelo, el respetado don Luciano Aceves. Curiosamente, esta coincidió en el tiempo con la construcción de la majestuosa casa de su hermano Felipe, ubicada junto a la capillita de nuestro pueblo.

El terreno que obtuvo Simón era vasto y estratégicamente colocado cerca del Camino Real y al pie del imponente Cerro Gordo. Lo que inicialmente fue una parcela, con el tiempo se convirtió en un castillo, una fortaleza que defendía su patrimonio y que destacaba, entre otras cosas, por una torre de 125 escalones que adornaba una de sus esquinas.

Cabe destacar que Simón Navarro Aceves también se casó con su prima hermana, doña Conchita Aceves, una unión que, si bien puede parecer inusual en nuestros días, era una práctica más común en aquella época.

Este episodio en la historia de nuestra familia demuestra cómo el legado de Simón Navarro Aceves, su tenacidad y visión, contribuyeron a moldear nuestro linaje y nuestro patrimonio.

CAPÍTULO 13

Charros nacionales en La Capilla

La historia de la familia Aceves sigue sorprendiéndonos con episodios fascinantes. En este capítulo, quiero hablar de una figura destacada: don Agustín de Aceves, hijo del respetado Amo Aceves. Don Agustín, fiel a su linaje, deseaba estar cerca de su familia en la imponente casa que había sido construida en un lugar estratégico del pueblo.

En ese momento, su hermano Felipe ya había erigido una gran residencia que destacaba por su magnitud y esplendor. Felipe había planificado meticulosamente su hogar, incluso construyendo una amplia plaza de toros que estaría lista para albergar corridas de toros cuando surgiera la oportunidad. Además, poseía una considerable cantidad de ganado, lo que facilitaba la organización de majestuosos herraderos y brindaba oportunidades para la práctica del deporte charro. No es sorprendente que de allí surgieran jinetes talentosos que se destacaron en el mundo charro.

A lo largo de los años, los nuevos dueños de la propiedad, la familia Franco, no sólo han mantenido la tradición, sino que la han elevado a nuevas alturas. Con un orgullo palpable, han llevado a cabo numerosas hazañas, incluyendo la consecución del título de Campeones Nacionales en varias ocasiones, un logro que llena de orgullo a toda la nación mexicana y especialmente a nuestra querida capilla.

Ahora, volviendo a San Antonio, en la época de don Simón Navarro, se realizaron mejoras significativas en la propiedad. Se construyeron cuartos adicionales alrededor de la casa principal, con elegantes portales que proporcionaban un encanto distintivo. Además, en una de las habitaciones, se encuentra una fecha grabada en el techo que nos recuerda la década de 1860, un período significativo en la historia de la propiedad.

Por si fuera poco, don Simón Navarro también agregó caballerizas adicionales para acomodar a los numerosos caballos que formaban parte de su vida y de sus caporales, y caballerangos que trabajaban incansablemente en la finca. Este capítulo destaca la riqueza histórica de nuestra familia y su legado en la tradición charra mexicana.

Ataque de los bandidos a la gran casa de San Antonio

La majestuosa residencia aún conservaba su imponente estructura, y el Camino Real que atravesaba la región estaba en pleno auge, siendo transitado por numerosos viajeros y comerciantes, pero también por bandidos que amenazaban con robar el ganado.

Según los recuerdos de mi abuela, hubo un momento en que estos forajidos decidieron lanzar un audaz asalto a San Antonio, intentando adentrarse en la propiedad. Sin embargo, gracias a las medidas de seguridad y la lealtad de los trabajadores que estimaban a don Simón Navarro, los bandidos se toparon con una férrea resistencia. A pesar de que los bandidos creían que don Simón tenía una considerable cantidad de oro, fueron sorprendidos por la fortaleza del castillo, que se erguía en una esquina de la propiedad, protegido por troneras que impedían su avance y los mantenían a raya incluso a distancia.

En ese momento crítico, los vecinos acudieron en auxilio de San Antonio. Algunas de las familias Galbán y Torres, de linaje castellano, que habían establecido sus hogares en la región hacía más de un siglo, se sumaron valientemente a la defensa. Además, se dio aviso a los sobrinos Albino, Miguel y Melito, quienes llegaron como un rayo para unirse a la causa. La memoria de que los bandidos habían asesinado a su tío Felipe no se olvidaba fácilmente, y estaban decididos a evitar que lo mismo ocurriera con su tío Simón.

Finalmente, cuando los bandidos se dieron cuenta de la determinación y resistencia que enfrentaban, optaron por la retirada. Este episodio de valentía y unidad en la defensa de San Antonio quedó grabado en la historia, recordándonos la importancia de proteger lo que valoramos y amamos.

En aquellos días en los que San Antonio ostentaba el título de Campeones y el peligro de los bandidos parecía haber disminuido, una nueva realidad se cernía sobre la región.

Ejércitos de soldados y revolucionarios transitaban constantemente por la zona. Los juaristas se esforzaban por derrotar al gobierno del emperador Maximiliano y enfrentaban a los terratenientes que oprimían a los campesinos trabajadores. Sin embargo, en San Antonio, no se vivía la misma tensión, ya que los patrones trataban a sus trabajadores como miembros de la familia, lo que contribuía a mantener la armonía en la comunidad.

En esos años, alrededor de 1865, también se avistaron grandes contingentes de soldados franceses bajo el mando de Napoleón III. Estos soldados tenían la intención de establecer una monarquía en México y pasaron por San Antonio en un número significativo mientras se dirigían hacia Guadalajara. Mi abuela, Chita, recordaba que cada vez que estos grupos se cruzaban con alguna facción revolucionaria o del gobierno, se llevaban una res o dos para alimentarse en su camino. Sin embargo, cuando llegaban a San Antonio, el astuto papa Simón, un hombre político y hábil en la conversación, lograba persuadirlos y ofrecerles lo que necesitaban, incluso puercos y carneros. Así, establecía amistades y, en ocasiones, obtenía promesas de protección en caso de necesitarla.

Mi abuela, Chita, y María de Jesús Estrada, como solía llamarla, observaban con atención estos acontecimientos, sabiendo que la habilidad de papá Simón para lidiar con las circunstancias y mantener la paz en San Antonio era invaluable en tiempos de incertidumbre y conflicto.

Mi abuelo Simón, aunque no recordaba con gran detalle a su abuelo, Simón, sintió una profunda tristeza cuando este falleció poco después de la muerte de su amada esposa, Conchita. El amor entre ellos era palpable, y la pérdida de Conchita afectó profundamente a Simón, acelerando su propia partida.

Después de la partida de Conchita, Simón deseaba compañía y, en un gesto de amor y conexión familiar, invitó a su hija Matilde y su yerno Demetrio Estrada a vivir en la casa familiar en San Antonio. Quería evitar la soledad y, al mismo tiempo, presenciar el nacimiento de sus tres nietas: María, Trina y Jesusita Estrada

Navarro. Mi abuela, María, era una de estas tres hijas, como mencioné en el capítulo sobre los Estrada del centro.

Sin embargo, la vida de Simón con sus nietas fue breve, ya que falleció cuando ellas todavía eran jóvenes y estaban creciendo. Matilde, siendo la única hija, heredó el considerable patrimonio de su padre, Simón Navarro. Ella vivió una vida feliz junto a su esposo Demetrio y sus hijas en el rancho de San Antonio, hasta que una desgracia los golpeó. Matilde murió debido a complicaciones en el parto, dejando atrás a sus tres hijas, que eran aún muy jóvenes, con edades de diez a doce años, aproximadamente.

Demetrio asumió un papel fundamental como buen padre y se quedó en San Antonio durante un tiempo, cuidando de sus hijas y tratando de brindarles una vida estable a pesar de la adversidad.

Quirino Navarro: La leyenda de un valiente revolucionario

En el corazón de mi abuela, Trina, persiste una historia que ha perdurado en su memoria desde su infancia en San Antonio. Esta narración gira en torno a su primo, Quirino Navarro, cuya presencia dejó una huella imborrable en la comunidad.

Quirino, un hombre alto y robusto, destacaba por su valentía y determinación. Con más de dos metros de estatura, ojos azules y cabello rubio, era una figura imponente. A pesar de la diferencia de edad, Trina y Quirino forjaron una amistad profunda que los llevó a convertirse en compadres.

Lo que más resaltaba de Quirino era su voz profunda y resonante, que cautivaba a todos los que lo escuchaban. Era un verdadero castellano en todos los sentidos, y su participación en la revolución sólo consolidó su fama de hombre audaz.

A pesar de las batallas y los peligros que enfrentó en las filas revolucionarias, Quirino emergió ileso, ganándose el respeto y la admiración de todos. Tanto fue su coraje que incluso se creó una canción en su honor, que lo inmortalizó como un héroe que no conocía el miedo. Su valentía se puso a prueba durante la Revolución Cristera, donde demostró una vez más su destreza y determinación.

La historia de Quirino Navarro, este valiente revolucionario, es una leyenda que perdurará en el tiempo, recordándonos la fuerza del espíritu humano y la importancia de luchar por aquello en lo que creemos.

Quirino Navarro: Un defensor audaz en tiempos de revolución

En el tumultuoso año de 1926, marcado por el mandato del presidente Plutarco Elías Calles, Quirino Navarro se encontraba desempeñando el papel de Comandante en Tepatitlán. Sin previo aviso, los Cristeros sitiaron la ciudad, dejando a Quirino y sus compañeros en una situación de peligro inminente.

La narración de aquellos que presenciaron este acontecimiento junto a él revela la cruda realidad que enfrentaron. Los Cristeros, en su mayoría jóvenes sin una organización sólida, lanzaban balazos sin un objetivo claro. Quirino, sin embargo, demostró una serenidad asombrosa en medio del caos, defendiendo su posición con valentía. La situación se volvió aún más desafiante cuando los Cristeros comenzaron a disparar desde fuera del edificio. Para protegerse de las balas que atravesaban las puertas y ventanas, tuvieron que improvisar con adobes y ladrillos.

Quirino se mantuvo firme en su posición hasta que finalmente llegó el ejército gubernamental y levantó el sitio. Este episodio de valentía y determinación llevó a la composición de una canción en su honor, que se convirtió en un himno popular durante mucho tiempo. Es importante destacar que Quirino, a pesar de su rol en el gobierno, compartía las creencias cristianas de los Cristeros. Aprendió a ser un hombre de fe en San Antonio, gracias a la influencia de su tío, mi bisabuelo Simón Navarro, quien lo acogió desde su infancia. En esta casa, como en muchas otras, rezaban a diario y se cultivaba una profunda espiritualidad.

La historia de Quirino Navarro es un testimonio de valentía en tiempos turbulentos de revolución, un recordatorio de cómo la fe y la determinación pueden mantenerse firmes incluso en medio del caos.

Quirino Navarro: La fe y la valentía en tiempos de cambio

En medio del capítulo 13 de esta crónica, nos encontramos con un personaje singular: don Quirino Navarro. Si bien su papel oficial lo vinculaba al gobierno de aquellos tiempos, su esencia interior revelaba su auténtica naturaleza como ferviente cristiano.

Don Quirino no era simplemente un servidor del gobierno ateo y comunista de la época; era un hombre que vivía su fe en privado. Su aparente lealtad al gobierno era más bien una estrategia de supervivencia, ya que, como bien sabemos, en esos tiempos turbulentos, profesar la fe cristiana podría ser peligroso.

Un evento particularmente significativo ilustra su compromiso con la fe y su valentía. Cada año, en la festividad del Señor de la Misericordia, el 30 de abril, se llevaba a cabo una impresionante peregrinación que congregaba a miles de fieles. Dos días antes, el 28 y el 29 de abril, la imagen del Señor de la Misericordia se sacaba del Santuario y se emprendía una gran procesión por las calles.

Sin embargo, en un año, el gobierno, consciente de esta festividad, tramó un siniestro plan para atacar a la peregrinación y destruir la imagen del Cristo del Señor de la Misericordia. Don Quirino, quien en ese momento trabajaba en la Municipalidad de Tepatitlán, tuvo conocimiento de este maligno plan. En un acto de valentía y fe, optó por mantenerlo en secreto para no poner en peligro su propia vida ni su fe cristiana.

Actuando discretamente, salvó a muchas personas de una masacre segura. Su decisión de mantener la información en silencio fue un acto de auténtico heroísmo, un testimonio de su firme convicción religiosa y su profundo amor por sus semejantes.

Don Quirino siempre reconoció su parentesco con nosotros, y aunque su papel en el gobierno podría haberlo distanciado de su fe, él nunca dejó de ser un valiente defensor de sus creencias cristianas en tiempos de cambio y desafío. Su historia nos recuerda que la fe y la valentía pueden coexistir en el corazón de una persona, incluso en los momentos más oscuros de la historia.

Don Quirino: Entre revoluciones y anécdotas familiares

Desde el ángulo paterno, mi abuela me relataba vivencias que encierran la intriga de un tiempo olvidado.

Recordaba mi abuela con nostalgia que, en la época en que mi tío Vicente Navarro residía en la majestuosa mansión que mi padre Felipe construyó, todos habían partido a la eternidad. Ni siquiera había quedado la sombra de su madre, Mariquita. Sin embargo, don Quirino, tras su participación en la Revolución, había vagado por lugares diversos y, de vez en cuando, recalaban en la Casa de la Capilla. Su propósito era preguntar por su sobrino Vicente, pero este último, al detectar la búsqueda, se ocultaba. Vicente también ocultaba su valioso corcel, el objeto de deseo de don Quirino, quien anhelaba apropiárselo sin éxito alguno.

Mi abuela me narraba cómo don Quirino indagaba por su tío Vicente con la excusa de saludarlo, pero su verdadera intención era obtener el codiciado caballo. Sin embargo, sus esfuerzos siempre resultaban infructuosos. En la comunidad, su tío Vicente tenía una excelente reputación, y su caballo era considerado un tesoro inquebrantable.

Dejando atrás las enigmáticas historias de don Quirino, retomamos la crónica de mi bisabuelo Demetrio Estrada junto a sus tres hijas en edad casadera. Demetrio optó por cambiar su residencia a la gran mansión que había edificado en un completo solar de 42x42 metros en San Antonio. Este solar fue intercambiado con los Franco, quienes también habitaban en la localidad y eran amigos cercanos de la familia Estrada. A través de este cambio de propiedades, la vida de la familia Estrada continúa su curso en la fascinante historia de San Antonio.

En las páginas de la historia de San Antonio: La residencia de don Demetrio Estrada

En el escenario pintoresco de San Antonio, don Demetrio Estrada, dotado de un refinado gusto arquitectónico, emprendió la construcción de una espléndida mansión en un solar que intercambió con la familia Franco. Este intercambio resultó en la creación de una majestuosa residencia que aún, hasta nuestros días, se yergue como testimonio tangible de su buen gusto.

Tras la meticulosa finalización de su grandiosa obra, don Demetrio decidió mudarse junto a sus tres hijas, quienes ya estaban en la edad propicia para contraer matrimonio. La primera en sellar su unión fue su hija Trina, cuyo enlace la unió a un pariente llamado José Guadalupe Aceves. Esta unión fructificó en el nacimiento de cuatro hijos y tres hijas, siendo la última bautizada con el nombre de Matilde, en honor a su abuela. Sin embargo, la vida le presentó desafíos a esta última hija, quien nació con limitaciones auditivas y del habla, además de perder la vista hace aproximadamente dos décadas. A pesar de estas adversidades, su espíritu resiliente y su capacidad para comunicarse de maneras únicas son un testimonio conmovedor de su fuerza interior.

Otra de las hijas, María, optó por no contraer matrimonio. Aunque las razones de su elección quedan en el misterio, destacó por su belleza y su interés en la adquisición de conocimientos, atesorando una colección de libros que, en su diversidad, ofrecían fascinantes relatos y sabiduría.

En este relato de la vida en San Antonio, la casa de don Demetrio Estrada se convierte en un epicentro de historias entrelazadas, donde cada rincón guarda recuerdos y cada habitante contribuye a la rica trama de esta comunidad única.

Un legado de solvencia y valentía en San Antonio

En el vasto tapiz de la historia de San Antonio, resalta la figura imponente de mi padre, Demetrio Estrada. Su presencia dejó una huella indeleble, marcada por su destreza en la farmacopea y, posteriormente, por su papel destacado como delegado municipal.

La última unión que selló la vida de mi padre fue con mi abuela, Chita, también conocida como doña Jesusita. Contrajo matrimonio con Antonio Martín del Campo Franco, entrelazando así su linaje con los distinguidos Martín del Campo de Mirandilla y los renombrados Franco, cuya generosidad y nobleza eran conocidas en toda la región.

Al establecerse en La Capilla, mi padre asumió el cargo de delegado municipal, desafiando con firmeza a los revoltosos que osaban amenazar la paz del pueblo. Su valentía y determinación se erigieron como guardianes de la tranquilidad, logrando mantener al pueblo pacífico durante dos periodos consecutivos.

Con el paso de los años y el casamiento de dos de sus hijas, sólo quedaba mi tía María para atender a mi padre. Sin embargo, sintiéndose solo, decidió embarcarse en una nueva etapa de su vida. Contrajo nupcias con una dama que conoció en Arandas, a unos 25 kilómetros al sureste de La Capilla.

Según las memorias de mi abuela Chita, esta nueva unión le otorgó a mi padre unos años de felicidad. Sin embargo, la efímera dicha se vio eclipsada por la pérdida temprana de su joven esposa, como el fulgor fugaz de los gallos finos en el ruedo de la vida.

El legado de un esposo magnífico

La partida de mi padre, Demetrio Estrada, dejó tras de sí un eco de magnificencia como esposo, tanto en su primer matrimonio con mi bisabuela Matilde como en su segunda unión. Su legado resplandece como un recuerdo imborrable de un esposo ejemplar y un padre extraordinario.

Después de su fallecimiento, se desencadenó el dilema de la repartición de las dos cuantiosas herencias: la de mi padre Demetrio y la de mi madre Matilde. Ambas provenían del legado dejado por su padre, Simón, que incluía el extenso rancho de San Antonio, la imponente casa y vastas extensiones de terreno. Aunque la división debía ser equitativa en tres partes, no surgieron problemas. Sin embargo, el único inconveniente fue la falta de colaboración por parte de los yernos de papá Demetrio, ni don Guadalupe ni papá Antonio se mostraron dispuestos a trabajar en lo que les correspondía. Incluso mi tía María, que quedó soltera, optó por no participar en el proceso.

Finalmente, tomaron la decisión de vender la propiedad, y los Franco, amigos cercanos que mantenían una relación casi fraternal con papá Demetrio, se convirtieron en los compradores. La venta incluyó la majestuosa casa que Demetrio había erigido con sacrificio. Don Juanillo Franco y su familia, personas de gran valía, se convirtieron en los nuevos custodios de este legado. La transacción se llevó a cabo sin disputas, respetando el lazo de amistad entre las dos familias.

Don Juanillo Franco compartió en una ocasión que, durante años, las dos familias se ayudaron mutuamente como hermanos. La venta de San Antonio marcó el cierre de un capítulo, pero el legado de magnificencia y amistad perduró en la memoria de aquellos que alguna vez llamaron a esa tierra su hogar.

El asedio de los bandidos y nuevos rumbos

En las páginas de la historia de San Antonio, un capítulo se tiñó de intriga y valentía cuando la amenaza de bandidos acechó la tranquilidad de la comunidad. La osadía de estos malhechores se manifestó al intentar robar el ganado de los Franco, residentes distinguidos de la región.

Tan pronto como papá Demetrio Estrada, fiel habitante de San Antonio, se enteró de estos actos delictivos, emprendió la persecución. Siguiendo la pista con destreza de rastreador, alcanzó a los bandidos en las proximidades de Arandas. La exactitud de la información sugiere que don José María Franco, padre de Juanillo, aún residía en el área.

El relato omite los detalles de la confrontación, pero la decisión firme de papá Demetrio y la habilidad de José María Franco para recuperar el ganado se perciben como elementos clave. Aunque las circunstancias exactas de la confrontación quedan en la penumbra, la victoria sobre los bandidos añadió otra gesta a la historia de San Antonio.

Continuando con el devenir de las herencias, la tía Trina y su esposo, don Guadalupe Aceves, aprovecharon su parte para adquirir una hacienda cercana al río Verde, conocida como El Comal, en las tierras de Yahualica. Por otro lado, la suerte no favoreció tanto a mi madre, Chita, quien contrajo matrimonio con un hijo de don Jerónimo Martín del Campo, un próspero ranchero.

Don Jerónimo Martín del Campo pertenecía a una distinguida familia de raíces castellanas que se estableció en la región en 1718. Su linaje, compuesto por varias familias solventes e íntegras, ha perdurado en el lugar, contribuyendo al crecimiento y fortaleza de la comunidad.

Con la conclusión de este capítulo, se abre paso a nuevas narrativas que explorarán el devenir de estas familias y el legado que han forjado en las tierras de San Antonio.

Raíces en Mirandilla y el encuentro de dos almas

La saga familiar continúa su curso, ahora tejiendo sus hilos en Mirandilla, tierra que acogió el crecimiento de mi abuelo Jerónimo Martín del Campo. Enraizado en la tierra, Jerónimo, junto a sus hermanos, prosperó como ganadero y agricultor, expandiendo las fronteras de sus posesiones.

Con una presencia imponente, Jerónimo se destacaba entre sus hermanos por su estatura y cabello castaño. Su porte, físico y caballeresco, se manifestaba en su elegante vestimenta, una característica compartida con sus hermanos, quienes no dejaban de participar en todas las celebraciones y, especialmente, en las apasionantes corridas de toros. Fue en uno de estos eventos donde el destino le presentó a la mujer que cambiaría su vida: doña Dolores.

Enmarcada por la blancura de su tez, cabellos rubios y ojos azules, Dolores emanaba belleza y juventud. Este encuentro en una corrida de toros, con astados provenientes de la ganadería de don Miguel Franco, padre de Dolores, marcó el inicio de una historia de amor que culminó en un matrimonio elegante y una fiesta memorable, digna de la época.

El idilio entre Jerónimo y Dolores se selló con el traslado a Mirandilla, donde dieron vida a su familia. Cuatro hijos varones, Rafael, Salomé, Silviano y Antonio, junto con cuatro hermanas, tejieron las raíces de esta nueva generación. Entre ellos, destaca mi abuelo Antonio, quien, en el devenir de estas páginas, se revelará como una figura significativa en nuestra historia familiar.

Este capítulo nos invita a explorar las vivencias de esta familia en Mirandilla, donde cada hijo, como rama de un árbol robusto, contribuirá al florecimiento de nuevas historias y legados.

Raíces que ramifican en diversas tierras

En el suelo fértil de Mirandilla, mis tíos y tías vieron la luz, creciendo como brotes vigorosos en el seno de la familia. La comodidad y el trabajo en el campo marcaron sus días, forjando lazos profundos con la tierra que los vio crecer.

Tío Rafael y tío Silviano, decidieron seguir rumbos diferentes. El primero, emprendió el camino hacia Guadalajara, estableciéndose como un exitoso comerciante con una próspera fábrica de ropa que lo condujo a la senda de la riqueza. Sin embargo, su viaje llegó a su fin prematuramente, víctima del agotamiento que conlleva el éxito desmedido.

Por otro lado, tío Salomé adquirió un rancho, bautizado como "Popotes", al oeste de Tepatitlán. Aunque apenas tuve la oportunidad de conocerlo, su presencia añade otra rama a nuestro árbol familiar, extendiéndose hacia nuevas tierras.

Mi abuelo Antonio, el único que contrajo matrimonio en la Capilla, llevó una vida distinta. Durante su juventud, mostró inclinaciones hacia la vida ociosa, prefiriendo asistir a peleas de gallos en los pueblos cercanos. Este pasatiempo, más que una afición, se convirtió en una parte intrínseca de su vida, llegando al punto de aprender a amarrar las navajas.

Aunque distante del trabajo en el campo, encontró en las peleas de gallos una forma de sustento ocasional, a pesar de los riesgos y pérdidas que también conllevaba. Así, Antonio, mi abuelo, encontró su propio camino en la vida, marcado por sus propias elecciones y vivencias.

Agridulce danza matrimonial

El amor entre mis abuelos, Toño y mamá Chita, fue un romántico vals que los llevó al sagrado compromiso del matrimonio. Cautivados el uno por el otro, sellaron su unión, sin percatarse de las sombras que se cernían sobre sus destinos.

Mamá Chita, ajena al vicio de Toño por las apuestas, o tal vez prefiriendo ignorarlo, se sumió en este torbellino de emociones. Dicen que el amor es ciego, y así, con este velo, ella no vislumbró la adicción que pronto afectaría sus vidas. El fruto de esta unión, su primer hijo, fue bautizado como "Miguel" en honor al patriarca de la familia, don Miguel Franco.

A pesar de la herencia que Toño recibió tras la partida de su padre, su aversión por el trabajo lo llevó a pasar temporadas jugando, disfrutando de los placeres efímeros. Se aventuraron a Juanacatlán, donde mamá Chita compartió brevemente la vida con su suegra Dolores, obteniendo valiosos detalles sobre don Miguel Franco y la ganadería brava que lo caracterizaba.

El regreso a la Capilla marcó un giro inesperado. La herencia de mamá Chita, confiada a Toño, se esfumó rápidamente, como el canto de un gallo al amanecer. La relación matrimonial, aunque marcada por el amor, también presenció la danza de un genio intransigente. A pesar de las dificultades, Toño, con su pacífico temperamento, optó por no replicar ante las desavenencias, tejidas por la incansable voluntad de su esposa.

Tras las huellas de la adversidad

El matrimonio de mi padre, Toño, y mamá Chita, presenció la llegada de sus hijos y el florecimiento de un linaje destinado a soportar las embestidas del destino.

Después de un tiempo, la vida llevó a mamá Chita al desamparo. Refugiándose en Juanacatlán con su madre Dolores, aún viva en aquel entonces, se sumió en los palenques de apuestas y en el gusto por los juegos de azar. Aunque no se entregaba completamente a la parada, su pasión por los gallos prevalecía, afortunadamente sin caer en las garras de la embriaguez.

Con la partida de mamá Dolores, Juanacatlán perdió su esplendor, y el ganado bravo fue transferido por uno de los hijos de don Miguel Franco, hermano de mamá Dolores. La herencia que le correspondía a mi abuelo Toño tras la muerte de su suegra apenas alcanzó para sostenerse. Con este escaso capital, regresó con mamá Chita y sus hijos, quienes crecían rápidamente.

Sin embargo, esta bonanza fue efímera. Mamá Chita, afectada por el genio que la aquejaba, se sumió en la enfermedad sin comunicar su sufrimiento. En silencio, soportó la adversidad, sin maltratar ni revelar su angustia. Adicional a estas las dificultades, se encontró desamparada, dependiendo de la caridad de otros para subsistir y enfrentar la crianza de sus cuatro hijos: Miguel, María, Trina, y mi madre.

Enfrentando el destino con dignidad

El matrimonio de mi padre, Toño, y mamá Chita, trajo consigo la llegada de sus hijos, formando una familia que, aunque marcada por la adversidad, no perdía la esperanza.

La tragedia golpeó cuando la salud mental de mamá Chita se vio afectada, sumiéndose en una realidad dolorosa. Sus hermanos, tío Rafael y tío Silviano, residentes en Guadalajara, se enteraron de la situación y la llamaron. Así, mamá Chita partió hacia la ciudad, donde tío Silviano, poseedor de una casa en la calle Valda, la acogió generosamente.

Durante su estancia en Guadalajara, la vida les sonrió como un regalo divino. La revolución, que desplazó a muchas familias de pueblos y ranchos hacia las ciudades, no tardó en llegar. Mi tío Miguel, joven y emprendedor, encontró empleo gracias a un primo llamado Ángel Franco, quien más tarde se convertiría en dueño de la célebre Casa Franco en el centro de la ciudad.

Mientras tanto, mi madre se dedicó al estudio de costura, y mi tía Carmen, la más joven, se preparaba para convertirse en maestra. El gobierno, reconociendo el talento de mi tía María, la envió a San José de Gracia para impartir clases en una escuela civil. Allí, contrajo matrimonio con Lorenzo Angulo, un respetable hombre político.

Este capítulo de la historia familiar destaca la fortaleza y la dignidad con las que enfrentaron las vicisitudes del destino.

El legado de tío Miguel y la travesía de tío Lorenzo

La historia de nuestra familia se enriquece con las vivencias de figuras extraordinarias, como tío Miguel, cuyo legado perdura en nuestras memorias. Su partida dejó un vacío, pero su recuerdo nos inspira como esposo ejemplar y padre excepcional.

A pesar de que tío Miguel consideró la vida en el seminario en su juventud, el destino lo llevó a San José, donde cruzó caminos con tía Carmen. La conexión que compartieron trascendió las palabras, manifestándose en un amor puro y sincero que tocaba el corazón de quienes los observaban.

Tío Lorenzo, con visión emprendedora, estableció una próspera tienda de abarrotes en el corazón de la ciudad, cerca del Templo de la Comiche, en la calle Obregón. Ahí, dedicó su vida al negocio, escribiendo un capítulo rico en experiencias y logros que perduraron con el tiempo.

Regresando al núcleo de la familia de papá Toño, mi madre residía junto a mamá Chita en la casa de tío Silviano. Tío Miguel, en busca de oportunidades, emigró a Estados Unidos con la intención de trabajar y enviar dinero a mamá Chita. Sin embargo, el tiempo oscureció la perspectiva de su regreso, y mamá Chita, al regresar a La Capilla, enfrentó la dura realidad de la escasez económica.

Cuando finalmente regresó, tío Miguel trajo consigo una enfermedad que lo confinó a la Capilla. La situación financiera se tornó precaria para mamá Chita, y en ese contexto, mi padre la siguió a Guadalajara. Fue entonces cuando tomaron la valiente decisión de casarse, marcando un capítulo desafiante en la vida de mamá Chita, quien asumió la responsabilidad de criar a su familia en medio de adversidades económicas.

Mis dos hermanos, conmigo en medio.

La unión significativa de mis padres

El matrimonio, un vínculo que une a dos almas en un camino compartido, también llegó a nuestra familia de maneras notables. Mi tía María, tras establecer su vida en Guadalajara, encontró el amor en Gustavo Uribe Santana, perteneciente a una distinguida familia de Autlán de la Grana. Este tío, Gustavo, se ganó el respeto y cariño de todos, al igual que mi tía María.

En contraste, mi madre fue la única que eligió a un miembro de nuestra comunidad en La Capilla como su compañero de vida. Mi padre, primo tercero de mamá Chita, llevó el apellido Navarro, descendiente directo de Amo Aceves y don Luciano Navarro. Esta unión matrimonial trascendió, al unir dos familias castellanas en un lazo fuerte y profundo.

Fue como si la Morenita Guadalupana, con su sangre de indio y su amor inquebrantable, hubiera orquestado este encuentro para unir dos razas con fortaleza física y la devoción compartida hacia la fe. Así, se forjó la unión de mis padres, **José Gutiérrez González** y mi madre del **Refugio Martín del Campo Estrada**. Yo, como su hijo, soy el fruto de esta manifestación de amor, y siento un profundo orgullo por pertenecer a esta historia, al igual que mi amor eterno por Nuestra Señora de Guadalupe, quien ha guiado nuestros pasos con su bendición.

Hasta aquí, he compartido la historia de mis tatarabuelos, bisabuelos, abuelos y padres, completando así un retrato de nuestras raíces familiares.

Me gustaría compartir todo lo que he aprendido sobre mi tatarabuelo, don Miguel Franco el Grande, como lo prometí en el capítulo anterior sobre el Rancho Juanacasco.

CAPÍTULO 14

Legado Taurino de Don Miguel Franco, El Grande

Don Miguel Franco el Grande, así lo mencionaba todo el mundo en la región, era mi tatarabuelo, y estoy profundamente orgulloso de él. Era un auténtico caballero y un verdadero experto en el arte de la equitación. Era alto, fuerte como un toro, de cabello rubio y ojos azules que irradiaban gallardía y una personalidad envidiable.

Montaba siempre a su majestuoso caballo alazán con destreza y elegancia, como si fueran uno solo. No se le escapaba ninguna res o potro rebelde cuando decidía capturarlo, manejando la soga con maestría, demostrando su habilidad de caporal experimentado. Incluso a veces, superaba a sus propios caporales, dándoles una lección cuando intentaba atrapar a un potrillo o realizar una mangana.

Además, tenía un dominio excepcional sobre su caballo alazán oscuro, comunicándose con él a través de las riendas de manera sorprendente. Los entrenaba tan bien que su montura le obedecía incluso con el más mínimo gesto, anticipando sus intenciones. Don Miguel Franco el Grande era un auténtico jinete legendario, tal como me lo relataron mis abuelos.

La maestría ecuestre de don Miguel Franco el Grande y el legado del ganado criollo

Mi abuelo materno, Toño Martín del Campo Franco, nieto de don Miguel, y mi abuela, María de Jesús Estrada, conocida como mamá Chita, convivieron en Juanacasco con su suegra, doña Dolores

Franco, hija de don Miguel el Grande. Todo lo que me han contado de mis abuelos lo he guardado en mi memoria.

Don Miguel, como mencioné anteriormente, tenía una habilidad sobresaliente para montar su caballo, y debido a la gran cantidad de ganado que poseía, era conocido como el principal ganadero de la región. Su ganado era de la variedad criolla, de pelaje pinto con manchas blancas, y tenía una descendencia que se remontaba a tiempos antiguos en España. En esa época, aún no se habían introducido las razas de ganado negro lechero que llegaron de los Estados Unidos. Los ejemplares de ganado criollo eran magníficos, de gran tamaño y fuerza, ideales para el trabajo en el campo. Algunos de ellos llegaban a pesar aproximadamente una tonelada, lo que los hacía excepcionales para labrar la tierra.

En cuanto a los herraderos, eran eventos que podían durar dos o incluso tres días debido a la gran cantidad de ganado. Se reunía a toda la gente de los ranchos cercanos, algunos de los cuales también traían su ganado para ser herrado. Don Miguel tenía una amplia plaza y corrales donde se mantenía el ganado en espera para la marca, y como parte de la tradición, se realizaban jaripeos y otras festividades.

Las festividades de los herraderos y la destreza de don Miguel Franco el Grande

Durante los días de los herraderos, se celebraban festividades en las que gente de Tepatitlán, La Capilla y sus alrededores se unían para lo que se podría considerar una charreada. De estas festividades surgieron los mejores charros, que luego formaron parte de charreadas organizadas que, con el tiempo, se unieron a la Federación Nacional de Charros.

Don Miguel Franco el Grande, en los herraderos, era reconocido como un campeón en el manejo de la soga para atrapar cualquier tipo de animal que necesita ser marcado, desde potrillos hasta potrancas, mulas e incluso burros. Estas festividades eran auténticos festejos, donde no faltaba la música, que traían de otras localidades. Se sacrificaban venados y se preparaba una deliciosa barbacoa en un hoyo excavado en la tierra. Se calentaba el hoyo con leña y se envolvía la carne en hojas de maguey, dejándola cocinar durante unas ocho horas. También se sacrificaban cerdos, a veces dos, para preparar carnitas tiernas y sabrosas. Las carnitas se sirven en cazuelas de barro, acompañadas de tortillas hechas a mano y envueltas en paños para mantenerlas calientes. No faltaba una salsa especial picante o suave, según el gusto de cada uno.

Para acompañar estas delicias, se disfrutaba de buen pulque, que se servía en cántaros para evitar que las carnitas se atascaran en la garganta. Después de la comida, cuando la satisfacción y la camaradería se habían establecido, se daba paso a la música y el baile. Estas festividades eran momentos memorables que se vivían con gran alegría y fraternidad.

Don Atenógenes, el maestro pulquero, y la cosecha de magueyes

Al día siguiente de las festividades de herraderos, llegaba el momento de disfrutar de la maestría de don Atenógenes, el pulquero por excelencia. Su habilidad residía en darle al pulque el tiempo adecuado de fermentación, logrando una bebida que podía ser suave o robusta, según el gusto de cada quien. Los días previos al evento, él comenzaba a extraer el aguamiel de los magueyes y lo dejaba fermentar en ollas de barro con dos jarros frescos. Después de tres o cuatro días, el pulque estaba listo para ser degustado.

En Juanacasco, abundaban los magueyes, y don Atenógenes tenía una huerta repleta de magueyes maduros. Siempre mantenía varios magueyes capados, lo que significaba que debía esperar entre siete u ocho años para que el maguey creciera lo suficiente y desarrollara su aguamiel. Capar un maguey implicaba cortar el "kiote" o vástago que crecía en su centro. Si se permitía que este vástago creciera, alcanzaría alturas de hasta cinco o seis metros, y la producción de aguamiel se vería afectada. Por lo tanto, era esencial cortarlo a tiempo.

El proceso de capado involucraba la creación de un agujero redondo en el centro del maguey, con un diámetro de aproximadamente 30 centímetros, ajustado al tamaño del maguey. Este agujero permitía la recolección del aguamiel que, una vez fermentada, se convertiría en el exquisito pulque que don Atenógenes preparaba con tanto esmero para el deleite de todos los presentes en estas festividades.

La extracción del aguamiel y los tesoros del maguey

En esta jornada, los magueyes eran los protagonistas, y se les trataba con un cuidado especial. Primero, se les practicaba una incisión de aproximadamente 30 centímetros de diámetro y unos 7 de profundidad, que luego se cubría con una tapadera improvisada para evitar que algún animal pudiera acceder al aguamiel. Allí, los magueyes lloraban durante el período de 24 horas, produciendo hasta 5 litros o más de aguamiel cada día. Una vez completada la extracción, se les daba una raspadita a los magueyes para que pudieran liberarse con comodidad.

Don Atenógenes, el maestro pulquero, tomaba todo el aguamiel y lo vertía en grandes ollas, donde reposaba para convertirse en pulque. Si alguien deseaba probar el aguamiel en su estado más dulce y sustancioso, tenía la opción de hacerlo, ya que era una delicia por sí mismo.

Algunas personas optan por transformar el aguamiel en miel de maguey, cociéndose hasta que se vuelve espesa y adquiere un tono café oscuro, similar a la miel de abeja, pero con un sabor único y delicioso. Es importante mencionar que el maguey se asemeja a la planta conocida como "mezcalillo", pero esta última es más pequeña y tiene hojas más angostas. El mezcalillo es la planta utilizada para producir tequila y mezcal, y también requiere varios años de crecimiento antes de ser cosechada. En la región de los Altos, el mezcalillo azul es especialmente apreciado por su calidad.

Así concluye mi relato sobre don Atenógenes, el pulquero maestro, y su pericia en la extracción del aguamiel y la transformación del maguey en pulque y miel, un tesoro de la tierra que enriquece las festividades de Juanacasco.

Don Miguel Aceves Galindo y los herraderos

Don Miguel Aceves Galindo, el maestro pulquero que añadía alegría a los herraderos de Juanacasco con su famoso pulque, fue una figura destacada en estas festividades. Continuando con la descripción de los herraderos, también se aprovechaban para castrar novillos y criar bueyes para el trabajo en el campo. Los potrillos que se deseaban castrar también pasaban por este proceso.

Sin embargo, no puedo olvidar mencionar que de estos renombrados herraderos surgió el mejor charro y floreador de soga que se hizo famoso en todo México. Estoy hablando de don Miguel Aceves Galindo, quien también descendía de la gente castellana y era pariente de la mayoría de nosotros en la región. Don Miguel tenía una habilidad sin igual para el floreo de soga, una destreza que aprendió y perfeccionó en los famosos herraderos a los que me he referido en Juanacasco y el Rancho de San Antonio, principalmente.

Siguiendo con la narración sobre don Miguel Franco el Grande y su extenso rancho en Juanacasco, su casa estaba ubicada junto al Camino Real. Por este camino transitaban constantemente los viajeros que iban desde Guadalajara hacia la Ciudad de México y viceversa. Juanacasco se encontraba justo en la mitad de este camino, entre la Capilla al oriente y Tepatitlán al poniente. Mi abuelo Antonio solía contarme más sobre esto.

Se cuenta que el abuelo Miguel Franco tenía una casa en Tepatitlán. Cuando visitaba esta ciudad, aprovechaba la ocasión para vestirse con sus mejores galas, especialmente cuando se celebraban corridas de toros con su propio ganado. En esos momentos, destacaba como todos los hacendados de la región. A pesar de su carácter firme, tenía un corazón generoso y nunca se le consideró una persona maliciosa.

Los caporales y sus trabajadores lo respetaban profundamente y lo querían como a un padre. Trataba a sus empleados como si fueran miembros de su propia familia. Este trato justo y amable hacia los trabajadores era una característica común en los rancheros de Los Altos de Jalisco. Gracias a esta relación de respeto y afecto, nunca se escuchó de ningún levantamiento revolucionario causado por malos tratos de los terratenientes. En esa época, México estaba lidiando con varios problemas, incluyendo el conflicto con Benito Juárez y los franceses bajo el mando de Napoleón III, quien intentó imponer una monarquía en México al nombrar a Maximiliano, hermano del emperador de Austria, como emperador en 1864.

Esta situación se desencadenó después de que Napoleón III enviará 30 mil soldados a México y fuera derrotado en Puebla por el general Zaragoza en 1862, precisamente el 5 de mayo. Juárez había estado organizando el Ejército Reformista desde 1858, postulándose como presidente en contra de los Conservadores, quienes tenían la influencia de la Iglesia Católica. Juárez suspendió los pagos que México debía a sus acreedores extranjeros, lo que agravó aún más la situación política y económica del país en ese momento. Hasta Inglaterra y España se sumaron a la amenaza, desembarcando en Veracruz. Sin embargo, tanto Inglaterra como España abandonaron la empresa cuando se dieron cuenta de que las intenciones de Francia eran más políticas que financieras. Fue entonces cuando las tropas francesas, bajo el mando de Napoleón

III, llegaron a las costas de Veracruz con su ejército y marcharon hacia la Ciudad de México.

Las cosas no salieron como Francia había planeado, y el ejército francés fue derrotado con gran alegría por parte de los mexicanos el 5 de mayo de 1862. Fue en este contexto que Benito Juárez entró a la Ciudad de México y fue nombrado presidente interino. Sin embargo, Napoleón III no estaba satisfecho y en 1864 desembarcó en México con 30,000 soldados, ocupando nuevamente la Ciudad de México. Con la colaboración del Gobierno Conservador, Napoleón impuso a Maximiliano de Austria como emperador para gobernar México.

En esta parte de mi relato, quiero mencionar que mi familia tenía vínculos lejanos con los generales Miramón y Mexía, quienes eran destacados militares del bando Conservador en esa época. Aunque estos lazos familiares estaban muy alejados en mi árbol genealógico, es interesante destacar que ambos tenían ascendencia indígena al 100%. Esta conexión ya la había mencionado previamente, pero ahora quiero retomar la historia de mi tatarabuelo don Miguel el Grande en Juanacasco, donde observaba constantemente el paso de los ejércitos Conservadores y Reformadores, así como las diligencias y caravanas que cruzaban incesantemente por el camino.

El legado de don Miguel Franco el Grande: Pasión y misterio en Juanacasco

En aquellos días, la vida de mi tatarabuelo don Miguel Franco el Grande transcurría plácidamente en Juanacasco. Era un observador asiduo de las constantes caravanas y viajeros que transitaban por el camino, siempre dispuesto a intercambiar noticias y anécdotas con aquellos que cruzaban su camino.

Sin embargo, la verdadera pasión de don Miguel residía en su ganadería brava, un tesoro que atesoraba con orgullo. Mis abuelos, en particular mi abuelo Antonio Martín del Campo, bisnieto de don Miguel, solían compartir que esta ganadería era la joya de la familia.

Pero había algo más en la historia que intrigaba a la familia. Mi abuela Chita, esposa de mi abuelo Toño, era una apasionada de las corridas de toros. Conocía a la perfección las reglas y el arte de la tauromaquia, y seguía con fervor las corridas a través de la radio, emocionándose de sobremanera con cada faena taurina. No toleraba interrupciones durante las transmisiones, y su entusiasmo era contagioso.

La pasión por los toros se transmitía de generación en generación en nuestra familia. Mi abuela Chita, a su vez, había heredado este fervor de su suegra, doña Dolores Franco, hija de don Miguel el Grande. Mi madre Dolores compartió con ella todo lo que sabía sobre su padre y su ganadería brava, lo que fortaleció aún más el vínculo entre ambas mujeres.

Sin embargo, un enigma rodeaba a la ganadería brava de don Miguel. Nunca se conocieron los detalles precisos de su origen ni cómo llegó a formar parte de nuestra familia. Este misterio, que añadía un toque de intriga a nuestra historia familiar, permanece sin resolverse hasta el día de hoy. La ganadería brava de mi tatarabuelo, don Miguel Franco el Grande, se extendía majestuosamente en las tierras al norte de Juanacasco, específicamente en el Cerro Carnicero. Esta vasta extensión de tierra estaba destinada al ganado bravo, y las historias que escuché de mis abuelos indicaban que había cientos de ejemplares en su posesión. Don Miguel dedicaba tiempo y esfuerzo constante para asegurarse de que su ganado fuera cuidado con esmero, ya que sabía que de ello dependía la crianza de los mejores toros de lidia.

Don Miguel era un verdadero experto en todas las facetas de la ganadería brava y siempre estaba atento a los detalles. Su conocimiento abarcaba todos los aspectos del cuidado de estos animales, pero a pesar de su destreza, él mismo rara vez participaba en las corridas. Sin embargo, de vez en cuando, se sumía en el espíritu taurino y participaba en los famosos herraderos. Allí, deleitaba a la gente con su habilidad en la monta y ocasionalmente dejaba que su caballo se involucrara en el redondeo, aunque esta faceta no era su punto más fuerte.

La historia de don Miguel me recordó a una de las primeras corridas de toros que se llevó a cabo en América, en Lima, Perú, en 1540. Francisco Pizarro, montado en su caballo, se destacó como rejoneador al matar al segundo toro de la fiesta taurina. Era un recuerdo taurino histórico que se conectaba de alguna manera con la pasión que mi tatarabuelo sentía por estos eventos. Las corridas de toros con su ganadería eran eventos llenos de emoción y aventura que se llevaban a cabo en los pueblos cercanos, desde Arandas y San Miguel hasta Tepatitlán, e incluso en ocasiones especiales, llegaban hasta Guadalajara. Era una época llena de historias fascinantes y emocionantes en la vida de don Miguel Franco el Grande, un verdadero amante de la tauromaquia.

El esplendor de las corridas de toros en Tepatitlán

En los tiempos pasados, el transporte de los toros para las corridas se realizaba de manera terrestre, un proceso que requería que los animales fueran conducidos a su destino a pie. En esa era en la que aún no existían los medios de transporte modernos, los toros eran guiados a través de calles y caminos reales hasta llegar a su destino. Este método era arduo y requería mucho esfuerzo, pero era la única manera de trasladarlos.

Mi tatarabuelo, don Miguel, siempre tenía en su posesión una ganadería de una casta excepcional, lo que hacía que constantemente recibiera pedidos de toros para las fiestas taurinas. Puedo imaginar el bullicio y la emoción que se desataron en Tepatitlán durante la celebración anual del Señor de la

Misericordia. Cada año, multitudes de personas se congregaron en el centro de la ciudad, provenientes de todas partes, llenando las calles hasta el punto en que apenas se podía caminar.

Las mujeres y los hombres se mezclaban en la plaza, dando vueltas en direcciones opuestas. Los hombres se esforzaban por conquistar el corazón de alguna dama, obsequiando claveles y gardenias. Después de tanto jolgorio y movimiento, la banda de música retumbaba, brindando un breve descanso antes de que comenzaran los fuegos artificiales. Los castillos de pólvora se encendían, lanzando ristras de cohetes de colores que pintaban el cielo y llenaban los corazones de alegría. El punto culminante de estas festividades llegaba el 30 de abril, cuando el Señor de la Misericordia era celebrado en su santuario. Este evento era acompañado por una gran corrida de toros que ponía fin a las celebraciones con un espectáculo emocionante y lleno de tradición. Era un momento de esplendor y emoción en Tepatitlán, donde las corridas de toros eran el alma de la festividad.

Las corridas de toros en Tepatitlán eran un espectáculo único y deslumbrante que reunía a los mejores toreros de México, e incluso a veces, de España. La fiesta taurina se desplegaba en su máxima expresión, y la plaza de toros, aunque espaciosa, se llenaba rápidamente en el día más esperado, el 30 de abril. Si no se había adquirido el boleto con anticipación, era seguro que no se podría presenciar la corrida.

La emoción era palpable, y la gente estaba dispuesta a conseguir su boleto, incluso si sólo era de sol, ya que existían tres categorías de asientos: los de sol, los de sombra y los de palco, estos últimos los más costosos. Cuando era joven, alrededor de los 15 años, nos mudamos a Tepatitlán, y tuve la oportunidad de asistir a varias de estas corridas de toros. Las festividades taurinas aún se celebraban con la misma pasión y calidad que cuando mi tatarabuelo, don Miguel el Grande, estaba presente.

Don Miguel siempre tenía su palco especial reservado, ya que era el momento en el que presentaba su impresionante ganadería brava. Se enorgullecía de sus toros, algunos de los cuales pesaban hasta 600 kilogramos. Estos imponentes animales, en ocasiones, lograban saltar las barreras del ruedo como flechas, llevando la emoción al público que disfrutaba de la acción del toro dentro del anillo. Muchas veces, los aplausos y vítores del público acompañaron estas hazañas taurinas, creando un ambiente vibrante y emocionante que hacía que las corridas de toros en Tepatitlán fueran verdaderamente inolvidables.

El arte de las corridas de toros desplegaba su esplendor en cada rincón de la plaza. Los picadores, valientes defensores del ruedo, se enfrentaban a los toros con determinación, a veces, teniendo que picarlos en repetidas ocasiones para controlar su ímpetu y permitir que los toreros pudieran torear con destreza y obtener el máximo rendimiento de estos poderosos animales. En algunas ocasiones, el torero se demoraba toreando con la muleta, ya que los toros poseían una energía inagotable, recordando a los renombrados "Miura".

En mi mente, puedo visualizar a don Miguel, sentado en su palco con elegancia y gallardía, acompañado por su familia. Imagino a mamá Dolores, quien más tarde sería la madre de mi abuelo Antonio, destacando por su belleza femenina, cabello rubio, estatura alta y ojos azules, una característica que era común en la familia Franco.

En la plaza de toros, cuando don Miguel y su familia entraban, la banda local entonaba una emotiva melodía, ya sea un pasodoble o una marcha. Cuando llegaba el momento de la lidia, el juez, con gran elegancia, se encontraba listo para dar las órdenes a la banda de música, que anunciaba con la trompeta el inicio de la fiesta. Todo el mundo se levantaba y se detenía mientras el primer torero, valiente y decidido, se posicionaba en el centro del ruedo para recibir al toro, marcando el comienzo de una apasionante y emocionante tarde taurina.

Si algún torero deseaba desafiar más y asumir mayores riesgos, se inclinaba con su capote, esperando al toro antes de que este saliera disparado como una flecha, bufando y lanzando humo. El toro, de pelaje corto y mirada desafiante, embestía con fuerza como un torbellino, mientras el torero le plantaba cara con valentía, utilizando su capa para calmarlo y extraerle su coraje. En ocasiones, el toro saltaba la barrera del ruedo en un brinco espectacular, lo que requería precaución para evitar que alcanzara a alguna persona del público.

Así transcurría la alegría de la fiesta taurina hasta que concluían de lidiar con el cuarto toro. Todos se retiraban satisfechos, cada uno a su hogar, a la espera del último día de celebración en la plaza principal. En esa noche, la banda de música volvería a resonar, la gente daría vueltas en la plaza y los toreros se prepararon para enfrentar los últimos desafíos. Pero esta vez, el protagonismo recaería en los fuegos artificiales, con estruendosos cohetes y castillos de luces que iluminaban el cielo nocturno.

Al amanecer, los que sufrían las consecuencias de la celebración no eran otros que los barrenderos, encargados de limpiar la plaza y sus alrededores, que quedaban cubiertos de confeti, serpentinas de colores y otros restos que parecían colchones. Esta imagen, que presencié cuando era niño, se repetía en todos los pueblos cercanos durante las festividades anuales, anunciadas con antelación en las calles, y acompañadas de emocionantes corridas de toros que mantenían vivo el espíritu intrépido de la tradición.

Los desfiles taurinos eran un espectáculo lleno de emoción y tradición. Con el sonido de uno o dos tambores y su estandarte taurino, avanzaban por las calles del pueblo. Por la noche, los faroles se encendían y un pregonero, equipado con una bocina de feria, anunciaba con voz enérgica el reparto de toros que tendría lugar en la plaza. Así, recorrían casi todo el pueblo, llevando consigo el contagioso ritmo de la tambora y deteniéndose en cada esquina para dar a conocer los cuatro toros que formarían parte del evento, todos provenientes de la ganadería de don Miguel Franco.

Recuerdo haber tenido la oportunidad de presenciar esta hermosa costumbre. En Tepatitlán, había un pariente de la familia Franco llamado Juan González Franco, a quien conocían como don Juan Largo, quizás debido a su altura y complexión. Él heredó un extenso rancho llamado El Aguacate, cerca del Cerro Gordo, y compartía la pasión por los toros bravos que había sido transmitida por su padre y sus abuelos. Es posible que don Juan González Franco tuviera un parentesco cercano con mi padre, Miguel Franco el Grande.

Lo que más me llamaba la atención era que don Juan Largo también había heredado las tamboras con las que se anunciaba el combate taurino, y las dirigía de la misma manera que lo hacían en tiempos pasados. Recuerdo verlo cuando iba a presenciar una corrida de toros en Tepatitlán, organizando el desfile con las tamboras con un entusiasmo y una pasión increíbles. Este recuerdo me hace reflexionar sobre la arraigada tradición y la herencia que la familia Franco compartía con otros aficionados a la tauromaquia en la región.

La odisea de llevar los toros a Guadalajara

Quiero compartir con ustedes más detalles sobre don Miguel Franco, mi tatarabuelo, y los desafíos que enfrentaba al llevar el ganado a Guadalajara cuando recibían un pedido especial. Este era un trayecto de unos 90 a 95 kilómetros desde Juanacatlán hasta Guadalajara, y solía tomar al menos dos días, a veces más, para recorrer el Camino Real. Durante este viaje, se enfrentaron a numerosos problemas que parecían no tener fin.

La plaza de toros a la que llevaban los toros bravos estaba ubicada en el corazón de la ciudad de Guadalajara, cerca del Templo de San Juan de Dios y junto al hospicio. Don Miguel tenía que coordinar minuciosamente la preparación de los toros bravos antes de llevarlos a la ciudad.

Una de las tareas fundamentales era juntar los cabestros, que eran bueyes de ganado manso, para acompañar a los toros bravos durante el viaje. Esto se hacía para evitar que los toros bravos se precipitaran en un embate repentino cuando se acercaran a alguna persona. Esta precaución era esencial, ya que la seguridad de todos era una prioridad.

Por la mañana temprano, los caporales con su experiencia se encargaban de seleccionar cinco de los mejores toros para la corrida. Aunque las corridas generalmente se realizaban con cuatro toros, siempre llevaban uno o dos adicionales como precaución en caso de cualquier imprevisto.

El proceso de llevar los toros a Guadalajara era una auténtica odisea, llena de desafíos y obstáculos que don Miguel Franco y su equipo enfrentaban con determinación y pasión por la tauromaquia. Este viaje no sólo era un desafío logístico, sino también una demostración del compromiso de la familia Franco con la tradición taurina y su dedicación para brindar emocionantes corridas de toros en Guadalajara.

La travesía de los toros: De Juanacatlán a Guadalajara

Permítanme relatar con detalle la fascinante travesía que don Miguel Franco, mi tatarabuelo, y su equipo emprendían para llevar los toros desde Juanacatlán hasta la Ciudad de Guadalajara. Esta odisea comenzaba con la selección y reunión de los cabestros, bueyes de ganado manso que acompañaban a los toros bravos durante el viaje.

Los toros se dejaban en los corrales cercanos a la Casa Grande de Juanacatlán la noche antes del viaje. Al amanecer, partían temprano con los cabestros por el Camino Real en dirección a Guadalajara. Sin embargo, una hora antes de la partida, un grupo de hombres a caballo se adelantaba en el camino. Dado que el Camino Real era transitado por diligencias, arrieros y viajeros a caballo, se tomaban precauciones adicionales para evitar cualquier accidente que pudiera ocurrir si un toro se separara y representara un peligro para las personas o los demás animales en el camino.

A pesar de contar con un número considerable de cabestros, se debía tener un cuidado meticuloso debido a la astucia de los toros bravos. El viaje a Guadalajara era una tarea ardua y desafiante, pero el equipo estaba motivado por la emoción de llevar el ganado a la plaza de toros de Guadalajara, donde los toros de don Miguel Franco serían el centro de atención en una emocionante corrida. Llegaban a Guadalajara cansados pero satisfechos, sabiendo que habían cuidado del ganado con gran dedicación y conocimiento.

En Guadalajara, se preparaban con anticipación durante una semana para dar a conocer a los entusiastas de las corridas de toros que don Miguel Franco presentaría su ganado bravo en la plaza. Cada toro era conocido personalmente por aquellos que los habían visto crecer desde su más tierna edad, y sabían cuál poseía más casta y bravura. Este compromiso y pasión eran evidentes en cada paso de esta increíble travesía.

En Guadalajara, el ambiente de las corridas de toros era casi idéntico, pero allí lo que hacían al principio era pegar en cada esquina carteles con engrudo, anunciando la participación de los famosos toreros de aquellos tiempos, incluyendo picadores y banderilleros. No faltaba el anuncio de "SE LIDIARON CUATRO TOROS DE LA GRAN GANADERÍA DE DON MIGUEL FRANCO EL GRANDE". Así se aproximaba el día de la corrida, y la plaza se llenaba a rebosar, pues en aquellos tiempos había más afición a las fiestas taurinas que ahora.

Don Miguel, como siempre, tenía su palco especial en calidad de dueño del ganado bravo que iba a ser lidiado. Este palco estaba cercano al del juez, figura de gran importancia en el evento. Sin la presencia y las decisiones del juez, nada podía suceder. Él era quien daba las órdenes para comenzar el espectáculo y tenía la última palabra para premiar a los toreros según la faena que realizaban, otorgándoles una o dos orejas, y en ocasiones, si la faena era excepcional, dos orejas y el rabo, siempre respetando la opinión del público.

Don Miguel, a quien llamábamos cariñosamente "papá Miguel", siempre estaba listo en su palco mucho antes de que comenzara la fiesta, con su imponente presencia y estilo único. Llevaba su sombrero redondo, no muy grande, y su chaqueta gruesa al estilo chinaco, completando su atuendo con un elegante traje.

En aquellos tiempos, mi padre lucía un traje muy elegante, una mezcla entre el estilo Chinaco y español, distintivo de aquella época. Solía estar acompañado en su palco, a veces por sus hijos, y otras veces incluso por mi bisabuela, que debía lucir muy hermosa. Como ya mencioné, se parecía mucho a su padre, con cabello rubio y ojos azules, y mejillas rojas, características típicas de la descendencia Franco.

Fuera de la plaza, también había una gran algarabía. A medida que la gente iba entrando, se podía encontrar todo tipo de vendedores que aprovechaban para comercializar sus productos: frutas, aguas frescas, elotes, tamales, y mucho más. La competencia era tal que los precios eran un verdadero regateo. Y por supuesto, no faltaban los revendedores de boletos fuera de la taquilla, quienes, especialmente cuando la plaza estaba llena, elevaban sus precios aprovechando la demanda.

Los revendedores solían comprar con anticipación un montón de boletos para luego venderlos a precios más elevados, especialmente si veían que la corrida prometía ser buena. Con el ganado de don Miguel el Grande, se garantiza mejor el evento por la casta del ganado. Así se hacía una buena "Fiesta Taurina". Los vendedores garantizaban su venta y, mientras la gente entraba, la banda de música ya llevaba un buen rato tocando todo tipo de pasodobles y marchas al estilo español, que incluso inspiraban a algunos a bailar.

Al escuchar la banda de música con sus pasodobles apasionantes, uno no podía evitar sentirse inflado de emoción, casi como un pavo real. La expectación crecía aún más al saber que pronto comenzaría el desfile tan elegante. Al frente del desfile solía aparecer un caballo que bailaba al ritmo del pasodoble interpretado por la banda. Este espectáculo empezaba justo cuando sonaba el toque de diana ordenado por el juez.

El jinete, luciendo un sombrero al estilo de Napoleón, una capa y una espada que casi cubría todo el caballo, saludaba con la espada en mano, levantándose a la altura de la quijada. Detrás de él, el desfile se alineaba en dos filas: primero los picadores montados en sus caballos tuertos –a los que se les tapaba un ojo para que no vieran venir al toro– y protegidos con colchonetas. Luego seguían los banderilleros, los subalternos, y, por último, los toreros, desfilando con una elegancia única.

Los trajes de los toreros, confeccionados en un tejido especial para que resbalara el cuerno del toro, estaban adornados con un brillo cincelado y filigranas de colores deslumbrantes. Las capas, igualmente bellas, eran sostenidas y envueltas en el brazo doblado mientras caminaban con su paso característico hacia las tarimas del anillo y las barreras, donde colgaban sus capas en la barda. Era un momento de gran solemnidad y belleza, que anticipaba la emoción y el valor que se vivirían en la corrida.

Los toreros, saludando al público que se pone de pie, terminan su desfile y se sientan, dando paso a la reanudación de la música que prepara la entrada del primer toro. Cuando todo está listo, se señala al juez que comience la lidia. El juez da la señal a la banda, que anuncia la entrada del primer toro. La música se detiene abruptamente y el trompetista, con un toque especial, anuncia la apertura de las puertas.

El toro, ya enfurecido por haber sido pinchado con un estoque como banderilla pequeña para incitar su coraje, sale bufando. Llega a la barda del anillo en un instante, y a veces incluso salta la barda, mientras los toreros lo observan atentamente. Algunos toreros, en un despliegue de valentía, a veces se colocan en el centro de la plaza con la capa lista para enfrentar al toro, haciendo que el público se de anticipación por lo que pueda suceder.

He presenciado varias veces tales actos de arrojo. Recuerdo una ocasión en que un toro, como un huracán, embistió al torero. Aunque no lo corneó, el golpe fue tal que el torero quedó rengueando. Rápidamente fue asistido por los subalternos, y, demostrando un gran coraje, se retiró con la ayuda de sus compañeros.

En otra ocasión, un torero, con gran valentía, realizó una faena casi perfecta. Aunque no logró matar al toro con la primera estocada, y requirió de una segunda, la habilidad y el arte desplegados fueron memorables. Estos momentos, llenos de tensión y emoción, definen la esencia de la corrida, un espectáculo de valor, tradición y arte profundamente arraigado en la cultura de Guadalajara.

Mis experiencias y recuerdos en las corridas de toros son profundas y variadas. Aprendí asistiendo a muchas corridas, conociendo casi todas las reglas y movimientos. Tuve la fortuna de ver a toreros legendarios como Carlos Arruza, Armillita, y la increíble oportunidad de ver a Manolete en Guadalajara. También recuerdo a Capetillo, un torero valiente y un charro completo, quien además hizo varias películas, demostrando ser un artista fabuloso en todo lo que hacía.

Tengo un profundo respeto y admiración por Capetillo, un verdadero orgullo para México, aunque siento que aún no ha recibido el reconocimiento que tanto merece. Aunque me fascinan los toros y disfruto viéndolos, debo admitir que no tengo la sangre "suicida" necesaria para ser torero.

Retomando la historia de mi tatarabuelo don Miguel, quien observaba desde su palco las faenas de su buen ganado y los hábiles toreros, les explicó cómo era el procedimiento con cada toro. Primero, los toreros cansaban un poco al toro con varios capotazos. Luego, el juez daba la orden y, al sonar el toque especial de la trompeta, se pedía el cambio. Se ponían dos o tres pares de banderillas, agotando bastante al toro. Entonces se pedía otro cambio para los picadores, seguido por la entrada de los dos grandes caballos.

Esta secuencia de eventos, llena de ritual y habilidad, captura la esencia de las corridas de toros, una parte integral de la cultura y el espíritu de Guadalajara, y un vívido recuerdo de mi herencia familiar.

Los picadores, esenciales en la lidia, deben montar caballos grandes y fuertes, capaces de soportar los embates de los toros. A pesar de su fortaleza, a veces los toros logran derribarlos, y en ese momento el picador debe actuar rápidamente. Si el picador hiere demasiado al toro, el público comienza a protestar, instando al juez a pedir un cambio. Mientras tanto, los capoteros distraen al toro con capotazos, preparando el escenario para el torero.

Cuando entra el torero con su capa, si es hábil, recoge al toro junto con él, dándole medias vueltas, y si el toro es bueno, incluso vueltas completadas. El toro, exhausto, sigue embistiendo la capa del torero, casi arrastrándose, pero sin rendirse. En este punto, el juez pide otro cambio, y el torero, con un movimiento elegante, da una vuelta a la capa en el aire después de que el toro pasa completamente por debajo.

Luego, tomando la muleta, el torero da un respiro al toro, que ya muestra signos de fatiga, sacando la lengua por el cansancio. El torero, con la muleta, comienza a trabajar al toro, demostrando su dominio. A veces, en un acto de valentía y maestría, se arrodilla frente a los cuernos del toro, dándole la espalda y colocando su codo entre los cuernos.

Esta danza entre el torero y el toro, llena de técnica, coraje y arte, es un elemento fundamental de las corridas en Guadalajara. Refleja no sólo la habilidad y el valor del torero, sino también la fuerza y el espíritu indomable del toro, haciendo de cada corrida un espectáculo de emociones profundas y tradición cultural.

Honor y tradición: La leyenda de don Miguel en las corridas de toros

Cuando llegaba el momento crucial de la corrida, el torero, listo para asestar la estocada final, doblaba la rodilla para avanzar y ejecutar el golpe perfecto. Si la suerte estaba de su lado y lograba matar al toro con la primera estocada, y además había realizado una faena impresionante, el público respondía con una ovación estruendosa. El nivel de aplausos del público era el criterio que utilizaba el juez para decidir si otorgar una o dos orejas al torero. Y, si la faena era excepcional, se cortaba la punta de la cola del toro, el rabo, que también se le entregaba al torero.

El torero, entonces, daba la vuelta alrededor de la plaza, con el público de pie aplaudiendo, las mujeres lanzando claveles y los hombres sus sombreros, en señal de reconocimiento por la magnífica faena realizada. En esos momentos, don Miguel el Grande brillaba, puesto que él también se ponía de pie para aplaudir, mostrando su orgullo por el buen ganado de casta que había proporcionado. Me imagino que papá Miguel se debía sentir como un pavo real, al igual que aquellos que estaban sentados con él en su palco.

¿Qué más puedo decir de mi tatarabuelo? Estoy muy orgulloso de él y me hubiera encantado conocerlo en persona, al igual que a mi bisabuela Dolores Franco, su hija. Tal vez, si Dios lo permite, nos encontraremos al final de nuestro camino. Cuando don Miguel falleció, fue enterrado en el cementerio de Tepatitlán, donde su tumba, muy hermosa, aún se conserva como un recordatorio de su legado y la rica historia familiar.

Legado de don Miguel Franco: Historia de una dinastía taurina

La tumba de don Miguel Franco, una figura icónica en el mundo de la tauromaquia, se asemeja a una pequeña capilla con su puerta de barandal, marcando una fecha de alrededor de 1890. Cerca de su sepulcro descansa otro Miguel Franco, posiblemente un descendiente de mamá Dolores. La próxima vez que visite Tepatitlán, me propongo investigar más sobre estos enlaces familiares.

Con gran gusto les he compartido todo lo que sé sobre mi tatarabuelo Miguel Franco el Grande, reconocido como un gran ganadero y experto en todo lo relacionado con los extensos ranchos y la cría de ganado bravo. Mantuvo una excelente reputación hasta su muerte, dejando este legado a sus hijos y descendientes. Hace no mucho tiempo, ese mismo ganado terminó en manos de la ganadería del famoso cómico mexicano Cantinflas, quien lo compró de una prima segunda de mi padre, María González, viuda de Franco. Ella era hija de don Francisco González, primo hermano por doble vía de mi abuela María González, madre de mi padre. María se casó con José María Francés, descendiente de mi tatarabuelo Miguel Franco el Grande. Don José María mantenía su ganadería en un rancho cerca de la Capilla, mi pueblo, que se llama "El Burrol". Lamentablemente, a causa de un accidente, don José María falleció, pero su legado y sus toros en las fincas "Aprobadas" se mantuvieron durante mucho tiempo, conservando así la historia y el orgullo de una dinastía taurina excepcional.

Herencia de valor: La saga de los toros de Franco

La historia de mi tatarabuelo don Miguel Franco El Grande y su legado en el mundo de la tauromaquia es una de valentía y tradición. Los toros de la ganadería Franco, conocidos en las plazas por su bravura y nobleza en la lidia, mantuvieron su prestigio hasta que un desafortunado accidente precipitó la decisión de vender la ganadería. Fue entonces cuando Cantinflas, reconociendo la calidad y el renombre de la casta de estos toros, se ofreció a comprarla.

Esta narración real culmina con la venta de la ganadería a Cantinflas, un capítulo importante en la historia taurina de nuestra familia, marcando el fin de una era, pero preservando el legado de una estirpe de toros excepcionales. Hasta aquí llega la historia verídica de mi tatarabuelo, un personaje cuyo nombre y herencia permanecen en la memoria de todos aquellos que valoran la tradición de las corridas de toros.

Ahora, me dispongo a relatar otra historia interesante, justo antes de llegar a mi nacimiento. Aunque aún estoy por llegar a esa parte, les adelanto que también tengo cosas muy interesantes que contar, especialmente porque, cuando era niño, era bastante travieso.

CAPÍTULO 15

Era de cambios: México entre revoluciones y nacimiento de mis padres

Mis padres nacieron en el año 1912, un periodo crucial en la historia de México, marcado por el inicio de un nuevo gobierno tras la partida de Porfirio Díaz a Francia. Esta era de transición es fundamental para entender el contexto en el que crecieron. Porfirio Díaz, quien se había exiliado en 1911, fue un general bajo el mando de Ignacio Zaragoza, quien jugó un papel decisivo en la famosa Batalla de Puebla el 5 de mayo de 1862, cuando el ejército mexicano derrotó a las fuerzas francesas.

Época de cambios: Porfirio Díaz y el inicio de la Revolución mexicana

En el contexto de la historia mexicana, el gobierno de Porfirio Díaz representa una época de contradicciones. Díaz, un mestizo a carta cabal, mantuvo a México bajo una dictadura que duró más de 30 años. A pesar de llevar al país a una mejor posición en ciertos aspectos, su gobierno también se caracterizó por un creciente descontento popular debido al incumplimiento de sus obligaciones hacia el pueblo mexicano. Eventualmente, esto llevó a Díaz a dejar el país y exiliarse en Francia en 1911. Esta situación resulta irónica si consideramos que Porfirio Díaz fue uno de los generales que, en 1862, durante la Batalla del 5 de Mayo, luchó para expulsar a los franceses de México. A pesar de la hostilidad hacia los franceses durante la batalla, Díaz encontró asilo en Francia años después, evidenciando la naturaleza cambiante de la política.

Desde 1910, México ya estaba inmerso en la Revolución Constitucionalista, que buscaba la creación de nuevas leyes y el cumplimiento del Plan de San Luis Potosí. Francisco I. Madero, la historia mexicana de aquellos tiempos es compleja y fascinante. Benito Juárez, otro personaje crucial, ordenó la ejecución de Maximiliano de Habsburgo en 1867. Tras su muerte, Juárez continuó como presidente hasta 1872, siendo sucedido por Sebastián Lerdo de Tejada. Posteriormente, Porfirio Díaz tomó el poder en 1876, manteniéndose en él hasta 1911, justo antes del nacimiento de mis padres.

Este marco histórico, con sus revoluciones y cambios de gobierno desde 1910 hasta 1929, fue el telón de fondo durante los primeros años de vida de mis padres. Su nacimiento en 1912 coincide con un México que se encontraba en medio de una profunda transformación política y social, una era que sin duda marcó y definió sus vidas y la de muchas otras personas de su generación. Nombrado el apóstol de la Revolución, emergió como un presidente comprometido con el cambio, pero enfrentó la oposición de Victoriano Huerta, un general con tendencias autoritarias. Huerta, al mando de un golpe de estado, asesinó a Madero en 1913 y tomó la presidencia.

Durante este período, figuras como Francisco Villa en Chihuahua, invitado por el Gobernador Abraham González, y Emiliano Zapata en el sur, se levantaron en armas apoyando a Madero y oponiéndose a Huerta. Estos acontecimientos marcaron el inicio de un período turbulento en México, lleno de luchas y transformaciones que eventualmente darían forma a la nación moderna.

Tiempos de revolución: El legado de Madero y la lucha de Villa y Zapata

Tras el asesinato de Francisco I. Madero en 1913, la Revolución Mexicana tomó un nuevo rumbo. A pesar de perder el apoyo de

Estados Unidos, los esfuerzos revolucionarios de Pancho Villa y Emiliano Zapata lograron forzar la salida de Victoriano Huerta del poder. En 1914, Venustiano Carranza asumió la presidencia, manteniéndose en el cargo hasta 1920.

Durante este periodo, Villa y Zapata continuaron su lucha revolucionaria. Villa, en particular, logró victorias significativas en batallas como las de Zacatecas, Torreón y una gran victoria en Ciudad Juárez en 1915. Este último triunfo fue tan notable que incluso el general Álvaro Obregón de México y el general John J. Pershing de Estados Unidos, conocido como "Black Jack", lo felicitaron personalmente, capturando este momento en una fotografía histórica que conservo.

Villa, en un acuerdo con el general Pershing, esperaba que Estados Unidos le vendiera armas y municiones. Sin embargo, el material recibido tenía poca pólvora y resultaba ineficaz en combate, lo que llevó a un Villa frustrado a tomar medidas drásticas. En 1916, atacó el pueblo de Columbus en Nuevo México, causando la muerte de unas 18 personas y provocando bajas en ambos bandos. Este incidente enfureció al presidente Woodrow Wilson de Estados Unidos, quien ordenó al general Pershing perseguir a Villa. Estos acontecimientos reflejan la complejidad y la violencia de un periodo definido por la lucha por el poder, la justicia y la soberanía en México.

Desafíos y cambios: La era de Villa, Carranza y la Revolución Cristera

La historia de la Revolución mexicana es una crónica de astucia y poder. Pancho Villa, con el respaldo tácito del gobierno mexicano, demostró ser un estratega formidable. En una de las batallas más emblemáticas, en Celaya, Guanajuato, Villa se enfrentó al general Álvaro Obregón. A pesar de perder un brazo debido a un cañonazo de Villa, Obregón logró derrotar al caudillo revolucionario, forzándolo a retirarse a Chihuahua. Después del asesinato de Victoriano Huerta, Venustiano Carranza ascendió a la presidencia. Durante su mandato, ordenó el asesinato de Emiliano

Zapata, un acto que marcó profundamente el curso de la revolución. Posteriormente, Álvaro Obregón tomó el poder en 1920 y, en un giro del destino, Carranza fue asesinado. Obregón mantuvo la presidencia hasta 1924, aunque intentó una reelección que perdió frente a Plutarco Elías Calles.

Calles, a quien se le apodaba "Satanás", asumió la presidencia en medio de una turbulencia considerable. Su gobierno se caracterizó por intentos de alinear a México con las ideas comunistas de Rusia, lo que incluyó la introducción del comunismo ateo, el cierre de iglesias, la prohibición del culto religioso y la persecución de sacerdotes y religiosos. En los materiales educativos gubernamentales, se promovió la simbología comunista, desatando una respuesta feroz por parte de los católicos cristianos.

Esta tensión culminó en la Revolución Cristera, una rebelión de los fieles católicos contra las políticas anticlericales de Calles, marcando su gobierno hasta 1928. Este período sangriento y lleno de conflictos sentó las bases para la creación del Partido Revolucionario Institucional (PRI) en 1928, una entidad política que jugaría un papel crucial en la historia política de México en las décadas siguientes.

Resistencia y fe: La historia de mis padres en la Revolución Cristera

En el año 1929, en medio de un México convulsionado por la política y la lucha ideológica, mis padres crecieron y vivieron sus primeros años. Nacidos en 1912, su infancia y juventud se desenvolvieron en el corazón de la revuelta Cristera, particularmente en Los Altos de Jalisco, una región conocida por su firme resistencia y valentía.

Los Cristeros, como se les conocía, lucharon con un espíritu indomable y una fe cristiana inquebrantable. A pesar de los esfuerzos de Plutarco Elías Calles, quien intentó transformar a

México en una nación comunista, nunca logró su objetivo. Era impensable eliminar o incluso debilitar la fe católica, que en ese tiempo constituía el 90% de la población mexicana. Incluso en el mismo gobierno, había muchos católicos que, de manera anónima, cooperaron secretamente para contrarrestar las políticas anticlericales de Calles.

Lo que Calles no comprendió fue la determinación y valentía de la gente de Los Altos de Jalisco, descendientes de castellanos, dispuestos a defender sus creencias y su fe hasta la muerte si era necesario. En esta Revolución Cristera, se demostró una vez más que la presencia divina estaba de su lado, como lo había estado durante los antiguos enfrentamientos entre moros y cristianos en España. Esta lucha, marcada por el heroísmo y el sacrificio de muchos mártires, finalmente culminó en un triunfo significativo. Demostró que una gracia divina no puede ser fácilmente extirpada por un gobierno que intenta suprimir una fe arraigada y pura. La historia de mis padres, su crianza y desarrollo en este contexto, es un testimonio de resistencia, fe y el poder de la convicción en tiempos de adversidad.

Liborio y Castro: La transformación de Cuba

La historia de Cuba, particularmente durante la era de Fidel Castro, es una narrativa de cambio y desilusión. Fidel Castro, al asumir el poder derrocando a Fulgencio Batista, inicialmente prometió mejorar la nación. Sin embargo, su alineación con Rusia y el comunismo sólo empeoró la situación, sumiendo al pueblo cubano en una profunda crisis económica. Los únicos beneficiados fueron aquellos que se unieron al régimen comunista y a Castro, disfrutando de privilegios mientras el resto del país sufría.

El símbolo de la Cuba pre-Castro, Liborio, representa la esperanza y el consuelo de los pobres, especialmente de los guajiros, los cortadores de caña. Antes de la llegada de Castro al poder, Liborio era una figura que prometía un futuro mejor, incluso bajo el gobierno problemático de Batista. Sin embargo, con la entrada de Fidel al poder, la promesa de Liborio de mejorar las cosas se desvaneció.

Castro, bajo la bandera del nacionalismo, explotó a los guajiros, obligándolos a trabajar en condiciones extenuantes sin remuneración adecuada. Esto llevó a Liborio, el consolador de los pobres, a retirarse a la sombra de un árbol en desconsuelo, simbolizando la pérdida de esperanza del pueblo cubano.

A pesar de esto, la narrativa sugiere que Liborio no se ha rendido completamente y que su espíritu podría resurgir en la lucha por los guajiros y los desfavorecidos de Cuba. Este relato es un reflejo de la lucha y la resistencia del pueblo cubano en medio de dramáticos cambios políticos y sociales.

CAPÍTULO 16

Reflexiones sobre la existencia y la fe

En mi reflexión sobre la vida y la eternidad, doy gracias a Dios por la capacidad de superar adversidades, como lo hemos hecho en México. Es incomprensible para mí cómo algunas personas no reconocen la existencia de una vida eterna. Desde nuestro nacimiento, Dios nos regala la eternidad y el razonamiento, elementos inseparables del alma. No importa si lo aceptamos o no, no podemos desprendernos ni de la eternidad ni de nuestra propia alma.

Dios escogió al ser humano, dentro de los 23 millones de especies animales descubiertas por los científicos, como el único ser racional. Somos los únicos capaces de reír, razonar y reconocer la existencia de Dios. Incluso aquellos con limitada inteligencia o sumidos en la ignorancia, en lo más profundo de su ser, saben que existe algo superior.

Dios se manifiesta en todo lo que nos rodea: en las plantas, las frutas, los árboles, y en todos los animales. Todo ser vivo crece y se desarrolla por un motivo, aprovechando lo necesario para sus miembros, que se mueven por un comando del cerebro y son alimentados por células en una perfecta coordinación. Todo esto es parte de un diseño divino, unidos con el espíritu y el alma.

Somos un soplo de Dios mismo, creados con su gran amor para disfrutar de este mundo y, posteriormente, del otro, donde se encuentra la verdadera eternidad. Aunque algunos sean escépticos o indiferentes a estas verdades, la esencia de nuestra existencia y la presencia de Dios en todo lo que nos rodea son innegables, ofreciéndonos un propósito y una conexión más profunda con el universo y la vida misma.

Entre luz y oscuridad: Reflexiones sobre el destino humano

En la vida, cada individuo se enfrenta a una encrucijada entre el bien y el mal, entre acciones que nutren el alma con bondad o la vacían con maldad. Es una elección constante que define nuestra existencia y moldea nuestra conciencia. Al final de nuestros días, cada uno de nosotros debe enfrentar el camino que merecemos: uno de dos destinos ineludibles, la luz o la oscuridad, la gloria o el castigo, el cielo o el infierno.

Pero, incluso en el umbral de la eternidad, la esperanza nunca se pierde. Dios, en su infinita bondad y misericordia, está dispuesto a perdonar incluso al arrepentido que se vuelve hacia Él en el último minuto de su vida terrenal. Ese acto sincero de arrepentimiento puede salvar un alma del sufrimiento eterno, un sufrimiento que, a diferencia de cualquier castigo temporal, nunca tiene fin.

La eternidad, a menudo incomprendida por la mente humana, es un concepto que trasciende nuestra comprensión del tiempo. Un millón de años, o incluso mil millones, es insignificante comparado con la eternidad. En la eternidad, no hay final, no hay esperanza de conclusión, sólo una continuidad infinita.

Estas reflexiones sobre Dios y la naturaleza humana no pretenden adentrarse en los dogmas de ninguna religión, sino compartir lo que he aprendido y observado sobre estos temas. Sirven como un recordatorio de que nuestra estancia en este mundo es temporal, una especie de vacaciones que a veces son breves y otras veces un poco más largas. Recordemos siempre que nuestras acciones y decisiones aquí tienen un impacto duradero, extendiéndose mucho más allá de nuestra existencia terrenal.

CAPÍTULO 17

Los Cristeros y mis padres: Testigos de la revolución

Mis padres nacieron en 1912, en un México convulso por los cambios políticos y sociales. Esta época coincidió con el principio de la Revolución Constitucional iniciada en 1910, que llevó a Francisco I. Madero a la presidencia tras vencer en las elecciones a Porfirio Díaz. La huida de Díaz al exilio en Francia en 1911 y el posterior asesinato de Madero en 1913, marcaron profundamente la niñez de mis padres.

Crecieron escuchando historias de los sangrientos enfrentamientos revolucionarios y de cómo los presidentes que asumían el poder en México eran frecuentemente asesinados. Estos relatos eran comunes en la región de Los Altos de Jalisco, donde vivían. Mis padres pasaron sus primeros años en la gran casa heredada de mi abuela María, en la Capilla de Guadalupe. Mi madre también creció en esa misma área, y por un tiempo en Juanacatlán, donde se trasladó con su madre Dolores Franco y mi abuelo Antonio.

En Los Altos de Jalisco, la revolución era un tema constante. Los ejércitos del gobierno y los de Villa, entre otros, pasaban frecuentemente por el Camino Real, cerca de donde vivían mis padres. Aunque en esa región no había razones específicas para protestar, la atmósfera de cambio y agitación política era palpable y dejó una huella imborrable en la memoria de mis padres, forjando su carácter y comprensión del mundo en esos años formativos.

El desafío de Calles y la lucha Cristera: Relato familiar

Cuando Plutarco Elías Calles asumió la presidencia de México, comenzó una era de grandes desafíos en mi región y en muchos estados del centro del país. Su intento de alinear a México con Rusia y convertirlo en una nación comunista generó una crisis profunda. La primera orden de Calles fue cerrar las iglesias y prohibir el culto religioso. Este hecho marcó profundamente nuestra historia familiar y la de muchas otras personas.

De todos los relatos que he escuchado sobre esta época, los más importantes provienen de mi tía Chole, a quien cariñosamente llamábamos así, y que pasó gran parte de su vida en el sur de San Francisco, California. Llegué a Estados Unidos legalmente en 1965, uniéndome a otros familiares que ya residían allí, incluyendo a mi tía Chole y mi tío José Navarro, ambos originarios de la Capilla y quienes se convirtieron en nuestros ángeles guardianes en Estados Unidos, apoyándonos en todo. Mi tía Chole y mi tío José se casaron en la Capilla apenas un año o dos antes de que comenzara la Revolución Cristera.

Fueron testigos de los tumultuosos eventos de esa época y, como muchos otros, buscaron un futuro mejor en Estados Unidos. Sus relatos sobre los problemas enfrentados durante la Revolución Cristera y las razones por las que emigraron a Estados Unidos son parte esencial de nuestro legado familiar, narrando la lucha y resistencia en un tiempo de cambio y adversidad.

Resistencia y exilio: La historia de los Navarro en la Revolución Cristera

La llegada de la Revolución Cristera transformó la vida de mi tío José y mi tía Chole, quienes formaban un matrimonio feliz y habían tenido a su primer hijo, Reynaldo Navarro. José, dedicado a la carpintería, se vio envuelto en la revuelta cuando fue nombrado promotor de la protesta contra el gobierno de Calles. Sin embargo, la traición y la persecución no tardaron en aparecer, lo que les obligó a huir a Estados Unidos, salvándose así de una muerte segura.

Durante más de 60 años vivieron en el sur de San Francisco, donde compartí muchos años con ellos. Fue en su hogar donde escuché las historias sobre los Cristeros y los ejércitos del gobierno, que incansablemente perseguían a los rebeldes. La primera gran protesta contra Calles se originó en Tepatitlán, cuando el pueblo y los campesinos de los alrededores se unieron contra el gobierno, sitiando el edificio de la presidencia municipal, donde se encontraba Quirino Navarro, entonces presidente municipal.

Cuando el ejército, que ya disponía de vehículos para desplazarse por los caminos de terracería del viejo Camino Real, fue enviado desde Guadalajara para romper el sitio a Quirino Navarro, tuvo un encuentro decisivo en unos potreros cercanos conocidos como el Plan de Arenas. Estos eventos y relatos familiares pintan un cuadro vívido de la lucha y el sacrificio durante la Revolución Cristera, una época de resistencia y fe que marcó profundamente a mi familia y a muchos otros en México.

La lucha de los Cristeros, marcada por la valentía y el sacrificio, comenzó con un episodio trágico y simbólico. En aquel tiempo, cerca de 1500 a 2000 jóvenes de la Acción Católica de la Juventud Mexicana (ACJM) se reunieron, jugando y corriendo con sus caballos, disparando balazos al aire, sin tomar en serio la gravedad de la situación. Vieron al ejército aproximarse en sus camiones en fila, pero no le dieron importancia.

El ejército, al llegar, se detuvo y preparó sus ametralladoras. Lo que siguió fue una desbandada, pero muy pocos lograron escapar, resultando en una masacre. Esta tragedia despertó la conciencia de muchos; la situación ya no era un juego. Con la caída de los primeros mártires por la fe, los Cristeros comenzaron a organizarse seriamente.

Uno de los valientes que emergió de esta lucha fue Victoriano Ramírez, conocido como "el Catorce", apodado así por un enfrentamiento memorable. Un soldado del ejército, apodado "Sardo", intentó revisarlo en busca de armas. En defensa propia, Ramírez mató al Sardo y huyó, siendo perseguido por un pelotón de catorce soldados. Lo acorralaron en un potrero cerca de San Miguel el Alto, pero él se defendió valientemente, refugiándose entre unas piedras. Este episodio se convirtió en un símbolo de la resistencia Cristera, demostrando la determinación y el coraje de aquellos que lucharon por su fe y sus creencias, incluso frente a la adversidad más extrema. La historia de los jóvenes de la ACJM y de héroes como Victoriano Ramírez es un recordatorio del espíritu indomable que caracterizó a los Cristeros y su lucha en la historia mexicana.

El Catorce y la leyenda Cristera

Victoriano Ramírez, conocido como "el Catorce", se convirtió en una figura legendaria durante la Revolución Cristera. Poseedor de una agudeza visual extraordinaria y una puntería increíble, ganó su apodo tras un enfrentamiento en el que eliminó a catorce soldados enemigos. Esta hazaña lo llevó a unirse a los Cristeros, convirtiéndose más tarde en uno de sus líderes más valientes.

Otro personaje destacado fue Victoriano Martín, oriundo de Mirandilla. Conocido por ser temido por los soldados del gobierno, su reputación era similar a la del general Fierro, quien servía bajo Pancho Villa. Martín encontraba gran satisfacción en combatir a los soldados gubernamentales. A diferencia del general Fierro, quien fue abatido por las fuerzas federales, Victoriano Martín sobrevivió a la Revolución Cristera, trasladándose a la frontera y falleciendo de muerte natural en Tijuana.

Mi tía, quien vivió en la Capilla durante este turbulento periodo, me contó cómo detectaban la llegada de los soldados federales. Un viento fuerte comenzaba a soplar, y en los meses secos, desde febrero hasta mayo, se levantaban polvaredas tan densas que oscurecían el cielo. Estos signos eran un aviso para la comunidad, que se apresuraba a esconder a las señoritas y tomar precauciones. Estos relatos no sólo narran los actos heroicos de figuras como "el Catorce" y Victoriano Martín, sino también las experiencias cotidianas de aquellos que vivieron bajo la sombra de la Revolución Cristera, marcando profundamente la memoria colectiva de la región.

La emboscada Cristera en la Capilla

Durante la Revolución Cristera, un enfrentamiento decisivo tuvo lugar cerca de la Capilla. Los habitantes del pueblo, temiendo por la seguridad de las mujeres ante la llegada de un destacamento de aproximadamente 300 soldados federales, las escondieron rápidamente. Los Cristeros, conocedores del terreno y hábiles en tácticas de guerrilla, prepararon una emboscada.

Mi tía Chole me relató cómo los Cristeros, al detectar la entrada del ejército a la Capilla, ejecutaron un astuto plan. Mientras el pueblo parecía deshabitado y el ejército se posicionaba en la plaza, los Cristeros, ubicados a unos cinco kilómetros al sur, iniciaron su estrategia.

Un grupo de unos treinta hombres a caballo comenzó a disparar hacia la plaza desde la orilla del pueblo, atrayendo la atención del ejército. Al sonido de la trompeta, los soldados, como lobos feroces, persiguieron a los Cristeros, quienes se refugiaron en un cerro cercano y posiblemente en alguna barranca.

Mi tía describió cómo sólo se escuchaban disparos y luego un silencio prolongado, dejando al pueblo en incertidumbre toda la noche. Al amanecer, cuando sonó nuevamente la trompeta, se pensó que era el ejército regresando, pero sólo era un soldado, el trompetista, quien sobrevivió a la emboscada.

Según relatos de testigos, los soldados cayeron en la trampa al entrar en la barranca, donde los Cristeros, camuflados y con una puntería excepcional, los esperaban. Aprovechando la vegetación seca de septiembre, los Cristeros prendieron fuego al área, creando un caos del cual apenas escapó el trompetista.

Este episodio, que terminó en una victoria decisiva para los Cristeros, se convirtió en un símbolo de su resistencia y habilidad en la lucha por sus creencias, demostrando su destreza y conocimiento del terreno en su enfrentamiento contra un enemigo mucho más numeroso. En un episodio clave de la Revolución Cristera, un grupo de Cristeros consiguió exterminar a un contingente de 300 soldados federales, excepto a un trompetista. Este sobreviviente, llevado ante el comandante (cuyo nombre mi tía no recordaba en ese momento), fue enviado a Tepatitlán para informar de la derrota. El comandante, inmediatamente, montó su caballo y partió junto al trompetista hacia Tepatitlán, tomando el camino que conectaba la Capilla con el Camino Real.

Durante su trayecto, la desconfianza entre el soldado y el comandante creció. Ambos iban armados y alertas, sospechando el uno del otro. En un momento de descuido, el trompetista fue asesinado, lo que obligó al comandante a regresar sólo con el cuerpo del soldado caído. Esta tensa situación reflejaba el clima de sospecha y miedo que se vivía en la Capilla. Los habitantes del pueblo estaban constantemente alertas ante la posible llegada de las fuerzas federales. Los sacerdotes, temerosos de represalias, ofrecían misas en casas particulares.

Sin embargo, el 12 de diciembre, día de la celebración de la Virgen de Guadalupe, la comunidad desafió el temor y se reunió para honrar a su patrona, sin importarles la posible llegada del ejército. Este acto de fe y desafío simbolizó la resistencia y el espíritu indomable de los habitantes de la Capilla y los Cristeros, quienes, a pesar de la opresión y el peligro, mantenían viva su devoción y sus tradiciones.

Celebración de la Virgen de Guadalupe - Convivencia de soldados y Cristeros

En un notable giro durante la Revolución Cristera, la celebración del 12 de diciembre en honor a la Virgen de Guadalupe se convirtió en un momento de coexistencia inesperada entre soldados y Cristeros. A pesar de la tensión y la rivalidad, ese día, la plaza se llenó de vida con vendimias y puestos de comida, preparada para recibir a gente de los alrededores.

Mientras se llenaba la plaza, llegó un destacamento de soldados a caballo, desmontando como si presintieran la importancia de la celebración guadalupana. Paralelamente, la plaza también empezó a llenarse de rancheros sombrerudos, abrigados para el frío, pero ocultando bajo sus ropas sus armas: rifles 30.06 y revólveres 38 especial o 38 super.

La presencia de los rancheros, en realidad Cristeros decididos, pronto superó en número al destacamento militar. Lo notable de este encuentro fue la actitud de los Cristeros, quienes, en lugar de confrontar violentamente, desafiaron a los soldados a proclamar "¡Viva Cristo Rey!" como muestra de respeto a la celebración religiosa. Los soldados, superados en número y sin órdenes claras de su capitán, se unieron a las proclamas.

Ese día, la violencia cedió paso a una tregua tácita en honor a la Virgen de Guadalupe. Aunque los Cristeros estaban listos para defenderse, la celebración transcurrió sin incidentes, demostrando que incluso en tiempos de conflicto, la fe y las tradiciones podían unir momentáneamente a enemigos en una paz frágil pero significativa.

El Güero Mónico: Valor y heroísmo en la Revolución Cristeros

El Güero Mónico, cuyo verdadero nombre desconozco, es un personaje emblemático de la Revolución Cristera, conocido por su valor extraordinario y sus hazañas heroicas. Junto con sus hermanos y parientes, participó en numerosos enfrentamientos contra el gobierno de Calles, destacándose en cada uno de ellos. Pero hay una historia en particular que resalta su coraje y que ha quedado inmortalizada en la memoria colectiva de los Cristeros.

Esta historia se remonta a 1926. El Güero Mónico, apodado así por su pelo rubio y ojos azules, pertenecía a una familia de rasgos distintivos. Aunque no estoy seguro de si eran de ascendencia castellana, sus características físicas y su astucia eran notables. Mónico tenía su casa en un rancho al sur de Tepatitlán y al oriente de la Capilla de Milpillas, cerca de un cerro prominente de la zona.

En aquellos tiempos, el gobierno perseguía incansablemente a los sacerdotes, y entre ellos, el más buscado era el obispo de Guadalajara. El Güero Mónico, conocido por su vista aguda y su sagacidad, se convirtió en un protector clave de los sacerdotes y figuras religiosas, desafiando al gobierno y sus esfuerzos por suprimir la fe católica. Su historia es un testimonio del espíritu inquebrantable de los Cristeros y su lucha por defender sus creencias y su derecho a la libertad religiosa.

Protección al obispo: El valor del Güero Mónico en la Revolución Cristera

El Güero Mónico, figura destacada en la lucha Cristera, jugó un papel crucial en la protección de figuras religiosas, incluyendo al obispo perseguido por el gobierno. Conocido por su valentía y habilidad, Mónico y su familia se ganaron la confianza del obispo, quien, sabiendo de su reputación y la de sus hermanos, les pidió refugio en su rancho.

La respuesta del Güero Mónico fue un rotundo "¡Claro que sí!", y así el obispo encontró refugio en su hogar. Sin embargo, no pasó mucho tiempo antes de que el gobierno descubriera el escondite del obispo y enviará un destacamento de soldados para capturarlo. Este grupo estaba compuesto por soldados Yaquis, indígenas de Sonora conocidos por su ferocidad en combate.

Los Yaquis se acercaron a la casa del Güero Mónico, que estaba situada en una loma cerca de un cerro. Conscientes del riesgo de avanzar cuesta arriba hacia la casa, los soldados decidieron esperar y esconderse a una distancia de entre dos y tres kilómetros. Pero el Güero Mónico y su grupo, ya alerta a su presencia, se prepararon para la defensa.

Armados con rifles 30.06, capaces de disparar a larga distancia, ajustaron sus miras para el alcance requerido. La experiencia y habilidad de Mónico y su gente en el uso de estas armas eran bien conocidas. Este enfrentamiento se convirtió en otro ejemplo del ingenio y el coraje de los Cristeros, que defendían sus creencias y protegían a sus líderes religiosos contra un enemigo formidable.

La hazaña del Güero Mónico contra los Yaquis en la Revolución Cristera

En un episodio destacado de la Revolución Cristera, el Güero Mónico y su familia demostraron su destreza y valentía al enfrentarse a un destacamento de soldados Yaquis. Los Yaquis, conocidos por su ferocidad en combate, se aproximaron al rancho donde el Güero Mónico había dado refugio al obispo y a otros perseguidos.

Ante la llegada de los soldados, el Güero Mónico y los suyos, con una precisión asombrosa, comenzaron a disparar, acertando cada tiro. La efectividad de su resistencia fue tal que los soldados Yaquis tuvieron que huir, sufriendo muchas bajas en el proceso. Los pocos sobrevivientes regresaron para contar la desafortunada incursión.

Tras el enfrentamiento, el obispo y sus acompañantes se trasladaron a otro lugar para seguir evadiendo al gobierno. Desde entonces, cualquier otro destacamento de Yaquis que pasaba por la zona preguntaba por "La Mónica", evitando acercarse a la casa del Güero Mónico, ya temidos por su fama y habilidad en combate.

Esta hazaña se convirtió en una de las muchas que el Güero Mónico y su familia llevaron a cabo durante la revolución. El gobierno de Calles, confiado en que podría someter a México al comunismo, se equivocó al subestimar la resistencia y el fervor católico de los Cristeros. Estos, en cada enfrentamiento, se hacían más fuertes, adquiriendo armas, municiones y hasta caballos del mismo gobierno que intentaba suprimirlos. La revolución fue una lucha difícil y prolongada, pero el espíritu y la determinación de los Cristeros como el Güero Mónico fueron decisivos en su resistencia.

Reconcentración y cambio de estrategia en la Revolución Cristera

La Revolución Cristera entró en una fase de intensificación cuando el gobierno comenzó a aplicar una táctica conocida como "reconcentración". Esta estrategia implicaba trasladar a la gente de los pueblos y ranchos a las ciudades, una medida que resultó ser particularmente difícil para los rancheros y habitantes de pequeñas localidades.

En este contexto, mi abuela Chita tomó la decisión de llevar a mi madre, sus hermanas y mi tío Miguel, quien tenía alrededor de 17 o 18 años, a un lugar más seguro. Optaron por mudarse a Guadalajara, donde ya teníamos parientes residiendo. Curiosamente, fue en esta ciudad donde mis padres, viviendo cerca el uno del otro, pero en casas diferentes, comenzaron su noviazgo a la edad de aproximadamente 14 años.

En los ranchos abandonados, los ejércitos federales realizaban inspecciones constantes para asegurarse de que no hubiera gente escondida. Aquellos que se encontraban debían portar un "salvoconducto", un permiso especial del gobierno que justificaba su presencia en el área. Sin este documento, cualquier persona era sospechosa de ser un Cristero y corría el riesgo de ser atacada.

Esta época fue de grandes cambios y desafíos. La reconcentración forzada y las constantes revisiones por parte de los soldados federales eran estrategias destinadas a debilitar la resistencia Cristera, pero también dieron lugar a historias de amor y supervivencia, como la de mis padres, que encontraron su camino el uno hacia el otro en medio del caos de la guerra.

Ermitaños en tiempos de revolución: Historias de resistencia y aislamiento

En el contexto de la Revolución Cristera, muchas familias en mi región se vieron afectadas por la táctica de "reconcentración". A pesar de los esfuerzos del gobierno por desalojar a la gente de los ranchos y pueblos remotos, algunas personas optaron por el riesgo de permanecer en sus hogares, escondiéndose cuando las tropas federales llegaban a inspeccionar. Los rincones más apartados de los ranchos se convirtieron en el objetivo de los federales, quienes descubrieron que algunos albergaban a personas desafiantes y ermitañas.

Incluso se utilizaron aviones para sobrevolar la región, una tecnología bastante novedosa en esa época, para asegurarse de que los ranchos y pueblos estuvieran deshabitados. Una familia en particular, que vivía en un rancho alejado en el municipio de Tepatitlán, permaneció ajena a las órdenes del gobierno de evacuar las áreas rurales. Esta familia vivía contenta y aislada, sin visitar nunca los pueblos cercanos, Tepatitlán o la Capilla de Guadalupe. En caso de necesitar algo, enviaban a Mercedes, su trabajadora de confianza, apodada "Meche".

El dueño del rancho, Vicente, vivía allí con toda su familia, en una especie de autoimpuesto exilio, como verdaderos ermitaños. Esta historia ilustra no sólo la resistencia y el aislamiento de algunas familias durante la Revolución Cristera, sino también la diversidad de experiencias y decisiones que las personas tomaron en respuesta a los tumultuosos cambios políticos y sociales de la época.

La vida en el rancho durante la Revolución Cristera: La familia de don Vicente

En la época de la Revolución Cristera, una familia destacada en mi región era la de don Vicente y su esposa doña Lupe. Vivían en un amplio rancho, probablemente heredado desde los tiempos en que los castellanos se establecieron en esa área, pasando de generación en generación hasta llegar a don Vicente.

Para el año 1924, cuando comenzó la Revolución Cristera, don Vicente y doña Lupe, ambos mayores de 40 años, tenían una familia compuesta por sus hijos: Isidro (apodado "Chilo"), Tobías y sus tres hijas: Concepción (llamada "Concha"), Dolores ("Lolita") y Sara ("Sarín"). El rancho era extenso y próspero, mayoritariamente dedicado al cultivo, con alrededor de 15 yuntas de siembra de maíz. Además del área de cultivo, el rancho contaba con extensos terrenos de pasto, sumando en total aproximadamente 10 caballerías. Una caballería, equivalente a unos 350 solares y cada solar de aproximadamente 42 metros cuadrados, daba una medida aproximada de 87 hectáreas por caballería, lo que significaba que el rancho abarcaba más de 800 hectáreas.

La casa en el rancho, casi toda construida en adobe, era notablemente grande y reflejaba la prosperidad de la familia. Esta narrativa sobre la vida en el rancho de don Vicente y su familia no sólo ilustra un estilo de vida en aquellos tiempos, sino también cómo la Revolución Cristera afectó a las familias en las áreas rurales de México, marcando un contraste significativo con la vida moderna de la época.

CAPÍTULO 18

Vida en el Rancho Ermitaño: La autosuficiencia en tiempos de cambio

En un rincón remoto de mi región, existía un rancho ermitaño, cuya historia se pierde en el tiempo, tan antiguo que nadie recordaba quién lo había construido. Rodeado de fresnos centenarios y frondosos, el rancho contaba con enormes trojes para almacenar las semillas de las cosechas anuales y la paja seca del maíz, esencial para alimentar a los animales. La casa, de dimensiones impresionantes, era comparable a una hacienda y construida con una dedicación y atención al detalle notables. Disponía de múltiples habitaciones y dormitorios, así como de un espacio dedicado a herramientas y carpintería, que servía como taller donde incluso se construían carreteras completas.

La actividad en el rancho era constante: tenían varias vacas de ordeña y producían queso para almacenamiento, además de criar gallinas, guajolotes y una gran cantidad de bueyes, utilizados principalmente para el arado. Incluso criaban cerdos, aprovechando el maíz amarillo, especialmente nutritivo para la engorda, y garbanzo, que también se utilizaba para alimentar a los animales.

En las cercanías del rancho, había un cerro no muy grande y una barranca pedregosa donde cultivaban coamiles, una planta que requiere ser sembrada manualmente con azadón debido a la dificultad del terreno. El cultivo en el cerro era preferido por su rendimiento, y aunque las técnicas eran tradicionales, la eficacia y la autosuficiencia eran notables. Este rancho representa la vida rural en una época de grandes cambios sociales y políticos en

México. La autosuficiencia, la tradición y el ingenio eran fundamentales para la supervivencia y el sustento de la familia que habitaba este rancho ermitaño, un reflejo de la tenacidad y resiliencia de las comunidades rurales durante tiempos difíciles.

Vida en el rancho: La familia de don Vicente y doña Lupe

En el rancho de don Vicente y doña Lupe, la vida era un retrato de autosuficiencia y contento. Ubicado en una región donde los cultivos prosperaban más que en las llanuras, este rancho era un pequeño mundo en sí mismo. Allí, la única necesidad que los llevaba a buscar fuera era la ropa y los huaraches, pues todo lo demás lo tenían a mano.

En ese tiempo, la vestimenta típica para los hombres en el rancho incluía calzones largos hechos de manta blanca y sombreros redondos de ala ancha con copas altas que se inclinaban con el uso. Don Vicente y su familia, compuesta por su esposa doña Lupe y sus hijas Lolita, Sara y Concha, eran los únicos que vestían un poco diferente. Las mujeres siempre lucían sus vestidos largos, una costumbre de la época.

La convivencia en el rancho era armoniosa, donde patrones y trabajadores coexistían como una gran familia. Nunca faltaba comida ni se daban malos tratos. Doña Lupe, con su alegría contagiosa, tenía un cariño especial por Lolita, la más pequeña de sus hijas, quien era el centro de atención y felicidad de la familia. Sara, la mediana, y Concha, la mayor, también jugaban roles importantes en el núcleo familiar. Concha, siendo la más grande, asumía responsabilidades adicionales, ayudando a su madre y hermanas en las tareas cotidianas y en el cuidado de la ropa personal.

Este retrato de vida en el rancho, con su rutina diaria llena de alegría y unidad familiar, refleja una época en la que, a pesar de los desafíos externos, la vida rural mantenía su ritmo y sus tradiciones, forjando un fuerte sentido de comunidad y pertenencia.

Ermitaños en tiempos de Cristeros: La vida en el rancho de don Vicente

En el rancho de don Vicente, un refugio de tradiciones y costumbres ancestrales, la vida transcurría lejos de la influencia de las ciudades y pueblos. Las esposas de los trabajadores y sus hijas, en una especie de escuelita improvisada, se dedicaban a enseñar a los niños a leer, escribir y aprender el catecismo, manteniendo vivas las enseñanzas del cristianismo tal como se habían transmitido de generación en generación.

Una particularidad notable era el modo de hablar de los habitantes del rancho. Conservaban una forma de castellano antiguo, una reliquia lingüística que los distinguía claramente y llevaba a las personas de las ciudades y pueblos a decir que hablaban "como rancheros". Aunque en tiempos modernos esta forma de hablar se ha ido perdiendo, en algunos ranchos aún perdura. Yo mismo, durante mi juventud, conviví con rancheros en el rancho de mi padre. Me percaté de que, después de pasar unas semanas sin ir al pueblo, empezaba a adoptar su manera de hablar. Pasar algunas semanas allí era parte de mi responsabilidad en el manejo del rancho.

La tranquilidad en el rancho de don Vicente y su familia se vio interrumpida cuando, en plena época de los Cristeros, un grupo de hombres armados a caballo llegó buscando a don Vicente. Llegaron al galope, con sus sombreros grandes, cananas llenas de munición y armas listas, causando que todos en el rancho buscaran refugio, especialmente las mujeres y los niños. Este momento marcó el inicio de un período desafiante para la familia de don Vicente, sumergiéndolos en los conflictos y las tensiones de la Revolución Cristera.

Desafío Cristero en el rancho de don Vicente

En el rancho de don Vicente, la tensión se palpaba en el aire cuando un grupo de hombres armados se acercó a la casa grande. Las mujeres y los niños buscaron refugio, mientras algunos hombres se preparaban con sus rifles, listos para defenderse si era necesario.

Don Vicente, mostrando valentía y serenidad, salió a recibirlos por la puerta principal. Algunos de su gente ya estaban posicionados en la azotea con sus rifles, por si se desataba un conflicto. Con un saludo típico de ranchero, don Vicente les dio la bienvenida y les preguntó qué necesitaban, en un tono cordial pero firme.

Al observar más de cerca al grupo, don Vicente reconoció a uno de ellos: era el hijo de su amigo Melquiades Martín, de Mirandilla. Sorprendido, le preguntó qué hacía allí. El joven, llamado Victorino, le explicó que venían como amigos y que estaban levantados contra el gobierno de Calles, quien intentaba cerrar las iglesias y acabar con la fe cristiana, incluso llegando a matar sacerdotes.

Don Vicente, visiblemente impactado por no estar al tanto de estas noticias, escuchó atentamente mientras Victorino expresaba su determinación de no permitir que Calles, a quien no consideraban legítimo presidente de México, les arrebatara sus creencias y su libertad religiosa. Este encuentro en el rancho de don Vicente reflejaba el alcance y la profundidad del conflicto Cristero, así como la unión y la solidaridad entre aquellos que se resistían a las políticas anticlericales del gobierno.

¡Viva Cristo Rey!

Hospitalidad en tiempos de guerra: Don Vicente y los Cristeros

En medio del conflicto Cristero, don Vicente mostró una hospitalidad ejemplar al recibir a un grupo de hombres sedientos y cansados en su rancho. Con la sensibilidad y generosidad que lo caracterizaba, inmediatamente ofreció aliviar su sed con un jarro de agua fresca de los cántaros del comedor.

Ya en el interior de la casa, mientras continuaban la conversación, don Vicente se dio cuenta de la necesidad de alimentar a tantos visitantes. Rápidamente, instruyó a Meche, su mano derecha, para que sacrificara un cerdo y unos pollos para preparar una comida sustanciosa para el grupo. Al mismo tiempo, le pidió a Petra que preparara frijoles y quesadillas, y organizó para que se hicieran tortillas en el tapanco.

Don Vicente, un hombre de profunda fe cristiana, expresó su apoyo a los Cristeros, aunque lamentó no poder unirse a su causa personalmente. Sin embargo, se comprometió a ayudarlos en lo que pudiera. Víctor, uno de los líderes del grupo, agradeció la hospitalidad, pero explicó que no podían quedarse mucho tiempo en un solo lugar por razones de seguridad.

Antes de que los Cristeros se marcharan, don Vicente les ofreció que se llevaran los animales que necesitaran, reconociendo que su camino era arduo y que requerirían alimentos como gorditas y carne seca para el viaje. Este acto de generosidad y solidaridad de don Vicente con los Cristeros en tiempos de guerra refleja la humanidad y el apoyo mutuo que prevalecían incluso en los momentos más difíciles de la historia mexicana.

Tiempo de escasez en el rancho de don Vicente

En el rancho de don Vicente, la generosidad hacia los Cristeros tuvo un impacto notable. Les proporcionó abundante comida, incluyendo esquite, que es maíz tostado en brasas, una preparación tradicional en el campo. También les entregó talegas de maíz y algunos centavitos que tenía guardados para ayudarlos en su causa. Victoriano, uno de los líderes Cristeros de Mirandilla, agradeció profundamente, convencido de que Dios bendeciría a don Vicente por su generosidad.

Al amanecer del día siguiente, después de haber pasado la noche en el rancho, los Cristeros se prepararon para partir. Don Vicente y su familia, junto con todos los habitantes del rancho, les dieron una calurosa despedida, deseándoles la protección divina en su camino.

Tras la partida de los Cristeros, el rancho experimentó un periodo de quietud y soledad. Los habituales compradores de sus productos, ya fuera por temor o precaución, dejaron de visitar el rancho. Incluso los puercos, normalmente vendidos o transportados en carretas, permanecieron en el rancho, creciendo en número y tamaño. Pasaron más de seis meses sin que nadie se acercara para comprar el maíz y el frijol almacenados, listos para la venta.

Este tiempo de aislamiento y escasez reflejó la difícil situación que atraviesan muchas familias rurales durante la Revolución Cristera. A pesar de la abundancia de recursos en el rancho de don Vicente, la ausencia de compradores y el aislamiento subrayan los desafíos económicos y sociales que enfrentaban en aquellos tiempos turbulentos.

Vida cotidiana en el rancho de don Vicente durante la reconcentración

Durante el periodo de reconcentración ordenado por el gobierno, don Vicente y su familia mantenían una vida cotidiana tranquila y alegre en su rancho escondido, aunque nadie se acercaba a visitarlos. Las mañanas en el rancho comenzaban con el bullicio del amanecer, marcado por el canto competitivo de los gallos y el despertar de todos en la casa.

Unos se ocupaban de ordeñar las vacas, mientras otros preparaban los bueyes para el arado, una actividad que solía comenzar desde finales de marzo o principios de abril. Doña Lupe, junto con doña Petra y Conchita, la hija mayor, se levantaban temprano para preparar el desayuno para todos.

Doña Lupe, siempre organizada, daba instrucciones a sus hijas: le pedía a Sara que recogiera los huevos de los nidos y que también revisará cuántos habían puesto las guajolotas. A Lolita le encargaba llevar jitomates y chiles de árbol a Petra para que los asara en el comal y preparara una salsa. Además, le recordaba a Petra revisar si ya había puesto los frijoles a cocer y le indicaba moler el maíz en los metates cerca del fogón.

Esta descripción de la vida en el rancho de don Vicente ofrece una imagen vívida de la rutina diaria en un entorno rural durante tiempos de cambio y desafío. A pesar de la política de reconcentración y el aislamiento, la familia mantenía su espíritu y sus tradiciones, adaptándose y continuando con sus labores cotidianas en su refugio rural.

Un día en la vida del rancho: La rutina de don Vicente y su familia

En el rancho de don Vicente, cada día comenzaba con una serie de tareas cuidadosamente organizadas para mantener el funcionamiento y la armonía del hogar. Doña Lupe, con su habitual eficiencia, coordinaba las actividades matutinas. Recordaba a Lolita que recogiera las barras de chocolate que Petra había preparado el día anterior para hacer chocolate caliente para el desayuno. También instruía a Chilo para que enviara a alguien a llevar el suero sobrante de la fabricación de queso a los cerdos.

El desayuno en el rancho era una verdadera fiesta de sabores caseros: leche recién ordeñada y chocolate espumoso, chilaquiles picantes con salsa fresca preparada en el molcajete de piedra china, y queso fresco desmoronado sobre ellos. Además, servían un plato de carne de cerdo frita en salsa verde, acompañado de tortillas calientes hechas en el camalote de barro.

Con el estómago lleno y el corazón contento, don Vicente iniciaba su recorrido por el rancho para asegurarse de que todo estuviera en orden. Chilo, el hijo mayor, se alistaba para acompañar a su padre y ayudarle en la supervisión. Mientras tanto, Meche se quedaba en la casa, ya que más tarde tendría que ir al cerro cercano a recoger leña. Tobías, sin tareas específicas asignadas, recibió la indicación de unirse a la recolección de leña.

Este relato refleja la vida en el rancho, llena de trabajo, comunidad y la satisfacción de lo hecho en casa. Cada miembro de la familia y del equipo de trabajo desempeñaba un papel vital en el sostenimiento de esta pequeña comunidad agrícola, un microcosmos de eficiencia, colaboración y cuidado mutuo.

La reunión en el pueblo: Un día de ingenio

En el pintoresco pueblo de Ermitaños, bajo el cálido sol del sur de California, se transmitió un mensaje urgente de la matriarca, doña Lola Tobías, a sus devotas compañeras. "Ven conmigo", les llamó a Meche, "para ayudar a trasladar a dos burros que residen en el corral cerca de la casa de la novia".

Petra, con una rápida aceptación, gritó a doña Lupe, "¿Dónde estás, doña Lupe?". La respuesta resonó, "Estoy aquí en el pastizal, donde se encuentra el estanque, rodeado de una abundancia de estiércol seco. Nuestro suministro de madera se ha agotado y, mientras tanto, Meche necesita más combustible para el fuego". (La "Raja", el excremento seco del ganado, sirve como un combustible que arde rápidamente, similar a la leña).

Doña Lola continuó con sus instrucciones, "Lleva contigo a Sara y Lolita, Petra, para que te ayuden a recolectar doce piezas de Raja". Mientras tanto, un joven fue reclutado, armado con una cesta encontrada en la despensa. Fue rápidamente enviado a recolectarlas. "Apresúrate, debes regresar rápido. Tengo la intención de preparar Tamales utilizando el cerdo sobrante, y a su regreso, recogerán hojas de maíz para envolver las delicias".

Estas anécdotas no sólo narran hazañas y eventos, sino que también capturan el espíritu indomable y la profunda devoción de aquellos que lucharon y vivieron durante la Revolución Cristera.

Los Cristeros y sus conflictos

El conflicto Cristero surgió durante la presidencia de Plutarco Elías Calles en México. Los problemas más significativos en mi región, Los Altos de Jalisco, se concentraron entre los años 1926 y 1929. Fue un período marcado por la amnistía que el gobierno mexicano ofreció al clero después de la salida de Plutarco Elías Calles, apodado "Satanás" debido a la devastación que los Cristeros infligieron al Ejército mexicano. ¿Cómo podría un gobierno, percibido como satánico, enfrentarse a un pueblo mayoritariamente católico?

El capricho de Calles por alinear a México con el sistema comunista de Rusia generó mucho luto en los hogares mexicanos. Las logias masónicas empezaron a interferir, promoviendo un presidente y amparándose en el control de los asuntos eclesiásticos. El episcopado mexicano, al ver amenazada su libertad religiosa, protestó enérgicamente en todas las circunstancias pertinentes, tanto a nivel estatal como nacional. El arzobispo Ruiz y Flores de México y Pascual Díaz de Tabasco enfrentaron al presidente Calles con gran energía, respondiendo con firmeza: "¡Hagan lo que quieran! Si desean tomar las armas, esa es su decisión".

Cristeros: Resistencia y fe

El Episcopado mexicano, apoyado por más de dos millones de firmas, acudió al Congreso para presentar su protesta legítima. Sin embargo, el Congreso, afectado por una indiferencia casi ciega, ignoró la legalidad de esta protesta. Agotados todos los medios pacíficos y frente al desprecio gubernamental, comenzaron a surgir resistencias pacíficas contra las autoridades de Plutarco Elías Calles. Esto sucedió en el año 1926, cuando Silvano Barba González era gobernador del estado de Jalisco y Quirino Navarro, alcalde de nuestro querido Tepatitlán.

El Episcopado mexicano suspendió los servicios religiosos en muchos templos del país, ordenando a los católicos observar el luto general y promover organismos de oposición a las políticas oficiales. Fue entonces cuando nació la Asociación Católica de la Juventud Mexicana (A.C.J.M.), que se convirtió en la base del movimiento. Esta asociación había sido fundada en 1913 por el sacerdote Bernardo Bergoend y la Unión Popular de Jalisco, creada por un notable ciudadano de Tepatitlán.

Historia y proeza: La defensa de la libertad religiosa

Anacleto González Flores y la Liga Nacional Defensora de la Libertad Religiosa, junto con las Brigadas Femeninas del Comité de Damas Católicas, lideraron un movimiento de resistencia inteligente y fervorosa. Varias organizaciones se unieron para defender la fe que estaba siendo atacada por un gobierno maligno. Los ataques dinamiteros comenzaron, uno de los cuales afectó gravemente a la A.G.J.M. de la Ciudad de México, y se observó el reemplazo de la bandera mexicana por banderas rojinegras en catedrales y templos. Un motín notable tuvo lugar en la parroquia de Jesús en Guadalajara.

En enero de 1926, el Arzobispo de México, José Mora del Río, escribió una carta pastoral suspendiendo los servicios religiosos llevados a cabo por sacerdotes. El gobierno federal enfrentó oposiciones tanto de gobiernos estatales como de las cámaras de senadores y diputados, además de las centrales obreras y campesinas.

Con la aplicación del artículo 130°, más de 200 sacerdotes extranjeros fueron forzados a dejar el país, incluido el delegado apostólico monseñor Eugenio Filipei, quien había colocado la primera piedra del Monumento a Cristo Rey en el Cerro del Cubilete, cerca de Silao, Guanajuato.

Suspensión y resistencia: El conflicto Cristero

El 31 de julio de 1927 marcó un punto de inflexión: los cultos religiosos fueron suspendidos y los templos, entregados bajo inventario a las juntas vecinales en toda la República. Esta medida se comunicó a través de una carta pastoral que fue aprobada por su santidad Pío XI. Desde esa fecha hasta nueva orden, se suspendió en todos los templos de la República el culto público que requería la intervención de un sacerdote.

En este contexto de intransigencia y radicalismo, comenzó lo que se conocería como el conflicto religioso, la Revolución Cristera o la Guerra Civil. Los Cristeros no surgieron por capricho, sino como una respuesta a las acciones de Calles, apodado "Satanás". Los gobiernos estatales, siguiendo la línea federal, limitaron enormemente el número de sacerdotes autorizados a oficiar cultos en las iglesias de cada estado de México.

Las fuerzas federales estaban compuestas por dos grupos definidos: los soldados federales y los agraristas. Los federales disfrutaban del apoyo necesario, mientras que los Cristeros, a pesar de las adversidades, se mantuvieron firmes en su lucha por la libertad religiosa y la defensa de sus creencias.

Entre batallas y estrategias: El conflicto Cristero

La representación y el entrenamiento de las fuerzas federales eran sobresalientes, dotadas de armamento avanzado y un amplio arsenal. Lo más importante era la confianza depositada por el Gobierno Federal. Sus líderes, quienes habían seguido carreras militares distinguidas, incluían generales de renombrado prestigio como Guillermo Limón, Ignacio Leal, Rodrigo Tischon, Octavio Galindo, Mínguez, López Tafolla, Manuel y muchos otros destacados en Los Altos de Jalisco.

El segundo grupo, los agraristas, eran vistos con desdén incluso por sus compañeros federales, y frecuentemente utilizados como carne de cañón. Un ejemplo claro fue el general Saturnino Cedillo, caudillo de San Luis Potosí y cercano al infame Plutarco Elías Calles. Bajo su mando, unos 6000 agraristas, aunque algunas fuentes sugieren que eran muchos más, fueron desplegados en una operación crucial.

El general Cedillo se posicionó al norte de Tepatitlán, sobre una meseta, a dos kilómetros y medio de distancia. Según relatos de mis mayores, desde esa meseta, el general y su ejército, junto con la inmensidad de los agraristas, se veían imponentes. Aquella batalla fue ardua y prolongada, marcando un episodio significativo en la historia del conflicto Cristero.

Estrategia y valor: El triunfo Cristero

Con astucia e inteligencia, los Cristeros tendieron una trampa formidable. Desde Tepatitlán, hicieron parecer como si hubieran abandonado la plaza y huyeron hacia el sur. Un centenar de ellos, actuando como despistados, se dispersaron para luego, en un movimiento táctico, volver a entrar por el otro lado de la ciudad. Esta maniobra fue invisible para el general Cedillo y sus fuerzas, que desde su posición elevada no podían ver la reentrada de los Cristeros.

El general Cedillo, confiado, instó a sus miles de agraristas, a quienes consideraba carne de cañón, a avanzar hacia sus supuestas tierras. Al bajar corriendo, los agraristas, en su desorden y confusión, se asemejaban a una marabunta, un enjambre caótico de hormigas. Sin saber a quién atacaban, entraron en Tepatitlán, una ciudad silenciosa y aparentemente desierta.

En un movimiento coordinado, los Cristeros, escondidos en las casas, esperaron el momento preciso. Al primer trueno de un disparo, se desató el caos: desde ventanas y azoteas, repletas de combatientes, incluso mujeres, comenzaron a disparar a los agraristas sorprendidos. En pánico, y sin saber de dónde venían los disparos, los agraristas comenzaron a huir desordenadamente de la ciudad, marcando una victoria significativa y astuta de los Cristeros.

Tragedia y supervivencia: La Batalla de Tepa

El resultado de la confrontación fue devastador: más de la mitad de las fuerzas enemigas fueron diezmadas. Se dice que la sangre corría por las calles de Tepatitlán, conocida cariñosamente como Tepa, cuya inclinación acentuaba el macabro fluir. En este escenario, el general Cedillo se vio obligado a retirarse con humillación, su ejército mermado y los sobrevivientes deseando nada más que escapar de ese infierno.

Engañados por el gobierno con promesas vacías y un sueldo insuficiente, estos soldados enfrentaron una realidad brutal. La magnitud de la tragedia en las calles de Tepatitlán era tal que era imposible dar sepultura a tantos muertos. La única solución encontrada fue la incineración, utilizando lo poco de petróleo, gasolina y leña que pudieron recolectar.

Así, en un acto desesperado, se procedió a quemar los cuerpos, marcando este episodio como un genocidio trágico de los pobres indios potosinos orquestado por el despiadado general Cedillo, caudillo de San Luis Potosí. Este ataque ocurrió el 27 de abril de 1927. Posteriormente, en junio de 1924, la Iglesia y el Estado finalmente firmaron un acuerdo de paz, poniendo fin a este capítulo sombrío de la historia.

CAPÍTULO 19

Anacleto González Flores: Un legado de valor

Este capítulo representa uno de los más tristes de la Revolución Cristera, con innumerables mártires cuyos nombres son imposibles de mencionar todos. Entre ellos, Anacleto González Flores destaca de manera especial. Cada vez que recuerdo su historia, siento un profundo dolor en el alma. Anacleto, quien creo que era un pariente lejano por parte de mi abuela materna, nació en Tepatitlán, en la calle Hospital número 89, ahora llamada Bartolo Hernández.

Hijo de don Valentín González y doña María Flores, Anacleto era el segundo de doce hermanos, entre los cuales había tres mujeres y nueve varones. Su padre era fabricante de rebozos y poseía un buen telar. Desde joven, Anacleto mostró un gran interés por la música, comenzando a estudiar solfeo y luego aprendiendo a tocar el barítono. Llegó a formar parte de la banda municipal, donde tocaba cada domingo en el quiosco de la plaza principal.

En aquellas serenatas, las mujeres daban vueltas alrededor de la plaza, recibiendo con alegría claveles y gardenias de los jóvenes, que caminaban en sentido contrario. El aire se llenaba de confeti y serpentinas de colores, creando una alfombra que duraba toda la noche de serenata, un recuerdo que incluso yo guardo con cariño.

Anacleto González Flores: Un camino de transformación

Anacleto González Flores, una figura emblemática de principios del siglo XX, tuvo una infancia común en la primaria, donde no destacaba académicamente debido a su preferencia por pasar tiempo con amigos y su inclinación a buscar y disfrutar de peleas. Esta naturaleza aventurera impedía su concentración en los estudios.

Sin embargo, con la llegada de su adolescencia, un cambio significativo se gestó en su vida. Influenciado por un sacerdote, decidió ingresar al seminario en Guadalajara. Allí, su entusiasmo por aprender sobre Dios era evidente, y pronto se encontró inmerso en un camino espiritual iluminado. Esta transformación fue tan profunda que comenzó a emanar de su alma un amor inmenso por el Creador, pasando largas horas en el templo y rezando el rosario con devoción.

Conforme Anacleto maduraba, se dedicó a realizar actos de caridad en la comunidad, enseñando catecismo en los barrios, visitando a enfermos e inválidos. Su personalidad alegre y siempre sonriente alejaba la tristeza de quienes le rodeaban. A pesar de su sencillez y humildad, rasgos de un ser humano inteligente, nunca perdió su afición por las bellas muchachas y las serenatas, disfrutando del hermoso sonido de la Banda Municipal.

Esta etapa de su vida en Tepatitlán fue crucial, marcando su crecimiento y madurez, y preparándolo para los desafíos y responsabilidades que enfrentaría en el futuro.

Anacleto González Flores: Un viaje de sabiduría y liderazgo

Anacleto González Flores, impulsado por su insaciable sed de conocimiento, comprendió que Tepatitlán ya no podía satisfacer su hambre de cultura. Decidido a buscar una educación más avanzada, se dirigió a San Juan de los Lagos, en aquel entonces un centro de máxima cultura. Allí ingresó al seminario, donde tuvo la oportunidad de aprender de magníficos maestros. Su entusiasmo y dedicación le permitieron pulir rápidamente sus habilidades, especialmente la oratoria, ganándose la admiración de todos.

Durante casi cinco años en San Juan de los Lagos, Anacleto desarrolló una disciplina positiva que se reflejaba en un cambio increíble, lleno de admiración. Se convirtió en un triunfador y un catedrático completo, sin perder jamás su sonrisa y alegría características.

En 1917, organizó un partido político al que llamó PARTIDO CATÓLICO NACIONAL. En este proyecto, se unió a su inseparable amigo del seminario, Miguel Gómez Loza, originario del Pueblito de Paredones (ahora El Refugio), ubicado al oeste de Tepatitlán. A Miguel le apodaban "el Chicano" y se convirtió en un compañero inseparable de Anacleto.

Tras casi cinco años en San Juan de los Lagos, Anacleto decidió mudarse a Guadalajara, dejando atrás su carrera eclesiástica y embarcándose en un nuevo capítulo de su vida, lleno de desafíos y oportunidades.

Anacleto González Flores: Perseverancia y dedicación

Anacleto González Flores, en su búsqueda constante de superación, decidió cambiar su trayectoria académica hacia la carrera de Derecho en la Escuela Libre de Jurisprudencia de Jalisco. Durante este tiempo, compartió vivienda con su amigo Miguel Gómez y varios compañeros altenses en una casa ubicada en el barrio de Santa Mónica. La residencia, atendida por una señora mayor conocida como Jerónima o "doña Giro", fue cariñosamente apodada "La Gironda", y sus habitantes, "Los girondinos".

En aquellos días, Anacleto y Miguel, como estudiantes de escasos recursos, enfrentaron varios desafíos. Anacleto, en particular, tuvo que trabajar como panadero para financiar sus estudios y manutención. Además, pagaba su colegiatura de preparatoria y derecho impartiendo clases de Historia y Literatura en planteles particulares.

Posteriormente, con la fundación en Guadalajara de la Acción Católica de la Juventud Mexicana (ACJM), Anacleto y sus compañeros de La Gironda se convirtieron en el alma de este grupo. Formaron una directiva sumamente importante, dedicándose con gran entusiasmo al desarrollo de la organización.

Durante este periodo, nació "El Gladium", un periódico de gran relevancia que llegó a ser el más buscado en Guadalajara, causando un impacto tan significativo que el papa Pío XI les otorgó la Cruz Pro Ecclesia et Pontifice, un reconocimiento a su ferviente entrega y dedicación a la causa. Este logro fue un hito en sus vidas, marcando un legado de compromiso y servicio.

Anacleto González Flores: Una lucha contra la adversidad

Anacleto González Flores, firme en su causa de defender la Iglesia, su escuela, su prensa y su doctrina, se encontró en medio del creciente conflicto contra la religión católica en 1926. Su apasionada oratoria y temas controversiales lo llevaron a ser atacado y vigilado constantemente, resultando en múltiples visitas a la cárcel.

La vigilancia era tan intensa que Anacleto no podía permanecer en ningún lugar conocido sin correr el riesgo de ser descubierto, siempre moviéndose estratégicamente para eludir a sus enemigos. A pesar de tener muchos seguidores, la mañana del 1 de abril de 1927 marcó un giro trágico en su vida. Siendo vigilado las 24 horas, fue violentamente capturado en la casa de la familia Vargas Gómez, en la calle Mezquitán #405 en Guadalajara.

Los soldados lo rodearon como si hubieran encontrado a un peligroso ejército enemigo. Anacleto fue brutalmente golpeado, casi hasta el desmayo, en un intento por forzarlo a revelar la ubicación de la imprenta y el material del periódico. Resistiendo, no reveló nada a pesar de la severa paliza. En un acto humillante, los soldados lo despojaron de sus zapatos y, según relatos que me compartieron, algunas versiones indican que le habrían quitado las plantas de los pies, aunque personalmente dudo de la veracidad de este detalle.

Con esta captura, Anacleto fue trasladado desde Mezquitán hasta el cuartel, en un triste episodio que resalta su valentía y resistencia ante una adversidad inimaginable.

Anacleto González Flores: Resistencia en la adversidad

Anacleto González Flores, tras su captura, enfrentó un calvario inimaginable. Despojado de sus zapatos y con los pies lastimados por el extenuante camino, llegó al Cuartel Colorado en condiciones deplorables. Los soldados, lejos de mostrar compasión, lo golpeaban y pinchaban con bayonetas para forzarlo a caminar.

Una vez dentro del imponente Cuartel Colorado, Anacleto fue nuevamente sometido a golpes, en un intento desesperado por extraer información sobre la ubicación de la maquinaria de la imprenta. Un amigo que conocí en Hayward, California, donde trabajábamos juntos en una enorme enlatadora de jitomates, me compartió este relato. Durante los aproximadamente cinco meses al año que trabajábamos allí, este amigo, quien había vivido la Revolución Cristera y servido en el ejército del general Cedillo, me narró numerosas anécdotas sobre los Cristeros.

Recuerdo vívidamente sus palabras sobre el día en que Anacleto fue llevado al Cuartel Colorado. Mi amigo, por entonces un joven encargado de alimentar a los caballos y rara vez salía del cuartel, fue testigo de cómo Anacleto, exhausto y herido, fue llevado al interior. Según su relato, Anacleto tuvo que ser cargado, casi arrastrado, con las plantas de los pies tan lastimadas que casi se veían los huesos, un testimonio desgarrador de la crueldad y resistencia en aquellos oscuros días.

Anacleto González Flores: Martirio y valentía

Anacleto González Flores, enfrentando un destino cruel, mostró una resistencia y valentía excepcionales. Según narraba mi amigo Cedillo, quien había vivido esos oscuros momentos, a Anacleto lo golpeaban implacablemente. A pesar del dolor inmenso, parecía insensible a los golpes, una fortaleza que asombraba a quienes lo rodeaban. Cuando lo llevaron para ser fusilado, intentaron vendarle los ojos, pero él, con un coraje inexplicable, se las arrancó, gritando con una fuerza que parecía sobrenatural: "¡Viva Cristo Rey!"

Cedillo relataba cómo los soldados, a pesar de su aparente dureza, no eran intrínsecamente malos, pero estaban bajo las órdenes de superiores despiadados, como coroneles y capitanes que parecían demonios sin cuernos, escupiendo fuego por la boca.

La historia de Anacleto González Flores es una de sufrimiento y martirio, comparable al calvario de Jesucristo en su camino a la muerte. Sin la cruz física, Anacleto, al igual que muchos apóstoles y mártires cristeros, experimentó un padecimiento prolongado y atroz. Su historia es un testimonio de fe inquebrantable y un legado de valentía que pervive en la memoria colectiva.

Tengo muchas anécdotas más sobre la historia de los Cristeros, y aunque esta es sólo una parte, refleja la esencia y el espíritu de aquellos tiempos turbulentos y la lucha incesante por la fe y la libertad.

Ataque al tren: Un giro decisivo en la revolución

Este relato narra uno de los episodios más significativos de los Cristeros: el Ataque al Tren de Colima, un evento clave que influyó en la decisión del gobierno de firmar la paz con el clero en junio de 1929. Los Cristeros, con una habilidad asombrosa para estar siempre al tanto de los movimientos del gobierno y sus ejércitos, llevaron a cabo este ataque decisivo.

Se había enviado desde la Ciudad de México un tren de pasajeros cargado con el pago para los soldados, transportando una gran cantidad de plata y oro. Dentro del mismo gobierno, había inconformes con el presidente Calles, apodado "Satanás", y muchos Cristeros que, disfrazados de funcionarios gubernamentales, tenían acceso a información crucial.

Cuando el tren se acercaba a Colima, los Cristeros ya lo esperaban. La estrategia que emplearon fue como un movimiento relámpago, audaz y rápido. Recuerdo haber oído historias de algunos de la capilla y de Tepa que participaron en ese ataque. Contaban cómo, a caballo y con balas zumbando, lograron detener el tren en un acto de precisión y valentía.

Entre los jefes Cristeros, Victoriano de Mirandilla destacaba por su puntería certera, no desperdiciaba balas y su habilidad era comparable a la del famoso general Fierro de Pancho Villa. Este ataque no sólo fue un golpe estratégico importante, sino también un símbolo del ingenio y la determinación de los Cristeros en su lucha por la justicia y sus creencias.

El despertar de una nación: El impacto del ataque Cristero

Se contaba entre la gente que, antes de la llegada de los Cristeros, los soldados intentaban cambiar su ropa por la de los civiles para evitar ser reconocidos y atacados. Victoriano Martín, uno de los líderes Cristeros, era célebre por su valentía y habilidad en combate. Se decía que cuando se le acababan las balas o no tenía tiempo de cargar su pistola, sacaba su daga y luchaba incansablemente.

En mi niñez, escuchaba a los mayores hablar de cómo muchos regresaron con sacos llenos de monedas, incluso con las bolsas de sus pantalones repletas tras ese ataque. Este evento marcó un punto de inflexión en 1929, llevando al gobierno a firmar un acuerdo de paz. Con la salida del presidente, a quien se consideraba un demonio, se reanudó el culto religioso y las iglesias se abrieron de nuevo.

Quisiera tomar un momento para expresar mi admiración por un gran escritor e investigador de la historia de Tepatitlán, el autor del libro "Marco histórico de la Parroquia de San Francisco de Tepatitlán". Este escritor, Heriberto Alcalá Cortés, merece ser reconocido como un maestro por su dedicación a investigar la vida en Los Altos de Jalisco. De él aprendí detalles cruciales sobre los Cristeros, fechas importantes y datos que me faltaban para completar este relato. Su obra es un tesoro que ilumina un capítulo vital de nuestra historia.

Padre Tranquilino Ubiarco: Un mártir recordado

El padre Tranquilino Ubiarco es una figura venerada en Tepatitlán y en toda la comunidad católica, un mártir querido y respetado por su profunda fe y servicio. Nacido en Ciudad Guzmán, Jalisco, al sur de Guadalajara, se formó en el Seminario de Guadalajara, donde permaneció hasta su ordenación sacerdotal a los 24 años. Fue ordenado por el entonces arzobispo Francisco Orozco y Jiménez en 1993, y su primera misa la ofició en su tierra natal, en la parroquia de San José.

Su primer destino como sacerdote fue en la pequeña población de Moyahua, Zacatecas, en la cuenca del Río Juchipila. Los feligreses de este lugar lo apreciaron profundamente por su humildad, sencillez y la alegría que desbordaba en sus sermones, reflejando su amor por Cristo, su devoción a la Virgen María y su veneración al Creador.

Después de Moyahua, fue trasladado a la parroquia de Nuestra Señora de la Asunción en Lagos de Moreno, Jalisco. Sin embargo, su estancia allí fue breve, pues su destino final lo llevó a Tepatitlán, en la parroquia de San Francisco de Asís. Esta última estancia marcó el final de su trayectoria, donde su legado y su espiritualidad dejaron una huella imborrable en la comunidad y en todos aquellos que tuvieron el privilegio de conocerlo.

Padre Tranquilino Ubiarco: Valor y fe en tiempos difíciles

En Tepatitlán, el padre Tranquilino Ubiarco se enfrentaba a desafíos constantes, como entrar a la "boca del lobo" cada día. Rodeado de un ambiente hostil y vigilado de cerca por el gobierno, se disfrazaba de labriego o arriero para celebrar en secreto el Santo Sacrificio de la Misa en casas particulares. En estas circunstancias, su hermana Timotea le brindaba una ayuda invaluable, siempre cuidándose de no ser sorprendidos.

El padre Ubiarco mantenía su fe y devoción a pesar de los riesgos, llevando siempre a Jesús en su corazón. Un día, en septiembre de 1928, decidió viajar a Guadalajara, probablemente por una razón importante, ya que su estancia fue breve, regresando a Tepa al día siguiente. Sin embargo, al llegar a Puente Grande, se encontró con un retén de soldados. Gracias a su rápida reacción y disfrazándose de ayudante del chofer del camión que hacía la ruta diaria Guadalajara-Tepa, logró evitar ser descubierto.

Al anochecer, ya de vuelta en Tepa, le indicó al chofer que se bajaría cerca del Santuario del Señor de la Misericordia, pero sin detenerse para no levantar sospechas. Poco después, su hermana Timotea se bajó con el poco equipaje que llevaban y regresó al lugar donde se encontraba el padre Ubiarco. Era una casa prestada por don Celso Baltazar, y en ese lugar, el padre Ubiarco celebraría su última misa, un acto de fe profunda en tiempos de adversidad y peligro.

Últimos días del padre Tranquilino Ubiarco: Fe y martirio

El día 3 de octubre, después de celebrar la misa, el padre Tranquilino Ubiarco se dirigió a la casa de la familia Márquez. Al día siguiente, 4 de octubre, visitó la casa del Dr. Germán Estrada, a donde había sido invitado con motivo de una boda. El Dr.

Estrada había solicitado que el padre Ubiarco bendijera y adornara el lugar.

La hermana del padre, Timotea, junto con una reverenda hermana de las Siervas de Jesús Sacramentado, se encargaron de preparar los ornamentos y demás elementos para la celebración de la misa. Sin embargo, cerca de las 11 de la noche, una visita inesperada trajo noticias alarmantes. Una señorita Medrano, temblorosa y angustiada, les informó que el padre Ubiarco había sido detenido por la federación.

Inmediatamente, se movilizaron para hablar con las autoridades municipales de aquel entonces, Arturo Peña, Aurelio Graciano, Francisco Gutiérrez y el oficial Mendoza, en un intento desesperado de salvar la vida del padre Ubiarco. Desafortunadamente, todos los esfuerzos resultaron inútiles.

En las últimas horas del 4 de octubre de 1928, mientras Tepatitlán dormía, el padre Ubiarco fue escoltado bajo una fuerte custodia, marcando el comienzo de su trágico martirio. Este acontecimiento es un recordatorio sombrío de la lucha y el sacrificio que enfrentó el padre Ubiarco, un mártir cuya fe y coraje permanecen inmortalizados en la memoria de la comunidad.

El martirio del padre Tranquilino Ubiarco: Un final heroico

Llevando al padre Tranquilino Ubiarco hacia su destino final, se dirigieron hacia el sur, avanzando por la calle Hidalgo hasta llegar a la Alameda, un lugar rodeado de centenarios eucaliptos que marcaban la entrada del camino de terracería de la época. En la salida de Tepatitlán, cerca de los primeros eucaliptos, se tomó la decisión fatal: colgar al padre. Un capitán ordenó a un soldado, apellidado Vargas, que estirara la soga, pero este se negó. Ante su resistencia, el capitán, sin titubeos, ordenó colocar otra soga y, en un acto de cruel ironía, colgó también al soldado que había desobedecido.

El padre Ubiarco, enfrentando su final, mostró una serenidad y valentía que recordaban el martirio de Jesucristo. Se dice que incluso bendijo la soga con la que fue colgado, mostrando una actitud de agradecimiento a Dios por concederle la gracia de morir por su hijo. Al día siguiente, al amanecer, los cuerpos del padre y del soldado aparecieron colgados, un espectáculo desgarrador que conmovió profundamente a la comunidad de Tepatitlán.

Los habitantes de Tepatitlán reclamaron el cuerpo del padre Ubiarco, y lo velaron en la casa de don Tomás Franco, en la calle San Martín 665. Posteriormente, un cortejo fúnebre, acompañado por una multitud inmensa, llevó sus restos al Cementerio Municipal. Esta trágica historia del Padre Ubiarco no sólo refleja la crueldad de aquellos tiempos, sino también la inquebrantable fe y el espíritu heroico de un verdadero mártir.

Padre Tranquilino Ubiarco: Un legado eterno

Posteriormente, los restos del padre Tranquilino Ubiarco fueron llevados a la capilla del Hospital del Sagrado Corazón, donde permanecieron hasta el 5 de octubre de 1978, con motivo de conmemorar los 50 años de su martirio. Luego, sus restos fueron trasladados al altar mayor del templo parroquial.

Este valiente sacerdote vivió y murió con una alegría y valentía excepcionales, siendo su único "crimen" el cumplir con su sagrado ministerio. Curiosamente, tras su muerte, el eucalipto donde fue colgado comenzó a secarse, y hasta el día de hoy, sigue ahí como un mudo testigo de su sacrificio. Este árbol seco se ha convertido en un lugar de reflexión y oración, donde las personas se detienen para rendirle homenaje.

Rodeando el árbol, se pueden ver cientos de pequeñas piedras, colocadas por aquellos que se detienen para ofrecer oraciones y pedir favores, considerando al padre Ubiarco como un santo mártir. Cada piedra representa una manifestación de amor y respeto hacia él, un símbolo de cómo su legado sigue vivo en el corazón de la comunidad y de todos aquellos que lo recuerdan y veneran como un verdadero santo de su tiempo.

El encuentro con el aeroplano en Ermitaños

A medida que el día avanzaba, doña Lola permanecía ocupada en el área del comedor, mientras que Lolita y Sarita recolectaban con alegría el estiércol seco, colocándolo en la cesta. Repentinamente, una aeronave de alas dobles apareció en el horizonte, descendiendo lentamente. En el tranquilo rancho de Ermitaños, el día avanzaba mientras daban vueltas por la propiedad. Se acercaron al potrero donde se encontraba doña Petra y las muchachas. ¡Dios mío! Corrían todas asustadas, parecían venados en fuga. Gritaban y gritaban, nunca habían visto algo así. Creían que era algo endemoniado, y la desesperación se apoderó de ellas.

Doña Petra se enredó en un misache (un trozo de tela) con el rebozo que llevaba atado a la espalda y su larga cabellera. Lolita y Sarita, llenas de miedo, la dejaron gritando desesperadamente. Como un rayo, llegaron a la casa las dos, con el corazón casi saliéndose del pecho. Apenas podían hablar. Doña Lola las vio y preguntó: "¿Qué les pasa? ¿Por qué vienen así?".

La más ligera y asustada de las dos contestó con los ojos casi fuera de sus órbitas: "Mamá, un pájaro del diablo nos quiso atacar, ¿dónde está Petra?", le preguntó a Sarita, quien también llegó aturdida.

Petra, que se había quedado atrás y casi atascada en un huisache (un arbusto espeso), gemía como una cerda atrapada. Intentaba liberarse, pero el pájaro del diablo, que graznaba horribles sonidos, la tenía acorralada. "¡Corre, mamá, manda a alguien que la salve! ¡Casi nos da otra vuelta el aeroplano!", exclamaron las chicas al ver cómo Petra finalmente se desenredaba, aunque había perdido la mayoría de su cabello.

En el espeso matorral del huizache, aquellos que habían sobrevivido al susto se acercaron temblando, con el pánico aún reflejado en sus rostros. Llegaron casi desfalleciendo, murmurando todavía oraciones, porque creían que se enfrentaban a una criatura diabólica. Con cautela, Concha se acercó y escuchó el alboroto que provenía de la casa.

Don Vicente aún no había llegado, pero se aproximaba a toda prisa en su caballo, también había avistado el avión. Don Meche y don Tobías, quienes habían dejado los burros atrás, se precipitaron corriendo hacia la casa. Incluso don Meche perdió un guarache (una sandalia) en su apresurada carrera y sólo se dio cuenta de su falta cuando estaba corriendo. Pensó: "¡Vuelvo por mis mangos!" antes de levantar el pájaro del diablo.

El primero en llegar a la gran casa fue don Vicente, quien gritó, "¡Traigan el agua bendita y el libro santo para conjurar a esa bestia del diablo!". El avión no dejaba de dar vueltas y pasaba velozmente sobre la casa. Todos se refugiaron en las habitaciones, como ratones asustados, y las trojes a duras penas mantenían el silencio. No se escuchaba ni un murmullo. La señora Lola comenzó a recitar plegarias y a arrojar agua bendita en todas direcciones.

En Ermitaños, el misterioso avistamiento del aeroplano dejó a todos perplejos. Comenzaron a especular sobre su origen. Don Meche reflexionó en voz alta: "Puede que sea alguna especie de pájaro exótico que viene de tierras lejanas, con hambre".

Don Vicente, con su voz serena, respondió: "Puede que tengas razón, Meche". Luego, se dirigió a Chilo y Tobías, diciendo: "Vayan rápidamente a la troje cercana al potrero de la novia y traigan un costal de maíz. Meche y yo nos quedaremos aquí para observar".

Cuando don Vicente y Meche llegaron, los muchachos ya esperaban con el costal de maíz en alto, mientras el aeroplano seguía dando vueltas en el cielo. Don Vicente les indicó: "Coloquen el maíz en el suelo y vengan a esconderse detrás de la cerca que rodea la noria. Cuando el avión se vaya de aquí, no lo molestaremos".

El piloto del aeroplano, al darse cuenta de que todos los presentes esperaban su aterrizaje, optó por continuar su vuelo, y aquellos que habían aguardado con curiosidad quedaron con las ganas. La preocupación se apoderó de ellos, por si el pájaro del diablo regresaba. Finalmente, la noche cayó sobre el rancho, y todos en el lugar comentaban y se preguntaban qué tipo de pájaro sería y de qué lejanas tierras provendría.

En Ermitaños, la noche avanzaba, y doña Petra, casi recuperada de la conmoción, se ocupó en preparar aguas amargas para las lámparas de aceite, asegurándose de que no se derramaran. Luego, todos se retiraron a dormir, aunque con la inquietud persistente en sus mentes. Por la mañana, como era su rutina diaria, todos se dirigieron al trabajo, aunque aún preocupados por un posible regreso del misterioso visitante.

Incluso don Vicente, en medio del esplendor del mediodía, parecía presentir algo. El ambiente estaba cargado de tensión, y nadie hablaba mucho. Doña Lupe permanecía junto a don Vicente, preocupada, pero brindándole consuelo, como una compañera que comparte la carga de los acontecimientos desconocidos que ocurrían fuera del rancho.

En los pueblos y ciudades cercanos, la gente comentaba sobre la extraña visita, pero a ellos no les interesaba mucho. Vivían en su propio mundo, apacibles y felices. Don Vicente, un hombre de alta estatura con una figura imponente y piel pálida, parecía un Quijote de la Mancha, sólo le faltaba su Sancho Panza. Doña Lupe, de estatura mediana y apariencia hermosa, también de piel clara y cabello oscuro, poseía una personalidad sencilla, al igual que don Vicente.

Aunque ambos hablaban como los antiguos españoles, manteniendo la riqueza de su lengua, no se dejaban influenciar por los comentarios de los forasteros que venían a comprar y vender en el área. Estaban firmes en su propio mundo, con una historia y una cultura que don Atenógenes, quien me contó esta historia, conocía mejor que nadie.

Esta historia me transporta a la época de Ermitaños, donde vivía un hombre con el que compartía conversaciones que abarcaban alrededor de 30 años de ventaja respecto a mí. Durante esas conversaciones, él me narraba vivencias de nuestra región y eventos que aún perduran en mi memoria. Lo irónico es que él no tenía conocimiento de que un día escribiría todas las historias que compartía conmigo. Don Vicente, con su sabiduría, logró cautivarme de la misma manera en que conquistó a doña Lupe.

Según don Atenógenes, los padres de doña Lupe eran personas de alta alcurnia y mucha presunción. No permitían que nadie se acercara a cortejar a sus hijas. Si por casualidad se cruzaban con jóvenes en las celebraciones anuales que tenían lugar en los ranchos o en las capillitas locales, que representaban a diversos santos, esta era una oportunidad para conocerse. Sin embargo, después debían encontrarse en secreto, susurrando conversaciones por algún agujero en la pared.

Si alguna vez eran descubiertos, sólo veían destellos y escuchaban truenos de disparos, lo que les obligaba a huir como campeones. Lo sé porque una vez, un amigo y yo fuimos a hablar con unas muchachas. La vergüenza nos invadió, ya que eran hermosas. Mientras estábamos conversando cerca de unos agujeros en la pared de sus dormitorios, los perros nos olfatearon y comenzaron a arrojar ladrillos y disparos al aire. Corrimos como atletas, cruzando un corral lleno de cerdos gordos que estaban profundamente dormidos.

La carga de leña en Ermitaños: Un acto de amor y determinación

La noche nos envolvía, y en medio de la oscuridad, nos encontramos en una situación precaria. Éramos tantos que no había espacio para correr, y la desesperación se apoderaba de nosotros. Corrimos sobre los puercos, prácticamente volando, mientras los cerdos gruñían y se quejaban hasta que finalmente llegamos a un callejón. Allí, nos defendimos lanzando pedradas a los perros. En medio de la confusión, me perdí por un momento. Pero permíteme regresar a la historia de don Vicente y cómo conquistó a doña Lupe en aquellos tiempos.

En una época en que la desconfianza estaba arraigada y los padres eran extremadamente selectivos con los pretendientes de sus hijas, la situación no era sencilla. Si a los padres no les gustaba el novio, recurrían a balas para rechazarlo. Sin embargo, para evitar ese desenlace fatal, se ideó una estrategia ingeniosa: la entrega de una carga de leña fuera de la casa de la novia.

Si el novio recordaba la leña entregada al día siguiente y la llevaba a su casa, significaba que los padres aceptaban el pedido de matrimonio. Si no querían, la leña quedaba allí durante dos o tres días, y el novio tenía que tomar medidas extremas: raptar a la novia. Así fue como don Vicente solicitó la mano de doña Lupe, porque los suegros no cedieron ante razones lógicas. Ese mismo día, llevaron la leña con confianza y procedieron a formalizar la petición de mano y a planear su futuro matrimonio.

Me permití divagar un poco de los acontecimientos del día siguiente al arribo del aeroplano, como mencioné anteriormente. En otro día, don Vicente, finalmente aprobado por los suegros, dio un paso crucial en su vida.

La tranquilidad reinaba en la casa a medida que avanzaba la mañana, y el sol alcanzaba su punto más alto en el cielo. Sin embargo, el día daría un giro inesperado cuando uno de los trabajadores, que se encontraba en el cerro, llegó a toda velocidad a lomos de su caballo desbocado.

"¡Don Vicente!", exclamó el joven, agitado y preocupado. "¡Don Vicente!". Don Vicente, alertado por la urgencia en la voz del muchacho, preguntó con seriedad: "¿Qué sucede, muchacho?".

El trabajador respondió jadeante: "Viene una columna grande de hombres, armando un gran revuelo. Vienen con uniformes iguales, son federales. Victoriano Martín me advirtió que debíamos cuidarnos de ellos. ¡Corra, avise a todos que escondan las armas!".

Las órdenes se transmitieron con rapidez, y poco después, el ejército, compuesto por un gran número de soldados uniformados, llegó a la casa grande. Antes de que los hombres se bajaran de sus monturas, don Vicente y su familia se presentaron con respeto, y don Vicente se adelantó para dar el saludo de rigor.

"Buena tarde, señor general", saludó don Vicente con deferencia. El oficial respondió con humildad: "No soy general, soy capitán. Perdóneme, su merced". Don Vicente, con cortesía, preguntó: "¿En qué puedo servirles, señor capitán?". El Capitán, sorprendido por la hospitalidad, explicó su presencia. "¿Qué están haciendo aquí? No se han ido. ¿No saben que deben reunirse en la ciudad?".

Don Vicente respondió con calma: "No, señor, no sabíamos nada al respecto. Esta es una zona bastante aislada, y no teníamos conocimiento de esta orden". El capitán continuó hablando y preguntó: "¿No vieron el avión por allá, señor?

En medio de la sorpresa y la incertidumbre, el misterioso avión sobrevolando la ermita dejó a todos perplejos. Don Vicente, con su usual tono franco, expresó su desconocimiento sobre lo que realmente era ese objeto en el cielo. Para él y sus compañeros, aquel avión parecía más una criatura del diablo que una máquina voladora, y no podían ocultar su asombro ante la situación.

El capitán, por su parte, parecía entender la confusión de la gente del rancho y ofreció una solución para evitar problemas con el ejército federal. Les proporcionó un salvoconducto que les garantizaba su seguridad durante los próximos diez días. Sin embargo, dejó claro que esto sería temporal, ya que observó que tenían muchos asuntos que atender y parecían estar llenos de ansiedades y tareas pendientes.

Don Vicente agradeció al capitán por su gesto y, tras recibir el salvoconducto, el agente militar se retiró. Ante esta situación inesperada, don Vicente se quedó pensativo, sintiendo la urgencia de encontrar una solución a sus problemas. Decidió que lo primero sería tomarse una noche de descanso para reflexionar y planificar su próximo paso.

Al día siguiente, reunió a toda la comunidad del rancho después del desayuno y les anunció que debían tomar medidas concretas. Involucró a Chilo y Tobías en la organización de un plan para afrontar las circunstancias desconocidas que se les presentaban. Mientras tanto, Meche se encargó de informar a los demás sobre la reunión que tendrían al día siguiente para tomar decisiones importantes. El futuro de todos en la ermita dependía de la estrategia que pudieran diseñar en esta situación inusual y desafiante.

La mañana siguiente encontró a don Vicente, desvelado pero lleno de determinación, reflexionando sobre la situación y buscando una solución para su comunidad. Sabía que debía actuar con rapidez, pero también con cuidado, para garantizar la seguridad y el bienestar de todos los habitantes de la ermita.

Reunió a la comunidad en un círculo y, con palabras sinceras, compartió sus pensamientos. Expresó su pesar por la separación que se avecinaba, pero también su compromiso de no dejar a nadie desamparado. Planteó un plan que les permitiría afrontar los desafíos que se les presentaban.

Don Vicente reconoció la importancia de los animales en su vida y en la comunidad. Decidió deshacerse de parte de su ganado, especialmente los puercos, y envió a Chilo a coordinar esta tarea. Les instó a preparar las carretas necesarias para transportar a los animales más flacos hacia Tepatitlán, donde podrían venderlos y obtener recursos para su viaje.

Para otro importante encargo, confió en Meche, una persona de confianza que ya había demostrado su eficacia en viajes anteriores a Guadalajara. Don Vicente le pidió que informara a su primo Atilano sobre su inminente llegada a la ciudad y que buscara una casa adecuada para alojar a todos. Meche, a pesar de su apariencia madura, era un hombre con gran capacidad de acción y adaptación.

Este era un momento de cambio y despedida en la ermita, pero también el inicio de una nueva etapa llena de desafíos y oportunidades. La comunidad estaba lista para emprender un nuevo camino, confiando en la sabiduría y liderazgo de don Vicente para guiarlos hacia un futuro mejor.

CAPÍTULO 20

La legendaria travesía de Meche y Tobías

En aquel rincón de Los Altos de Jalisco, la comunidad de la ermita se preparaba para un cambio inminente. Don Vicente, un hombre alto y delgado de apariencia mestiza, destacaba en el paisaje. A pesar de su piel morena, su barba espesa y su sombrero de copa grande, nunca lograba mantener sus calzones de manta completamente blancos, debido a la típica tierra roja de la región.

Don Vicente era conocido por su asombrosa resistencia física. Se decía que era capaz de correr desde el rancho hasta Guadalajara en un solo día, cubriendo más de 100 kilómetros. En sus frecuentes viajes, llevaba consigo mensajes y productos del rancho para su primo, don Atilano, en la ciudad. Era un hombre que personificaba la tenacidad y la determinación de la gente de Los Altos de Jalisco.

Meche, un hombre delgado y aparentemente maduro, se destacaba en la comunidad por su eficacia en los viajes a Guadalajara. Era conocido por llevar a cabo sus encargos de manera rápida y efectiva. Don Vicente confió en él para comunicar la próxima partida de toda la familia hacia Guadalajara.

Tobías, por su parte, recibió la encomienda de reunir a un grupo de personas dispuestas a colaborar en la tarea de reunir y trasladar el ganado hacia Tepatitlán, donde podrían venderlo y obtener los recursos necesarios. Don Vicente era dueño de una gran cantidad de ganado, lo que hizo que esta tarea fuera un desafío considerable.

A pesar de las dificultades y los obstáculos en su camino, Meche y Tobías demostraron su compromiso y determinación para llevar a cabo las tareas encomendadas. La comunidad de la ermita estaba lista para enfrentar los desafíos que se avecinaban, confiando en la valentía y habilidades de sus miembros más destacados.

El desafío de la travesía: Caminos ajetreados y puercos rebeldes

La travesía hacia Tepatitlán se presentó como un verdadero desafío para la comunidad de la ermita. Los caminos estaban abarrotados y las carretas no daban abasto para transportar a todos. Hubo momentos en los que tuvieron que dejar atrás a algunos puercos que se cansaban o simplemente no cabían en las carretas.

A medida que avanzaban hacia Tepatitlán, algunos puercos iban inflados y emanando un fuerte olor que hacía que la gente tapara sus narices. La travesía se volvía aún más complicada debido a los numerosos cadáveres de puercos que yacían en el camino, resultado de la matanza realizada en los ranchos y en la capilla. Muchos puercos perdían la vida en el camino, ya fuera por su tamaño o debido al intenso calor que prevalecía, creando un desastre en la concentración de animales.

Después de dos días, Meche regresó de Guadalajara con buenas noticias de parte de don Atilano, quien aseguraba que los esperaba sin preocupación alguna. Don Vicente, aliviado por la noticia, envió a Meche de regreso a Tepatitlán para supervisar la venta de los animales y recibir más instrucciones.

La venta de ganado se realizó rápidamente, aunque a precios bajos. Algunos compradores provenientes de Guadalajara aprovecharon los precios asequibles. En tan sólo cinco días, se concluyó toda la operación. Don Vicente, emocionado y con una pizca de nostalgia, recompensó generosamente a cada trabajador, casi con lágrimas en los ojos, consciente de que estaban a punto de separarse.

Partida y esperanza en tiempos de revolución

La despedida de la comunidad se llenó de emoción y anhelo. Don Vicente, con serenidad, les recordó que todos estaban en la misma situación y que confiaba en que Dios los ayudaría a reencontrarse una vez que pasara la revolución. Les instó a tomar sus propias decisiones y asumir los riesgos que consideraran necesarios.

Don Vicente ofreció donar todos los animales que quedaban, incluyendo las norias, para que tuvieran alimento. Además, permitió que los caballos se soltaran y que se utilizaran las cosechas de las trojas para alimentarse. Chilo, con diligencia, consiguió un comprador en Tepatitlán para cargar diez carretas con maíz y otras mercancías esenciales.

El día antes de que se agotara el permiso, todos se prepararon para el viaje a Guadalajara. Prepararon dos grandes carretas llenas de pertenencias importantes, junto con caballos y burros para llevar carga adicional. La incertidumbre y la ansiedad acompañaron a la comunidad en su partida hacia la gran ciudad de Guadalajara, sin saber lo que encontrarían en el camino. Era un momento de despedida y esperanza en medio de tiempos de revolución.

Continuaron su travesía siguiendo el Camino Real, pasando por la orilla de Tepatitlán y llegando finalmente a Paredones, ahora conocido como El Refugio. Allí hicieron una pausa para comer y descansar un poco, recuperando fuerzas mientras avanzaba la tarde. Al anochecer, alcanzaron un lugar llamado Piedra Amarilla, donde decidieron pasar la noche. A pesar de que la casa grande ya no tenía ocupantes debido a la reconcentración, se acomodaron para descansar.

A la mañana siguiente, reanudaron su camino hacia Guadalajara. Llegaron a Zapotlanejo, donde se tomaron un merecido descanso. Aprovecharon para descansar, disfrutar de una buena comida en la plaza y probar una "birria de chivo" y un "tejuino" (bebida de maíz). Temprano, continuaron su travesía, ya que no había indicaciones de reconcentración en ese lugar.

Llegaron a Quente Grande al caer la noche, todos cansados pero contentos de haber avanzado en su viaje. Encontraron un lugar donde pasar la noche y disfrutaron de una buena cena. Al amanecer, partieron nuevamente, continuando su camino. A mediodía, llegaron a Tateposco, un pequeño pueblo indígena donde comieron mientras avanzaban, conscientes de las miradas algo desconfiadas que recibían. Sin embargo, siguieron adelante, perseverando en su travesía llena de esperanza.

Después de dos días de ardua caminata, la pequeña caravana de don Vicente se aproximó a Guadalajara. Sin embargo, cometieron un error y tomaron un camino que los llevó a Tonalá, un suburbio de Guadalajara, conocido por su población mayoritariamente indígena y su reputación por albergar curanderos y chamanes.

Al llegar a Tonalá, encontraron un pueblo más grande, pero con una población similar a la de Tateposco. Aunque inicialmente experimentaron cierta desconfianza, la gente del lugar se mostró más amable cuando don Vicente y su grupo preguntaron por su ubicación errónea. Observaron la abundante cerámica local, desde cántaros hasta jarras y una variedad de objetos de barro.

Doña Lupe sugirió que compraran algo de cerámica, ya que podría ser útil en Guadalajara. Acomodaron las piezas en las carretas y preguntaron cómo llegar a Guadalajara. Ante la latencia, doña Lupe propuso la posibilidad de quedarse a descansar allí, pero don Vicente decidió seguir adelante, a pesar de la amabilidad de la gente local, consciente de que todavía tenían un largo camino por delante en su desafío para llegar a Guadalajara.

Un encuentro en San Pedro Tlaquepaque

Siguiendo su travesía, don Vicente y su grupo se alejaron de Tonalá y se dirigieron hacia San Pedro Tlaquepaque, una localidad cercana a Guadalajara. En su camino, se toparon con algunos curanderos de aspecto siniestro en Tateposco, lo que los motivó a continuar sin demora.

Finalmente, llegaron a San Pedro Tlaquepaque, también conocido como Tlaquepaque, y tuvieron la fortuna de encontrar un mesón grande donde pudieron descansar y pasar la noche. La llegada a este lugar fue motivo de alegría, especialmente para don Vicente, ya que llevaba consigo una cantidad considerable de dinero, e incluso un poco de oro, que había escondido en las carretas y que le daba cierta seguridad financiera. Sin embargo, la novedad más llamativa para ellos fue la iluminación eléctrica que ya estaba presente en la zona.

La familia de don Vicente desconocía completamente la existencia de la electricidad, y fue él quien señaló los extraños aparatos que emitían una luz brillante. Intrigados, trataron de comprender cómo funcionaban esos misteriosos dispositivos y las redes de cables que los conectaban. Finalmente, al llegar al mesón, encontraron refugio y se ocuparon de acomodar a sus animales en los corrales y establos, mientras don Vicente se encargaba de los detalles logísticos.

Tras una larga jornada, don Vicente y su familia finalmente llegaron a San Pedro Tlaquepaque, donde encontraron refugio en un amplio mesón. Después de disfrutar de una abundante cena, se retiraron a descansar en los cuartos que habían reservado. La emoción por el encuentro con su primo Atilano en Guadalajara estaba a punto de materializarse, ya que no faltaba mucho para concluir su travesía.

Sin embargo, al llegar la hora de apagar las luces eléctricas, se encontraron con un dilema. No sabían cómo hacerlo, y en medio de la oscuridad, CHILO y Tobías se cuestionaban mutuamente sobre cómo apagar aquellos misteriosos aparatos. Tobías le mencionó a Chilo que su padre había preguntado al encargado del lugar, quien les había explicado que las luces funcionaban con una cosa llamada "electricidad". Chilo, perplejo, respondió que iba a usar su bota nueva, que había comprado en Zapotlanejo, para apagar la luz, sin tener idea de cómo funcionaba la electricidad (ni siquiera se percataron de la existencia de interruptores).

La noche transcurrió sin más incidentes, y todos durmieron plácidamente. Sin embargo, al amanecer, al intentar quitarse la bota, Chilo se dio cuenta de que esta se había deformado durante la noche y se había vuelto extremadamente pequeña. Para resolver el problema, optó por ponerse sus "guaraches" en lugar de las botas. Listos para emprender el último tramo de su viaje hacia Guadalajara, continuaron su camino, llevando consigo la experiencia inolvidable de su inesperado encuentro con la electricidad.

Los inquietos muchachos se dirigieron a don Vicente para preguntarle si habían descubierto cómo apagar el enigmático dispositivo eléctrico. Con una sonrisa, don Vicente les confesó que no habían logrado resolver el misterio de la electricidad. Sin embargo, les comentó que había comprado un jarro de cerámica en Tlaquepaque, y Tobías aprovechó la oportunidad para compartir la curiosa anécdota de las botas deformadas.

Don Vicente sugirió la idea de adquirir nuevas botas, considerando que en Guadalajara había muchas opciones y de mejor calidad. Así, retomaron su camino temprano en la mañana, avanzando por una amplia calle. A medida que se internaban en la ciudad, se toparon con vías de tranvía, algo que les resultó curioso y desconocido.

Caminaban junto a sus carretas y caballos, observando con asombro las fauces de los tranvías que emitían chispas a través de los alambres suspendidos en el aire. Sin embargo, un acontecimiento inesperado los tomó por sorpresa. En una esquina cercana, un tranvía pasó velozmente, arrojando chispas y generando un ruido ensordecedor. La reacción fue inmediata: Sarín, doña Petra, y sus acompañantes se asustaron de sobremanera. Doña Petra, montada en su caballo, se tambaleó y cayó al suelo. Las demás, como estaban cerca del caballo de doña Lupe, también se asustaron, y algunos corrieron en su desesperación. Las risas y gritos se mezclaron en un momento de confusión mientras perseguían al asustado caballo de doña Petra, dando vueltas alrededor de las carretas.

La inolvidable experiencia en las calles de Guadalajara les dejó marcados, pero no perdieron el ánimo, continuando su camino con anécdotas por contar y el espíritu de aventura intacto.

Con el esmero de un jinete al ajustar su montura, don Vicente preparó las sillas de montar para las mujeres. En medio del alboroto, ni siquiera se percató de que Lolita estaba detrás de su caballo. Casi a punto de caer, las damas se aferraron entre sí, mientras don Vicente se colocaba detrás de doña Lupe. No sentía mucho miedo, pero estaba preocupado de que, con el susto, las damas pudieran caerse. Gritó con determinación: "¡Pare, vieja, pare! No es nada, sólo es un aparato". El tranvía pasó, los cables chisporrotearon, y todos se sobrepusieron a la sorpresa.

Chilo y Tobías, que se habían refugiado en los barandales de unas ventanas de las casas cercanas, intentaron treparse a los techos a través de los canales. Sin embargo, cuando el tranvía se alejó, regresaron a la tierra firme. Meche, con su serenidad innata, se apresuró a tranquilizar a doña Petra, quien ya se estaba recuperando del susto. Él había experimentado una situación similar cuando fue enviado en una misión con don Atilano en el pasado, pero nunca se le había ocurrido compartir esa experiencia hasta ahora que todos estaban asustados.

Superado el asombro inicial, continuaron su viaje y se reunieron con su primo Atilano. El encuentro fue motivo de alegría, ya que habían pasado años sin verse. Después de un breve descanso en su casa, se dispusieron a cuidar el ganado, aunque no tenían mucho espacio en el corral, pues habían traído numerosos animales.

Entre animales y recuerdos: La vida de un hombre y su tierra

En una época de cambios y desafíos, mi padre, don Vicente, vivió una vida marcada por el amor a su tierra y a los animales. En su relato, nos lleva a un viaje por los recuerdos de su rancho, su familia, y su vida ermitaña, que, pese a ser idílica, fue alterada por las circunstancias políticas de la época.

Con la ayuda de don Atilano, un amigo leal, mi padre encontró refugio en un mesón situado a media legua de distancia, en la Calle Gigantes, cerca de la parroquia de San Juan de Dios. Este lugar se convirtió en un santuario temporal para él y su familia, ofreciéndoles paz y seguridad en tiempos turbulentos.

Don Atilano, siempre dispuesto a ayudar, aseguró a mi padre que no había de qué preocuparse. Les proporcionó alojamiento y, al día siguiente, se dispuso a mostrarles dos casas que había encontrado para su posible nueva morada.

Esta es la historia de cómo mi padre, don Vicente, y su familia enfrentaron los retos impuestos por el gobierno de Calles, una época que forzó a miles a cambiar sus vidas. A través de sus palabras, nos sumergimos en una narrativa llena de nostalgia, resistencia y la inquebrantable conexión con su tierra y su gente.

El destino entre revoluciones: Historia de un noviazgo

En los tiempos turbulentos de la reconcentración, un dicho popular cobra vida: "No hay mal que por bien no venga". Esta frase refleja a la perfección la historia de mis padres, cuyo noviazgo se fortaleció en medio de las adversidades del México de principios del siglo XX.

Mi abuela Chila y mi tío Rafael, hermano de mi abuelo Antonio Martín del Campo, vivían en Guadalajara, al igual que mis padres durante esta época. La ciudad se convirtió en un refugio y un punto de encuentro para nuestra familia, marcada por la pérdida y la resistencia. Mi tío Miguel había fallecido, y este doloroso acontecimiento coincidió con una segunda reconcentración.

La tragedia también tocó a mi abuela María, madre de mi padre, y a mi abuelo, quienes se trasladaron a Guadalajara. En un giro del destino, mi tío Liborio falleció en Palo Alto, California, víctima de un accidente trágico con un toro en el establo donde trabajaba junto a mi tío Eulogio. Este establo, propiedad de una familia portuguesa, era un lugar conocido en nuestra historia familiar.

Mientras tanto, mi tío Silviano, el mayor de los hermanos, enfrentaba sus propios desafíos, trabajando en un ambiente marcado por la tensión y la política. La era de Plutarco Elías Calles había dejado un legado complicado, y no fue hasta la llegada de Lázaro Cárdenas en 1934 que se vislumbró un cambio significativo.

El año 1932 fue particularmente notable. A pesar de las interrupciones y los desafíos, el amor de mis padres continuó floreciendo. Este año marcó no sólo un punto de inflexión en la historia política de México, con el fin de la Revolución Cristera y los cambios en el liderazgo nacional, sino también un capítulo decisivo en la vida de mi familia, donde el amor emergió victorioso en medio de la incertidumbre y el cambio.

¡ADVERTENCIA!

No todo lo escrito aquí es cien por ciento verificado, pero es una recolección de memorias de individuos, libros leídos y otras formas de información colectada entre la vida de Liborio Gutiérrez Martín Del Campo.

CAPÍTULO 21

Mis Pensamientos y nobleza de mi Vida

El ser humano hecho por Dios
"Cuerpo, Espíritu, y Alma". En estas tres partes está hecho el ser humano y cada uno con sus derivados unidos en tres partes: "voluntad", "mental" y "emocional". Estas tres están viviendo en el ser humano.

El cuerpo: se compone de su físico y fisiológico, viene con la voluntad, mental y emocional. La voluntad emocional viene del espíritu unido con el alma.

El espíritu: es la esencia que nace con el cuerpo, ya sea racional o irracional. Me refiero a todo animal de cualquier especie y todo animal de especie tiene "mente", "voluntad" y "emoción". Se ha dicho que se han descubierto 23 millones de especies animales y se han hecho estudios según los científicos para más de tres millones de especies y cada uno nace con su espíritu a voluntad de Dios.

"El Alma", Unida con el "Cuerpo", El "Espíritu", exclusivo del ser humano, a voluntad de Dios, es un regalo de Dios para nosotros, un soplo de Él directo en nuestro cuerpo y espíritu. Con esto, nos hace semejantes a Él, nos da la razón y la inteligencia. Con ella, nos da la voluntad de crearnos la sabiduría. Uno no nace con sabiduría, va creando poco a poco desde que nace uno y según la voluntad y el deseo de desarrollarla va adquiriendo el conocimiento de las cosas.

Libre albedrío. Como Dios nos da libre albedrío, nos deja libre en nuestra propia voluntad y la razón. Manejamos el cuerpo y el alma con el "Espíritu". El "Cuerpo" y el "Espíritu" están unidos con el espíritu instinto, que este pertenece sólo al animal irracional. El ser humano que razona bien con justicia se acerca más al conocimiento de Dios.

Un ser puede ser excelente y, al mismo tiempo, un ser despreciable y horrendo; o puede ser una persona ignorante y sin educación, pero, al mismo tiempo, ser un ser humano magnífico con buenos sentimientos. Me esfuerzo en acercarme un poco a la verdad y sabiduría de Dios.

(Reflexión sobre el pensamiento) El saber enriquece el pensamiento y conocer la verdad de las cosas es comunicarse con la lógica y así conocer a Dios. Así, conocer más....

"La eternidad"

La eternidad es un motivo de polémica para el ser humano. La eternidad es la representante del Ser Supremo en la Tierra y en la vida, es un regalo incalculable para nosotros que está unida en cada persona con el alma y el espíritu. Con la inteligencia y razonamiento del alma, tenemos que pensar que después de nuestra vida humana entramos en nuestra verdadera realidad eterna. De este mundo no te puedes llevar nada material, únicamente lo espiritual y tu conciencia. Se dice que la conciencia es el archivo del camino a través de tu vida, ya sea corta o larga, pero que se la tienes que presentar a Dios y será juzgada por él.

Nunca pensamos con seriedad en usar la inteligencia y perdemos el tiempo pensando que vamos a tener un fin corporal. Algunas personas no piensan que esta vida es una vana ilusión; los días se cuentan como una sombra. Va pasando que llegamos al fin de la misma meta, despertamos del sueño de la vida corporal y entramos en la vida eterna.

"En la realidad que es la vida eterna, polémica y que es el mismo motivo de la conciencia. La "Conciencia" es la que dirige el destino de cada uno y suma los hechos, sacando el producto de ella al final del cuerpo, que después es examinado por el Juez Supremo que es Dios.

Qué grato es hallar la respuesta apropiada y aún más cuando es oportuna. El valor del ser humano ante los ojos de Dios tiene un lugar significativo. La prueba la tenemos a simple vista; nos da la razón y propia decisión y nos da la libertad para salvarnos o condenarnos. Nos regala una "conciencia" que movemos y la fabricamos según nuestra manera de actuar, pues tenemos forzosamente que presentársela a Dios".

"Consejo con relación a Dios" Buscarlo y servirle con todo el corazón y con buena disposición, porque él examina todas las conciencias y distingue toda intención y pensamiento. Así es que, si de verdad lo buscas, él permite que lo encuentres, pero si te apartas de él, él te rechazará para siempre.

"Sabiduría". El comienzo de la "Sabiduría" es el deseo sincero de instruirse, y tener el deseo de instruirse es ya amar la sabiduría. Amarla es cumplir sus leyes, y cumplir sus leyes es asegurar la eternidad y la gloria.

Dios pequeño en su grandeza

Dios, con su sabiduría y voluntad, formó la grandeza del infinito y su coordinación. Y Dios es tan pequeño al mismo tiempo, que está en los seres vivientes más pequeños, como las moléculas que están dentro de las células. Se dice que una molécula es tan pequeña que es hasta un millón de veces más pequeña que la célula, y la célula se tiene que ver con microscopio porque a simple vista no se puede ver.

Y aún más, la grandeza en volumen de las células del cuerpo humano se asemeja en grandeza en volumen también a las estrellas del universo. Para contarlas se necesitan telescopios muy potentes. En los libros se dice que el ser humano tiene 10 billones de células, repito billones, no millones. Billones de neuronas que sirven de red de comunicación para coordinar las actividades y cada neurona está rodeada en un término medio de unas células llamadas neuroglias.

"De la Vía Láctea" se dice que hay muchos, pero muchos sistemas solares en ella y millones de estrellas y planetas. Figúrese usted cuántas galaxias hay en el universo. Incontables. Por eso digo yo que Dios, con su poder y sabiduría, es pequeño en su grandeza. Un milagro muy significativo y palpable que tenemos es que la vida del ser humano, al principio de nuestra concepción, cada uno de nosotros somos una única célula, de la unión de un hombre y una mujer. Sucedió ese maravilloso milagro, con la voluntad de Dios, somos 70 billones de células que tenemos actualmente, y eso a través de los alimentos, del agua, y el aire.

Todo esto es un motivo pequeño para conocer más a Dios y estar cerca de él y conocer su inmensa capacidad infinita.

Otro milagro significativo

El proceso de cambio del cuerpo, con la comida tres veces al día se añade algo a la prevención.

Somos capaces de cambiar o recuperar un cuerpo completo cada siete años. Las células vegetales y animales se convierten en nuestras propias células, ya sea en nuestra propia sangre, huesos y tejidos. Es asombroso cómo se transforma la sangre.

"Pensamiento". Es emocionante explorar las sendas del Señor, Dios Creador de todas las cosas. Y más emocionante es cuando uno entra en ellas, aunque sepamos que nunca vamos a llegar a la meta. Pero se siente bonito cuando vemos la luz, aunque sea de lejecitos.

Padre todo poderoso, consérvame mientras yo pueda ser útil como manifestación de tu amor sobre la Tierra.

La Santísima Trinidad en el ser humano: El Sol, el agua y el aire

El Sol - Dios: La luz eterna. Dios nos regaló una partecita de su luz volviéndola materia y representándola con el sol, fuente de vida terrenal. Sin el sol, ¿cómo podríamos vivir?

El agua - Representa a Cristo: Fuente de vida espiritual. Mandó Dios a su hijo para que con el bautismo nos limpiemos de todo pecado y con su gran martirio en la Cruz, su sangre derramada consiguió la salvación de nuestras almas. El agua también es fuente de vida corporal; sin el agua, nunca podríamos vivir.

El aire - Comparado con el Espíritu Santo: ¿Cómo viviríamos sin el aire? ¡Nunca! No lo vemos, pero lo sentimos. El aire nos alimenta físicamente, es esencial para pensar bien y desarrollarnos espiritualmente.

Nuestra inteligencia y el Espíritu Santo nos alimentan espiritualmente también para que tengamos nuestra inteligencia clara y nuestro razonamiento libre, para poder desarrollar nuestras decisiones sentimentales que nos hacen palpitar claramente. También, aunque no lo veamos, está con nosotros representando la Santísima Trinidad como un regalo que Dios nos dio.

La fe es creer que Dios es un ser espiritual infinitamente perfecto, dueño y creador de todas las cosas. Es creer con toda tu alma, con todo tu corazón y con todas las fuerzas de tu pensamiento. La fe es creer en la Santísima Trinidad: Dios Padre, Dios Hijo, y Dios Espíritu Santo. En un solo Dios verdadero y tres personas distintas. ¿Cómo? Sin perder el tiempo queriendo descifrar este misterio, pues el ser humano no tiene esa capacidad de inteligencia. Creer sin condiciones.

La fe en Dios es ciega

La fe es también creer que, bajo el Espíritu Santo, Jesús fue bautizado en el Río Jordán y enseguida, cuando San Juan Bautista lo bautizó se abrieron los cielos, apareció una paloma y se oyó decir "ESTE ES MI HIJO AMADO, A QUIEN HE ELEGIDO", en una voz en la que tengo toda mi confianza.

La fe es la palabra de Dios, transmitida primero a los profetas, y después Jesús a sus discípulos por medio de sus evangelios. Confirma que Dios ha bajado a la Tierra en su hijo Jesucristo.

La fe es este otro misterio que Dios, con su voluntad, quiso que se cumpliera la profecía de la venida del profeta Elías, que fue arrebatado al cielo. Dios permitió que encarnará en San Juan (Mateo 11:14-15).

Otro misterio fue y es la transfiguración en el monte, cuando Jesús llevó a Pedro, Simón y Juan, y fue cuando ellos vieron este milagro: Jesús transformado en cuerpo celestial junto al profeta Elías y Moisés.

La fe incluye creer que cuando le cortaron la cabeza a San Juan Bautista y su espíritu salió de su cuerpo, regresó a su estado original, que era el profeta Elías.

La fe es también creer que, al tercer día de haber muerto, Jesús resucitó y que después de cuarenta días fue a las orillas de Jerusalén, se llevó a sus discípulos, los bendijo y les dijo: "Ir por todo el mundo a predicar mi evangelio". Enseguida se abrieron los cielos, bajaron los ángeles y ascendió junto con ellos al reino de su Padre (Juan 14:49-51).

Este misterio es muy importante, es creer que Dios escogió a una Virgen llamada María para que su hijo encarnará aquí en la tierra por medio del Espíritu Santo en cuerpo.

Y, por último, es creer que Dios, con su voluntad infinita y amor, llevó al cielo el alma a su sierva siempre Virgen María, madre de Jesucristo. María también fue escogida por Dios como la mejor madre en la tierra para que en el cielo representará los humanos.

La fe también involucra creer en el inmenso amor de madre que María tiene hacia nosotros en la Tierra. Dios le dio la potestad de ayudarnos en todas nuestras necesidades. Incansablemente nos protege y nos ayuda y, como madre, a ella no le toca representar la Justicia, ella sólo sabe de amor y más amor, que inmensamente nos tiene y está constantemente intercediendo por nosotros para que Dios no nos castigue tan severamente. Llora y sufre mucho cuando nos portamos mal y más cuando ve que constantemente sus hijos van cayendo al "Infierno" todos los días. Por eso, últimamente Dios le ha dado permiso de aparecer en la "Tierra" muy seguido para decirnos que nos portemos bien, que la hacemos sufrir mucho y que hacemos sufrir mucho a su hijo cuando nos portamos mal, y no quiere que Dios nos mande a las tinieblas para siempre.

El amor de Dios no tiene color

Una razón muy importante sobre este tema es pensar y aprender que ni el color de las personas ni la apariencia de ellas hace que la humanidad sea buena o mala. La "maldad" viene de los sentimientos y la "bondad" es lo mismo. Las decisiones sentimentales no tienen ni color ni apariencia, por eso debemos procurar no equivocarnos. "Repito", ni el "color" ni la apariencia deben confundirse y así evitar errores que puedan ser irreparables.

La humanidad la hace Dios de diferentes figuras y colores de piel; todos somos hijos exclusivos de él, muy diferentes a los demás animales. Ellos tienen nada más espíritu y a nosotros nos distingue como a sus hijos exclusivos, ¿por qué? Porque sólo de Él es nuestra "Alma", de ahí viene el "Razonamiento", la "Inteligencia" que nos dio, algo que los demás animales no tienen. Por eso Dios nos dio la potestad y el poder para ser dueños...

De todas las especies de animales que existen sobre la Tierra, según los científicos, hay 23 millones de especies animales. Siguiendo el tema humano, no importa qué color de piel tengas, Dios nos ama a todos por igual, por eso digo yo, el amor de Dios no tiene color.

Sabiduría y malicia

Este consejo está dedicado a mi hijo José Gutiérrez, sobre un pedido que él me hizo después de haberle mandado el pensamiento que está abajo sobre sabiduría. Se le hizo muy cortito y quería que le escribiera algo más extenso sobre este tema, o sea, este pensamiento aquí.

El comienzo de la "Sabiduría" es tener el deseo sincero de instruirse, y tener el deseo sincero de instruirse ya es amar la sabiduría. Amarla es cumplir sus leyes y cumplir sus leyes es asegurarse la gloria eterna. La inteligencia y la sabiduría viene de Dios, por eso hay que amarlas. La sabiduría es algo muy grande, con muchos años de aprendizaje y con mucha experiencia en el camino de la vida.

Al principio, cuando naces, naces con el pensamiento e instinto, y tu inteligencia va creciendo como una naranja; al principio es verde y pequeña, van pasando los días y va creciendo hasta que madura. La inteligencia madura...

Junto con la inteligencia, la "Malicia" es muy necesaria para el largo camino de la vida. La malicia es como cuando tienes una nueva idea para ir a la sierra a pasearte una temporada, donde sabes que hay cerros, caminos malos, posiblemente tormentas y lodazales. Llega el día de irte, supongamos de vacaciones, pero te llevas lo indispensable, menos lo necesario.

Llegas a la mencionada sierra y te encuentras con una tormenta muy fuerte, y el camino es pura terracería con muchos vados y mucho lodo. Llega el momento en que te atascas y no puedes salir del fango. Empiezas a pensar que se te olvidó comprar cadenas para las llantas, así no te hubieras atascado, y también empiezas a pensar que te hacen falta varias cosas que olvidaste poner en la camioneta que ibas a necesitar como prevención. ¿Y qué significa eso? Se llama falta de "malicia".

La malicia se desarrolla en el pensamiento y en la inteligencia. La "malicia", si la hubieras tenido en mente, te habría ayudado a pensar que tenías que comprar cadenas para las ruedas en caso de atascaderos para no atascarse. Hay personas que nacen casi sin malicia, y esas personas necesitan ayuda, alguien que les vaya enseñando poco a poco qué es la malicia. Hay personas que nacen con la malicia desarrollada desde niños, la reflejan porque les viene de herencia familiar, y otros la van agarrando a través de golpes y fracasos, eso es parte del aprendizaje del camino largo de la vida para llegar con buena "Sabiduría". Los fracasos y reveses son necesarios para fabricar los triunfos y saborearlos mejor. La "Malicia" te puede salvar de muchos peligros, por ejemplo, puede salvarte de no ahogarte en el agua, de un accidente de coche, de un mal matrimonio o de la pobreza.

Jóvenes, no se olviden de donar malicia.

Consejo: Los viajes

REFRÁN: El que mucho viaja mucho sabe, el que tiene mucha experiencia discurre sabiamente, el que no ha pasado pruebas sabe poco, pero el que ha viajado se hace muy listo. En mis viajes he visto muchísimas cosas y sé más de lo que cuento. Muchas veces he estado en peligro, pero gracias a mi experiencia salí sin problemas.

Consejo: Egoísmo en tus conocimientos

El gran objetivo de la vida no es el conocimiento sino la acción. Si tienes conocimientos debes realizarlos "Razonando" tus conocimientos. Sin la acción, nadie se beneficia y creas un egoísmo latente y consciente que ni te ayuda a ti ni ayuda a los demás.

La felicidad y la riqueza - CONSEJO - Lo que he aprendido

He aprendido que, en este mundo para buscar la felicidad, uno tiene que educarse espiritualmente y actuar con ética, dondequiera que te encuentres socialmente. Buscar la economía de buena forma para que Dios te aumente el volumen económico y así vivir cómodamente tú y el núcleo de tu familia. Y si te va muy bien en tu economía, tienes la oportunidad de ayudar a otras personas aparte del núcleo de tu familia. Ayudando a los demás creas una muralla muy fuerte que nadie pensará en brincar para perjudicarte. Así, en tu círculo no habrá motivos para sufrimientos, y si acaso hay algún enemigo por motivo de envidia (que siempre los hay), se lo pensarán antes de intentar brincarla. La muralla la creaste con tu buena voluntad y así es como se alcanzan las metas, creando un tesoro económico y un tesoro de felicidad para este mundo y para el otro también.

CAPÍTULO 22

Preguntas

Se dice, "Les aseguro que muchos vendrán de Oriente y Occidente y se sentarán a comer con Abraham, Isaac y Jacob en el Reino de Dios".

"LA PREGUNTA", en la resurrección de los muertos, ¿los vivos y los muertos se transformarán en cuerpos celestiales? Se supone que ya no habrá hambre, entonces, ¿cómo es eso de que muchos se sentarán a comer con Abraham, Isaac y Jacob? ¿Será en el mismo sentido en que uno come en el Cielo o será en la Tierra ya transformados?

Bueno, esperaré para ese tiempo a ver qué pasa y lo único que les digo y les aseguro es que, aunque no entienda esto, la fe siempre la tendré conmigo sin que me debilite la confianza en Dios nuestro Padre.

Distorsiones equivocadas y desenfrenadas

La degeneración de tu persona y de tu alma que va desenfrenada en lo malo poco a poco. ¿Cómo controlarla? Se tiene que empezar con el impulso y la voluntad, para sacar esfuerzo para controlarte y controlar las malas distorsiones equivocadas, sentimentales, impulsivas, y degeneradas. Si no se saca esfuerzo para controlar esos malos hábitos, se empieza un desenfreno de satisfacciones en lo malo y lo equivocado. Si no se controla a tiempo, es como una enfermedad maligna como la gangrena, que te lleva a la muerte si no pones atención. Así es el alma: la enfermas con el pecado y, si no pones atención, te mata el alma y no hay otro remedio que el camino a la condenación.

Dios te da libertad para salvarte o condenarte. Cuando naces, Dios te regala el alma que viene con la razón y la inteligencia.

Únicamente al ser humano le dio ese privilegio libre, albedrío, pero con inteligencia y razón, semejante a Dios. Nos deja a nuestra voluntad para gozar del Paraíso para siempre en la vida eterna, o sufrir en el "Infierno" eternamente.

Consejo para los jovencitos

Cuando uno está joven, se va desarrollando físicamente y percibiendo en la vida cotidiana, aprendiendo del ambiente en que vive. La vida te enseña dos caminos: el primero es el ambiente que te busca, te persigue y a veces hasta te ataca para que entres en ese ambiente. El segundo ambiente es el que tienes que buscar tú, y si lo encuentras, no te deshagas de él, porque es un ambiente normal y moralmente recto.

El primero te busca para enseñarte un tesoro falso, pero como eres joven no te fijas en lo falso ni tampoco sabes lo que es falso. En el camino que vas recorriendo, vas descubriendo cosas emocionantes y, como a la mayor parte de los jóvenes les gusta todo lo que es emocionante, ahí es donde está el peligro. Casi con lo primero que te vas a encontrar es con los vicios, el alcohol, las drogas y las mujeres de mala fama.

Si no sabes rechazarlos, o no quieres porque entra la curiosidad, ¡ahí es donde no sirve! Te inicias en un club inútil y pones freno a tu inteligencia, no dejas que se desarrolle tu sabiduría y te quita la oportunidad de ser una gran persona, útil, poderosa y famosa para poder ayudar a tu familia y a tu prójimo. Pero aun así, siempre hay esperanza de recuperación. La voluntad, la decisión y el coraje son el mejor remedio para recuperarte y así empezar una nueva vida, reviviendo los buenos sueños que estaban ya casi muertos.

El otro camino te enseña lo bueno. Este no te busca, tú lo tienes que buscar. Lo bueno es normal, lo normal tiene su nivel parejo por todos lados. Cuando te sales de esa normalidad y si quieres volver a ella, tienes que buscarla, si te entra el deseo de volver. Cuando te decides a buscarlo, es porque era el mejor camino para ti y para todo el mundo.

Cuando naces y tienes suerte

Cuando tienes buenos padres, es lógico que te enseñen lo bueno. Cuando empiezas a tener uso de razón, vas percibiendo lo que es bueno, porque tus padres, que son buenos, te lo van enseñando. Cuando llegas a los 8 años, ahí es donde está el peligro, ya empiezas a pensar por ti mismo. La edad más peligrosa es cuando llegas a los trece años; de ahí en adelante, hasta que te interese saber lo que es bueno y recto, empiezas a distinguir también lo que es malo o incorrecto.

Hay algunos jóvenes que empiezan a razonar y percibir que están haciendo mal y les llega el deseo de entrar en el camino correcto y reconocer que están hiriendo a los que los aman, y también se están hiriendo a sí mismos. Y también hay quienes llegan a los 40 años y no les interesa saber lo que es bueno y recto; los golpes de la vida se vuelven una adicción, un masoquismo, y estos de una manera u otra acaban pronto.

La riqueza y su doble obligación

Si eres rico por herencia o por suerte, te haces doblemente rico: rico en economía y en responsabilidades. Tienes la obligación de hacer crecer tu riqueza y no derrocharla. Ayuda a tu familia, a tus familiares cercanos y a tu prójimo, como si compraras tu boleto para el Cielo.

Antes de ayudar a cualquiera, tienes que estar seguro de que no va a derrochar la ayuda. Si la ayuda le sirve para aumentar su economía, así debe hacer lo mismo que le hicieron a él, ayudar a los demás con la misma condición voluntaria, con Dios. No se necesitan obligaciones sino buena voluntad y deseo. Y no se olviden de Dios, que es el socio más importante. Cuando a uno le va bien no necesita mucho, pero si le falta, recuerden a Dios para seguir en las actividades de su culto y representaciones en la tierra, de buena forma y con amor.

Diligencia

La diligencia es la madre de la buena suerte – *Benjamin Franklin*.

Años atrás, nuestros padres trajeron hacia este continente una nueva nación concebida en libertad y dedicada a propósitos de que todos los hombres son creados con igualdad – *Presidente Abraham Lincoln, Nov. 19, 1863, USA.*

Cualquier tiempo es el mejor tiempo para hacer las cosas bien – *Martin Luther King.*

Los cobardes mueren muchas veces antes de morir – *William Shakespeare.*

El hambre es la mejor salchicha – *Miguel Cervantes.*

No todo lo que relumbra es oro – *Miguel Cervantes.*

La luz del alma

Trata de conservar tu luz, si está alejada, búscala y acércate lo más pronto que puedas a tu alma.

Si ya la tienes, compártela para que se extienda como una epidemia.

Los hombres de verdad se prueban en los momentos difíciles.

El que es capaz de sonreír cuando todo le sale mal es porque ya sabe a quién echarle la culpa.

El rencor mata el alma, la sonrisa es la base de la felicidad y la salud.

El recuerdo del pasado y los rencores te enferman el alma y no te dejan prosperar – *Liborio*.

Un hombre malo sabe recibir un beneficio, pero no sabe devolverlo.

El mal no es lo que entra en la boca del hombre, sino lo que sale.

Descubrí que la belleza no se descubre con los ojos, sino con el corazón.

Un hombre con pocas palabras es el mejor hombre.

Tu mente es la casa de un gran tesoro.

Bueno es que haya ratones para que no se sepa quién se come el queso – *Autor desconocido*.

La mayor sabiduría es conocerse a uno mismo – *Galileo*.

El amor es la llave que abre la puerta de la felicidad – *Liborio Gutiérrez*.

Este frase la escribí para mi hijo José y su familia en Navidad del 2008

La felicidad depende de uno mismo – *Aristófanes*.

Sólo temo a mis enemigos cuando empiezo a ver que tienen la razón. – *Autor desconocido*.

El único símbolo de superioridad que conozco es la bondad – *Autor desconocido*.

El único fracasado es el que no aprende de sus errores – *Autor desconocido*.

Amor no es un sentimiento, amor es una decisión.

Para tener un buen futuro, necesitas conocer el pasado – *Ted Kennedy*.

Defiende al justo y al correcto, protege al humilde, al perdedor y al inocente – *Ricardo Corazón de León*.

La paciencia es la mitad de la ciencia – *Sócrates*.

Alegría es una palabra para describir el amor, y el amor es una palabra para describir la alegría.

El triunfo no es el destino, sino el camino.

El amor es cosa de dos, pero siempre hay alguien que no sabe contar.

Mi intención al escribir estas ideologías propias es algo de Dios; las he recopilado en mi mente a lo largo de mi extenso camino en la vida, explorando el mundo y las sendas que conducen al "Castillo Dorado de la Felicidad". A veces, el Espíritu Santo de Dios me ilumina para escribir sobre Él y sobre nosotros, que somos sus hijos, semejantes a Él. Lo digo de esta manera porque Él nos dio un soplo de su alma y, como resultado, tenemos la oportunidad de vivir la felicidad en el "Paraíso" si lo deseamos. Les aseguro que Él hace posible que queramos ir con Él.

Sin embargo, a veces, alguien viene a perturbar nuestras buenas intenciones. Nos cuentan sobre otro palacio más hermoso y les creemos porque somos débiles y nos equivocamos. Lo que sucede es que caemos en distorsiones equivocadas que encontramos. Es como el fango donde nos atascamos, y a veces puedes salir de ahí, pero también a veces te quedas allí para siempre.

Las cosas simples y sencillas en la vida cotidiana del hombre están encadenadas en el gran poder de Dios. Su sencillez lo hace poderoso e inteligente. La sencillez se combina con la inteligencia para fortalecer la fe en Dios.

Por lo tanto, con la "FE", el hombre se convierte en el más rico del mundo, porque no hay suficiente dinero que pueda comprar la fe.

La fe es gratuita y hay muchas formas de adquirirla, por ejemplo, a través de la sabiduría. ¿Pero dónde se encuentra la sabiduría?

Conocimiento de la naturaleza y la fe

Cuando tenemos el deseo de conocer la naturaleza, es lo mismo que estar cerca de Dios. Esto se logra a través de tres medios:

    Por medio de los libros o escrituras.
    Por medio del verbo y la palabra.
    Con estas tres cosas, se fortalece la fe.

Estos caminos te conducen al merecido premio de la fe y te acercan a la felicidad, que es equivalente a estar cerca de Dios.

Proverbios de la Biblia

La riqueza atrae a multitudes de amigos, pero el pobre hasta sus amigos pierde.

Con un regalo se abren todas las puertas y se llega hasta la gente importante.

El que ama el dinero siempre quiere más, y el que ama la riqueza nunca cree tener bastante. Esto es también una vana ilusión, porque entre más se tiene, más se gasta.

El que trabaja, come poco o mucho, siempre duerme bien. En cambio, el rico, sus riquezas no lo dejan dormir.

La vida y la muerte dependen de la lengua. Los que hablan mucho sufrirán las consecuencias.

Los chismes son como joyas chinas, pero no calan hasta lo más profundo.

Algo de Dios

Las cosas de Dios son simples y sencillas. Quien sigue este camino vive, mientras que aquel que se desvía, no aguanta y contento las complica, es donde el hombre comienza a sufrir y hacer sufrir a los demás. – *Liborio Gutiérrez.*

Tema - Alcoholismo

En realidad, aunque no hayas tenido voluntad de dejar el alcoholismo, estás consciente de que has sufrido tremendamente. Y más aún si te agarra la neurosis que a veces se adhiere al alcoholismo. Es mucho más sufrimiento, porque con la neurosis, hasta lo que no te comes te hace mal. Y todo lo que quieres es maltratar a los demás, y los que sufren más son los que te rodean más cerca: tus familiares, hijos, esposa, o tus amigos, que son los que te quieren más.

Pero con todo esto, siempre hay una esperanza para remediar el mal. Voluntad y más voluntad para dejar la adicción. Los estudios dicen que el alcohólico nace siendo alcohólico, que es como un montón de leña que está listo para prender una fogata. Y nomás es prenderle el cerillo.

Otros nacen siendo leña verde, aunque les prendan fuego con muchos cerillos, no encienden.

Pensamientos y Proverbios OMEL. Recomendación de religiones

"Religión" es donde el hombre intenta buscar a Dios y a veces no lo encuentra. En el Evangelio es donde el hombre debe buscar a Dios.

No permitas que alguna religión se interponga en tu salvación y caigas en un fanatismo severo – *Autor desconocido.*

Riqueza

Primero, enfrentarse a la realidad verdadera: el nacimiento. El verdadero nacimiento es, en realidad, un renacimiento después de nacer físicamente y pasar una prueba corporal y espiritual. Dios nos da libre albedrío para enfrentar el trayecto de nuestra vida física, con un sin número de tentaciones, a veces irresistibles, en satisfacciones prohibidas.

Unos las resisten porque los prepararon para resistirlas, y otros, aunque no los hayan preparado, tienen una voluntad y visión muy grandes para resistirlas, distinguirlas y saber lo que es bueno y malo. Lo malo es cuando hieres a tu prójimo y lo haces sufrir, pero en realidad, también te hieres a ti mismo y a la larga pagas las consecuencias.

La alegría de la vida

Si quieres tener una vida alegre y pacífica, tienes que seguir estos seis consejos. Pero primero, tienes que entender el significado de ellos. Los tres primeros son de un profesor amigo, "Robert Ward":

> Trata de hacer todas las cosas bien.
> Haz todo lo mejor que puedas.
> Trata con respeto a los demás.

Y este es mi modo de pensar: tres cosas que debe tener todo ser humano:

> Amor a Dios sin condición.
> Humildad en toda tu convivencia.
> Amor a todo lo que hagas por demás – *Liborio G. Z.*

Dios no te mandó a este mundo para que sufras. Él te mandó para que goces de alegría en esta vida. El sufrimiento lo creas tú mismo o es un amargo regalo que te lo causan tus semejantes. A veces, es necesario correr como campeón.

Las 5 simples reglas para ser feliz:

> Libra tu corazón del odio.
> Libra tu mente de preocupaciones.
> Vive sencillamente.

Trata de dar más.
Y espera que te den menos.

Nadie puede empezar desde ahora y hacer un nuevo final. Dios no promete días sin dolor, risas sin penas, sol sin lluvias, pero Él sí promete fuerza para el día, consuelo para las lágrimas y luz para el camino. La decepción es como un camino con vados que baja un poco el ánimo, pero después disfrutarás el camino recto sin problemas. Pero no estés en el camino disperso por mucho tiempo; trata de moverte lo más pronto que puedas – *Guatlo*.

Si te sientes desanimado por no tener lo que has luchado, alégrate porque Dios ha pensado algo mejor para ti.

Cuando pase algo contigo, bueno o malo, considera qué es lo que te quiere decir el destino. Son acontecimientos lógicos que tienen que pasar para enseñarte a reír más y llorar menos.

Tú no puedes hacer que alguien te ame. Lo que puedes hacer es amar a alguien; el resto depende de la otra persona que quiera realizar tu deseo. La medida del amor es cuánto tomas sin medirlo.

En la vida es muy raro que encuentres a la persona que ames de verdad y que ella te ame también. Cuando la tengas, nunca la dejes ir porque en la vida nunca tendrás una oportunidad igual. Es mejor perder tu orgullo por quien amas que perder a la persona que quieres debido a tu orgullo.

Nosotros perdemos mucho tiempo buscando...

"Nunca abandones a un viejo amigo: El amigo se hace mucho mejor cuando está más viejo".

www.ingramcontent.com/pod-product-compliance
Lightning Source LLC
Chambersburg PA
CBHW032028290426
44110CB00012B/713